江苏金融发展研究报告

2016

主 编　华仁海

南京大学出版社

图书在版编目（CIP）数据

江苏金融发展研究报告.2016 / 华仁海主编.—南京：
南京大学出版社，2017.11
ISBN 978 - 7 - 305 - 19574 - 7

Ⅰ.①江… Ⅱ.①华… Ⅲ.①地方金融事业－经济发
展－研究报告－江苏－ 2016 Ⅳ.①F832.753

中国版本图书馆 CIP 数据核字(2017)第 274167 号

出版发行 南京大学出版社
社　　址 南京市汉口路 22 号　　　　邮　编 210093
出 版 人 金鑫荣

书　　名 **江苏金融发展研究报告（2016）**
主　　编 华仁海
责任编辑 王日俊　卜磊磊

照　　排 南京紫藤制版印务中心
印　　刷 江苏凤凰数码印务有限公司
开　　本 787×1092　1/16　印张 15.5　字数 381 千
版　　次 2017 年 11 月第 1 版　2017 年 11 月第 1 次印刷
ISBN 978 - 7 - 305 - 19574 - 7
定　　价 148.00 元

网址：http://www.njupco.com
官方微博：http://weibo.com/njupco
官方微信号：njupress
销售咨询热线：(025)83594756

本书为江苏高校优势学科建设工程资助项目(PAPD)、江苏高校人文社会科学校外研究基地"江苏现代服务业研究院"、江苏高校现代服务业协同创新中心和江苏省重点培育智库"现代服务业智库"的阶段性研究成果。

书　　名　江苏金融发展研究报告(2016)

主　　编　华仁海

出 版 社　南京大学出版社

目　录
Contents

综合篇
Comprehensive collection

地区篇
DistrictArticles

行业篇
Industrial Articles

互联网金融篇
Internet FinanceArticles

企业篇
Enterprise Articles

综 合 篇

第一章　2015年江苏金融总体运行情况分析

2015年,世界经济增长继续放缓,复苏之路依然崎岖艰辛。新兴市场国家普遍遇到了经济发展的困难,发展情况出现了明显分化。面对错综复杂的国内外经济形势和严峻挑战,我国工作的总基调仍然是稳中求进,坚持稳增长、调结构、惠民生、防风险的政策组合,使国民经济运行保持在合理区间,结构调整取得新进展,民生持续改善。

当前,经济进入"新常态"的特征更趋明显,中国经济将向形态更高级、分工更复杂、结构更合理的阶段演化,我国政府主动适应和引领新常态,不断创新宏观调控方式,深入推进结构性改革,扎实推动"大众创业、万众创新",经济保持了总体平稳、稳中有进、稳中有好的发展态势。经济运行保持在合理区间,结构调整成效显著,转型升级步伐加快,民生事业持续进步,实现了"十二五"圆满收官。全年各地区金融运行平稳,货币信贷及社会融资规模保持合理增长,金融市场创新有序推进,直接融资比重不断提高,地区间金融发展更趋均衡,金融生态环境进一步改善。

2015年,江苏省牢牢把握"稳中求进"工作总基调,认真贯彻落实中央决策部署,统筹兼顾稳增长、促改革、调结构、重生态、惠民生、防风险等各项工作,在内外形势都比较严峻的情况下实现了宏观经济相对平稳增长,主要经济指标增速均在合理区间运行,结构调整步伐加快,内外需协调增长,物价涨势明显放缓,民生保障和改善力度加大。面对经济下行和信贷资产下滑的压力,今年以来,江苏金融部门认真执行各项货币信贷及监管政策,积极深化推进相关金融创新试点工作,贷款及社会融资规模继续保持全国领先地位;信贷结构有所变化,贷款利率和企业融资成本进一步下行,金融在支持经济稳增长、促改革、调结构、惠民生、防风险方面发挥了积极作用。

全省经济社会发展仍面临一些结构性矛盾和深层次问题,如经济下行压力加大,创新能力不够强,新增长点支撑不足,部分行业产能过剩严重,部分企业生产经营困难,城乡区域发展不够平衡,基本公共服务供给不足,收入差距仍然较大,生态环境质量尚未根本好转等。

一、江苏经济运行情况

2015年,江苏经济运行稳中有进、稳中有好,全省上下认真贯彻中央和省委、省政府决策部署,主动适应经济发展新常态,坚持稳中求进工作总基调,积极应对困难挑战,经济运行总体平稳、稳中有进,主要指标增幅保持在合理区间,综合实力再上新台阶,结构调整取得新进展,发展质量呈现新提升,民生改善收到新成效。社会就业保持稳定,主要经济指标低位企稳态势逐步显现。全省金融业运行正常,流动性总体充裕,贷款与去年同比增加较多,受连续降息政策影响,贷款利率进一步下降,金融支持实体经济力度不断加大。

（一）经济运行稳中有进,产业结构不断优化

经济运行稳中有进。全年实现地区生产总值70116.4亿元,同比增长8.5%,GDP总值排名全国第二,落后于第一名广东省2703.9亿,差距仍在不断缩小。其中,第一产业增加值3986.05亿元,增长9.7%;第二产业增加值32044.45亿元,增长3.9%;第三产业增加值34085.88亿元,增长11.4%。全省人均生产总值87995元,比上年增长7.6%。全社会劳动生产率稳步提高,全年平均每位从业人员创造的增加值达147350元,比上年增加10620元。

在稳增长政策作用下,从2015年各个季度来看,一至四季度,全省GDP累计同比增速分别为8.4%、8.5%、8.5%、8.5%,2014年一至四季度累计地区生产总值增速分别为8.8%、8.9%、8.8%、8.7%,经济仍在下行,不过下行幅度有所减小,全年基本稳定,如图1-1。

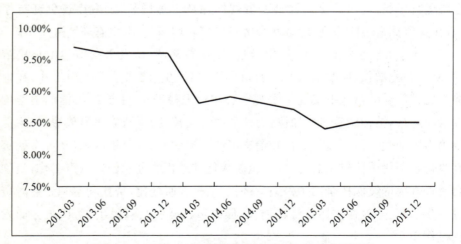

图1-1 2013—2015年江苏省地区生产总值累计同比

产业结构不断优化。三次产业增加值比例调整为4.7:45.7:48.6,三产比重首超二产,产业结构出现由"二三一"向"三二一"转移的现代产业架构特征。2015年全省高新技术产业实现产值61373.61亿元,比去年同期增长7.62%;占比上,工业总产值比重达40.1%,比上年提高0.6个百分点。新兴产业销售收入比上年增长13.2%。服务业发展态势良好。全年服务业增加值增速达9.3%,比GDP增速高0.8个百分点;占GDP比重达48.6%,比上年提高1.6个百分点。

经济活力持续增强。全年非公有制经济实现增加值47398.7亿元,比上年增长8.8%;占GDP比重达67.6%,其中,私营个体经济占GDP比重为43.4%,分别比上年提高0.2个和0.6个百分点。年末全省工商部门登记的私营企业达182.2万户,当年新增39.4万户,注册资本72965.4亿元,比上年增长30.7%;个体户387.2万户,当年新增63.7万户。新型城镇化成效显著。年末城镇化率为66.5%,比上年提高1.3个百分点。

区域经济协调发展。苏南转型升级步伐加快,创新发展能力和国际竞争力进一步增强;苏中、苏北大部分指标增幅继续高于全省平均水平,经济总量对全省的贡献率达46.2%,比上年提高1.4个百分点;沿海开发顺利推进,沿海地区实现生产总值12521.5亿元,比上年增长10.1%,对全省经济增长贡献率达19.4%。

(二)财政收入稳定增长,财政支出结构不断优化

全年完成公共财政预算收入8028.59亿元,比上年增长11%;上划中央四税5005.17亿元,增长9.2%;基金预算收入4618.1亿元,比上年下降14.7%。

表1-1 2015江苏省财政收入分项情况

指　标	绝对数(亿元)	比上年增长(%)
公共财政预算收入	8028.59	11
增值税(25%)	1046.92	6
营业税	2442.82	17.2
企业所得税(40%)	917.58	11.8
个人所得税(40%)	360.89	17.8
契税	370.11	—7.8
上划中央四税	5005.17	9.2
国内消费税	676.98	17.2
增值税(75%)	2484.31	4.5
政府性基金预算收入	4618.08	—14.6

数据来源:江苏省统计局。

财政支出结构不断优化。全年公共财政预算支出9681.5亿元,比上年增长14.3%;一般公共预算支出中,教育支出1718.8亿元,比上年增长14.2%;公共安全支出517亿元,增长9.1%;社会保障和就业支出835.9亿元,增长17.8%;城乡社区事务支出1518.1亿元,增长24.3%;科学技术支出365.5亿元,增长11.8%。

(三)居民消费价格温和上涨,生产类价格同比下降

居民消费价格涨势稳中趋缓。2015年,全省居民消费价格同比上涨1.7%,较上年回落0.5个百分点,较前年回落0.6个百分点,连续3年保持在3%以下的较低水平。从年内各季涨幅看,一至四季度,全省CPI累计同比分别上涨1.7%、1.6%、

1.6%、1.7%,逐季涨势稳中趋缓,城市 CPI 上涨 1.5%、农村 CPI 上涨 1.3%。分类别看,食品上涨 2.3%,烟酒上涨 2.1%,衣着上涨 2.7%,家庭设备用品及维修服务上涨 1%,医疗保健及个人用品上涨 2%,交通和通信下跌 1.7%,娱乐教育文化用品及服务上涨 1.4%,居住上涨 0.7%。在食品中,粮食上涨 2%,肉禽及其制品上涨 5%,水产品上涨 1.8%,蔬菜上涨 6.8%,油脂下跌 3.2%,干鲜瓜果下跌 2.4%,蛋类下跌 7%,液体乳及乳制品下跌 1.1%。

上游价格持续负增长。受销售不畅、产能过剩等影响,工业品出厂价格持续低迷,2014 年,全省 PPI 同比下降 4.7%,已连续 3 年负增长。从年内各季跌幅看,一至四季度,全省 PPI 累计同比分别下降 0.9%、1.2%、2.3%、2.9%,跌幅呈扩大态势。2015 年态势如图 1－2。

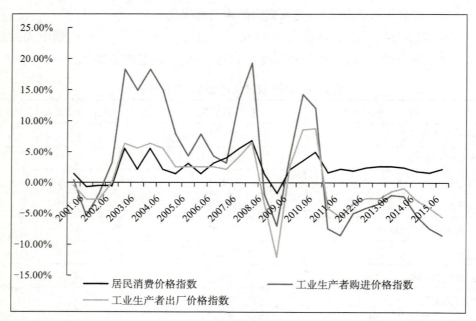

图 1－2　2001—2015 年江苏省居民消费价格和生产者价格变动趋势
数据来源:江苏省统计局。

(四)第一产业稳定发展,第二产业稳定发展

农业生产平稳。粮食总产实现"十二连增",全年总产量达 3561.3 万吨,比上年增产 70.7 万吨,增长 2.0%;夏粮 1271.7 万吨,增长 1.4%;秋粮 2289.7 万吨,增长 2.4%。全年粮食播种面积 542.5 万公顷,比上年增加 4.9 万公顷;棉花面积 9.4 万公顷,减少 3.8 万公顷;油料面积 47.5 万公顷,减少 2.4 万公顷;蔬菜面积 143.1 万公顷,增加 5.9 万公顷。设施农业面积 1199.204 万亩。高标准农田建设稳步推进,2015 年全省高标准农田建设比重达 52%左右,比 2010 年提高 15 个百分点;高效农业设施面积 1199.2 万亩,增长 5.5%,占耕地面积的比重达到 17.4%,比上年提高 0.9 个百分点。

林牧渔业稳定发展。全年造林面积 4.1 万公顷,比上年下降 30%。全年猪牛羊禽肉产量 359.2 万吨,比上年下降 2.7%;禽蛋总产量 196.2 万吨,增长 0.8%;牛奶总产量 59.6 万吨,下降 1.9%;水产品总产量 522.1 万吨,增长 0.6%,其中,淡水产品 372.9 万吨,海水产品 149.2 万吨,分别增长 1.2%和下降 0.8%。

工业生产稳定增长。全年规模以上工业增加值比上年增长 8.3%。其中轻工业增长 7.6%、重工业增长 8.6%。分经济类型看,国有工业增长 1.6%,集体工业增长 10.4%,股份制工业增长 10%,外商港澳台投资工业增长 6%。在规模以上工业中,国有控股工业增长 2.1%,私营工业增长 11%。

企业效益稳步改善。全年规模以上工业企业实现主营业务收入 148283.8 亿元,比上年增长 4.8%;利税 15907.1 亿元,增长 9.3%;利润 9617.1 亿元,增长 9.1%。企业亏损面 13.8%,比上年末上升 0.9 个百分点。规模以上工业企业总资产贡献率、主营业务收入利润率和成本费用利润率分别为 16.8%、6.5%和 7%。

(五)固定资产投资平稳增长,投资结构持续调优

固定资产投资平稳增长。全年完成固定资产投资 45905.2 亿元,比上年增长 10.5%。其中,国有及国有经济控股投资 10004.9 亿元,增长 7.4%;港澳台及外商投资 3902.4 亿元,下降 6.1%;民间投资 31997.8 亿元,增长 14.0%,占固定资产投资比重达 69.7%。分类型看,完成项目投资 37751.5 亿元,比上年增长 13.3%;房地产开发投资 8153.7 亿元,下降 1.1%。

投资结构优化改善。第一产业投资 232.2 亿元,比上年增长 12.2%;第二产业投资 22891 亿元,增长 12.8%;第三产业投资 22782 亿元,增长 8.3%。第二产业投资中,工业投资 22757.5 亿元,增长 12.4%,其中制造业投资 21210.6 亿元,增长 11.0%。高新技术产业投资 7535.5 亿元,增长 9.7%,占工业投资比重达 33.1%。第二产业投资中,工业投资 22757.5 亿元,增长 12.4%。服务业投资口、卫生、社会保障和社会福利业投资增长 63%,信息传输、软件和信息技术服务业投资增长 31.3%,租赁和商务服务业增长 29%,教育投资增长 13.2%,交通运输、仓储和邮政业投资增长 12.3%。全省新开工项目 44962 个,比上年增长 25.6%;完成投资 26972.2 亿元,增长 20.2%。

(六)房地产销售加速回暖,库存规模逐渐下降

2015 年江苏省房地产政策坚持促消费、去库存的总基调,供需两端宽松政策频出,促进市场量价稳步回升,行业运行的政策环境显著改善。房地产投资增速总体呈波动下行态势。

1. 商品房销售加速回暖

2015 年,江苏省 13 个省辖市市区商品住宅累计登记销售面积 6159.3 万平方米,同比增长 28.8%,增速比上年大幅上升 38.9 个百分点。分季看,一至四季度,全省商品住宅登记销售面积累计同比增速分别为 5.4%、22.1%、28.4%和 28.8%,呈逐季回升之势。

2.房价涨势不断巩固

2015年,江苏省省辖市市区商品住宅成交均价为9238元/平方米,同比增长11.5%,增速较上年回升10.2个百分点。其中,剔除1—2月春节因素影响,进入3月以后,年内累计同比涨幅呈现逐月攀升之势,且下半年涨幅较高。

3.库存规模逐渐下降

截至2015年末,江苏省辖市市区商品住宅累计可售面积为6302.5万平方米,同比下降12.3%,库存规模连续4个月下降,且降幅逐月扩大。截至2015年末,江苏省辖市市区商品住宅的去化周期为12.3个月,连续11个月下降,去化周期相比年初大幅下降6.2个月。如图1-3和图1-4所示。

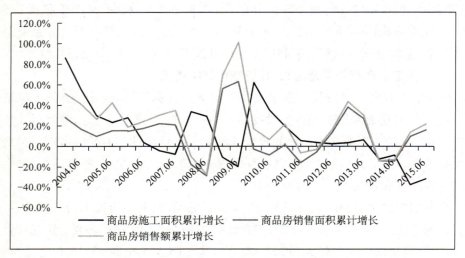

图1-3 2002—2015年江苏省商品房施工和销售变动趋势

数据来源:江苏省统计局。

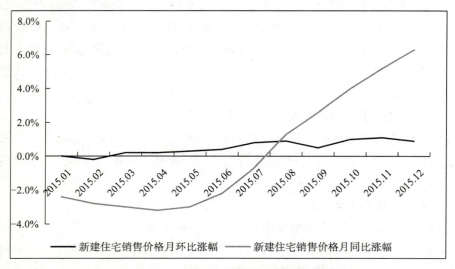

图1-4 2015年南京市新建住宅销售价格变动趋势

数据来源:国家统计局。

4. 房地产贷款增长依然较快

截至 2015 年 11 月末,江苏省房地产贷款不良余额 103 亿元,比年初增加 35 亿元;不良率 0.51%,比年初上升 0.12 个百分点。2015 江苏省房地产开发贷款新增 535 亿元,增量仅相当于去年同期的 58.7%。具体来看,2015 年江苏银行业基建行业(包括电力、热力、燃气及水的生产和供应业,交通运输、仓储和邮政业,租赁和商务服务业,水利、环境和公共设施管理业等四类行业)贷款新增 2812 亿元,增幅为 17.36%,高于各项贷款平均增速 5.4 个百分点;全年个人住房按揭贷款新增 2690 亿元,占各项贷款新增额的近 1/3,同比多增 1184 亿元。

二、江苏金融运行情况

2015 年,江苏省金融业运行稳健,银行业规模稳步增长,社会融资规模增长适度,金融市场交易活跃。全省全年社会融资规模为 11394 亿元,金融市场创新活跃,融资结构持续优化。证券业健康发展,资本市场规模继续保持全国前列,多层次资本市场发展实现新突破。保险业总体平稳,各项业务不断增长,市场体系不断完善。金融消费者权益保护工作扎实推进,金融生态环境持续优化。

(一)信贷规模增速放缓,结构优化

1. 贷款增长有所加快,新增贷款创历史新高

2015 年末,江苏省本外币贷款余额为 8.1 万亿元,同比增长 12.0%,增速比上年末提高 0.4 个百分点。全年新增本外币贷款 8669.2 亿元,同比多增 1325.7 亿元。全年新增贷款较多主要受三方面因素影响:一是在稳增长力度加码、地方政府融资平台在建项目融资约束放松,以及住房政策频出利好的背景下,基础设施和房地产相关领域贷款增加较多。二是 2015 年以来,央行适时运用公开市场操作、中期借贷便利、降准等货币政策工具,保持了市场流动性充裕,商业银行信贷供给能力明显增强。三是在表外业务监管逐步规范的背景下,部分表外融资转入表内信贷,也推动了贷款的增长。如图 1-5。

分期限看,短期贷款与票据融资此消彼长,中长期贷款维持高位增长。2015 年,全省短期贷款增速持续放缓,年末全省短期贷款比年初增加 3961.9 亿元,同比多增 934.0 亿元。而同期票据融资增长提速,年末全省票据融资余额比年初增加 1545.5 亿元,同比多增 294.9 亿元,增速高达 47.9%。受基础设施建设贷款、地产开发贷款增加较多所带动,中长期贷款增速提升,年末全省中长期贷款余额比年初增加 5960.8 亿元,同比增长 17.7%。

服务业贷款增速仍然较快,制造业信贷继续缩减,房地产贷款增势趋缓。2015 年末,全省金融机构服务业贷款余额 25718.8 亿元,同比增长 14.9%,高出同期全部贷款增速 4.5 个百分点,增速比上年同期提高 3.6 个百分点。全年服务业新增贷款 3335.6 亿元,占全部贷款新增额的 23.2%,同比下降 43.4 个百分点。受产能过

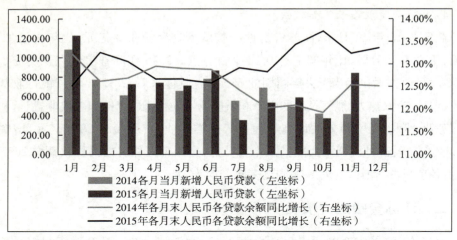

图 1-5 江苏省 2014—2015 年各月江苏省金融机构人民币贷款增长变化
数据来源：中国人民银行南京分行（单位：亿元）。

剩和盈利能力下降等因素制约，制造业贷款继续缩减。2015 年末，全省制造业人民币贷款余额 14287.81 亿元（不含票据融资），较年初下降 20.1 亿元，同比少增 760.6 亿元。分月看，自 7 月份开始，制造业贷款连续 6 个月增量为负。房地产贷款行业贷款持续稳定增长。2015 年末，全省金融机构本外币房地产贷款（含房地产开发贷款和购房贷款）余额为 2.1 万亿元，同比增长 19.4%，较去年同期提高 3 个百分点。2015 年，全省金融机构房地产贷款增加 3322.4 亿元，同比多增 896.5 亿元。

外币贷款持续回落。受美联储加息以及人民币汇率预期变化等因素影响，经济主体倾向减少外币负债，外汇贷款全年减少较多。2015 年末，全省金融机构外汇贷款余额为 354.7 亿美元，同比下降 25.7%。增速创近三年新低，降幅比上年末扩大 20.2 个百分点，如图 1-6。

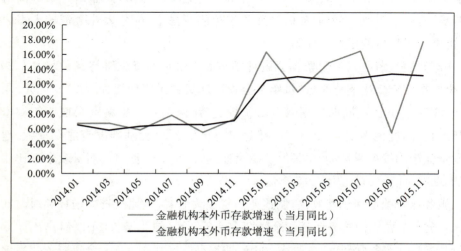

图 1-6 2014—2015 年江苏省金融机构本外币存、贷款增速变化
数据来源：中国人民银行南京分行。

2. 利率水平明显下降

2015 年 12 月份,全省定期存款加权平均利率为 1.8803%,分别比同年 6 月份、9 月份下降 85.0 个基点和 30.8 个基点。2015 年一、二、三、四季度,全省金融机构新发放非金融企业及其他部门贷款加权平均利率分别为 6.8040%、6.5147%、6.1025%和 5.6756%,其中,12 月加权平均利率为 5.5620%,比上年同期下降 122.9 个基点。存贷款综合抽样统计数据也显示,2015 年末,小型、微型企业贷款利率分别比年初下降 14.0、17.2 个基点,降幅高于全部企业平均水平(见表 1-2)。

表 1-2 2015 年江苏省金融机构人民币贷款各利率区间占比单位:%

月份		1 月	2 月	3 月	4 月	5 月	6 月
合计		100.0	100.0	100.0	100.0	100.0	100.0
下浮		4.7	4.8	6.1	6.8	9.5	6.8
基准		18.8	18.7	18.0	16.4	14.3	18.2
上浮	小计	76.5	76.5	75.9	76.8	76.2	75.0
	(1.0—1.1]	23.2	24.8	22.3	22.4	17.9	17.8
	(1.1—1.3]	35.3	32.4	34.6	30.3	33.8	30.1
	(1.3—1.5]	9.6	10.3	12.6	12.0	13.8	14.2
	(1.5—2.0]	5.8	6.3	7.8	8.6	9.9	9.8
	2.0 以上	2.6	2.7	3.4	3.5	3.6	3.1
月份		7 月	8 月	9 月	10 月	11 月	12 月
合计		100.0	100.0	100.0	100.0	100.0	100.0
下浮		6.2	7.2	6.7	6.5	7.3	6.7
基准		15.6	15.2	16.7	17.7	15.0	20.5
上浮	小计	78.2	77.6	76.6	75.8	77.7	72.8
	(1.0—1.1]	18.5	17.9	19.3	20.3	18.8	18.9
	(1.1—1.3]	29.6	30.1	28.3	25.9	28.3	27.5
	(1.3—1.5]	14.3	13.6	11.9	12.1	12.4	11.3
	(1.5—2.0]	11.6	11.3	12.7	12.5	13.2	11.4
	2.0 以上	4.2	4.7	4.4	5.0	5.0	3.7

数据来源:中国人民银行南京分行。

3. 银行业总体保持平稳运行态势,不良资产处置力度加大

2015 年末,全省银行业金融机构不良贷款余额 1212.15 亿元,比年初增加 301.28 亿元;不良贷款率 1.49%,比年初上升 0.01 个百分点。随着信贷资产质量持续下行,商业银行普遍加大了对不良贷款集中核销和清收处置的力度。据调查,2015 年以来,江苏省银行业金融机构通过现金清收、以物抵债和核销等手段,累计处置不良贷款总额达 1027.3 亿元,比 2014 年增加 224.4 亿元。

4. 金融创新亮点纷呈

2015 年 6 月,台资企业集团内部双向跨境人民币借款业务突破 100 亿元;2015 年 7 月,昆山试验区跨境人民币贷款试点业务启动,已有 7 家台资企业办理跨境贷合同登记 4580 万元,累计提款 2780 万元。苏州工业园区跨境人民币贷款合同累计金额突破 30 亿元,股权投资基金对外直接投资备案金额 1.89 亿元。跨境双向人民币资金池业务发展良好,共有 6 家企业集团办理业务备案,通过跨境人民币资金池累计净流入资金 3.3 亿元,有效便利了跨国企业集团的资金融通。

农业发展银行江苏省分行新设立客户四部和扶贫金融事业部,分别开展水利、农村公路、扶贫等相关业务工作,政策性职能得到充分发挥。大型商业银行改革进一步深化,工商银行江苏省分行进一步完善信贷经营管理体制,加强新增贷款准入管理,落实亚健康贷款、大额信贷客户、担保圈贷款等重点领域风险管控责任,风险管理水平持续提升。

农村金融改革稳步推进。农业银行江苏省分行出台《关于进一步提升三农服务竞争能力的意见》,进一步完善工作机制,明确组建"三农"服务团队、建立"三农"信息联络员机制等重点工作,持续深化江苏省内"三农金融事业部"改革。中国银行江苏省分行将法律与合规部门统一更名为"内控与法律合规部",辖内 11 家二级分行单设"内控与法律合规部",从组织架构上保障了工作独立性。银行改制基本完成,最后一家联社进入银行组建程序。普惠金融服务持续提升,辖内所有法人农商行均已实现小微企业转贷方式创新,2.36 万个金融便民到村服务点覆盖全省所有自然村,布放自助设备 14.2 万台,代理发行社保卡 745.8 万张,农村金融服务站占全省金融机构的 80%以上。

(二)各项存款增势趋缓,存款季末冲高现象明显缓解

2015 年末,全省金融机构本外币存款余额 11.1 万亿元,同比增长 11.6%,比上年末提高 0.5 个百分点,比年初增加 12012.5 亿元,同比多增 2071.3 亿元。受存款偏离度考核等因素的影响,商业银行季末存款冲高现象较以往有所缓解。2015 年 7 月和 10 月,全省人民币存款月环比分别仅减少 840 亿元和 356 亿元,明显低于历史同期 1000 亿元以上的月环比降幅。中小银行存款稳定性有所提高。《存款保险条例》实施以来,全省银行业金融机构经营秩序正常,各项存款平稳增长,未出现中小银行机构存款"搬家"现象。2015 年,全省农村金融机构新增人民币存款 1877

亿元,同比多增 306 亿元;年末人民币存款余额同比增长 14.7%,高出总体存款增速 3.1 个百分点(见图 1-7)。

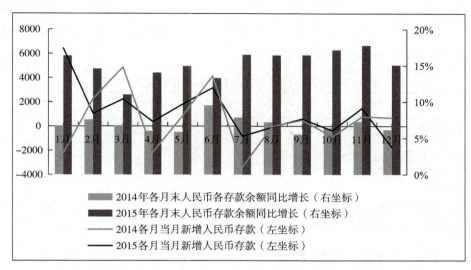

图 1-7　江苏省 2012—2014 年各月江苏省金融机构人民币存款增长变化
数据来源:中国人民银行南京分行。

存款增长趋缓主要受以下三方面因素影响:一是随着金融脱媒日益加剧、互联网金融的快速发展,理财产品、信托计划、资管计划、货币市场基金等金融产品持续分流银行存款。2015 年,全省新增信托项目成立规模达到 653731631 亿元,比去年多增加了 67065061 亿元。二是 2015 年受股市震荡的影响,在上半年红红火火的牛市来临时,大量资金银行流向股市,使得银行的揽储压力成倍增长。三是由于表外业务、同业业务监管趋严,同业业务有所收缩、表外业务扩张步伐放缓,一定程度上抑制了派生存款偏离度监管新规影响,商业银行季末存款冲高现象较以往有所缓解。2015 年 7 月、10 月,全省人民币存款月环比分别仅减少 840 亿元和 356 亿元,明显低于历史同期 1000 亿元以上的月环比降幅。

(三)证券业健康发展,多层次资本市场实现新突破

1. 证券公司的资本实力和经营效益进一步提升

2014 年末,江苏省共有法人证券公司 6 家,资产总额接近 5000 亿元,同比增长 34.8%;全年营业收入 384.4 亿元,同比增长 114.8%;利润总额 164.8 亿元,同比增长 140.3%。私募基金蓬勃发展,全省共有 115 家私募基金管理人备案,管理基金规模突破两千亿元,为中小微企业早期健康发展、治理结构加速完善提供重要支持。

2. 资本市场的总体规模继续保持在全国前列

截至 2015 年末,全省共有沪深上市公司 276 家,总市值达 3.67 万亿元,拟上市公司 190 家,数量居全国第一。证券期货营业部共有 683 家,同比增加 8.8%。IPO

融资在全国位居前列。全省共有境内外上市公司405家,其中,境内上市276家,境外上市129家。全年新增境内外上市公司28家(境内23家、境外5家),融资416亿元;88家上市公司再融资855.3亿元,同比增长75.9%。全年共发行企业债、短期融资券、中期票据、中小企业私募债3389亿元。就再融资方面,比去年多增59家,创历史最高水平(见表1-3)。

表1-3 2013—2015年江苏省证券业融资情况(亿元)

项　目	2013年	2014年	2015年
当年国内股票(A股)筹资(亿元)	158	349.5	618.1
当年发行H股筹资(亿元)	35	16.9	307.8
当年国内债券筹资(亿元)	2553	4075.3	5294.8
其中:短期融资券筹资额(亿元)	825	968	791.1

数据来源:中国证券业监督管理委员会江苏监管局、江苏省金融办、中国人民银行南京分行。

3. 多层次资本市场发展实现新突破

全年新增新三板挂牌公司480家,总数达到651家,取得了"两年600家,一年翻一番"的佳绩。南京证券、东海证券、创元期货等一批金融企业加入新三板行列,提升了全省新三板挂牌公司整体质量。同时,在新三板通过多种方式进行融资的企业数量大幅增加,融资总额超过100亿元。区域性资本市场创新发展,省股权交易中心已有385家挂牌企业,累计为广大中小企业融资也超过了100亿元。

4. 期货业稳步发展

截至2015年末,全省共有法人期货公司10家,全年利润总额3.2亿元,同比增长43.7%;保证金余额126.8亿元,同比增长28.0%。弘业期货在香港成功上市。

5. 金融市场创新能力进一步得到提升

2015年,江苏发行了全国第二只供应链债务融资工具,省内首只并购债成功落地,项目收益票据发行规模居全国首位,超短期融资券发行规模剔除央企后位居全国第二。法人机构主动负债能力不断增强。全年共有8家地方法人金融机构发行金融债80亿元,专项金融债券5亿元,二级资本债券87亿元,证券公司短期融资券175亿元;4家法人机构共发行信贷资产证券化产品80.98亿元。

(四)保险业稳步发展,风险保障功能进一步发挥

2015年,市场体系不断完善,各项业务平稳增长。2015年,全省累计实现保费收入1989.9亿元,同比增长18.2%。其中,财产险保费672.2亿元,同比增长10.9%,人身险保费1317.7亿元,同比增长22.3%。人身险业务中,寿险保费1083.92亿元,同比增长18.83%;健康险保费179.58亿元,同比增长59.1%;意外险保费54.22亿元,同比增长11.79%。

表 1-4 保险业保费与赔付情况（中外资,亿元）

项 目	2013 年	2014 年	2015 年
保费收入	1446.1	1683.8	1989.9
其中:财产险保费收入	518.6	606.3	672.2
人身险保费收入	927.5	107.7	1317.7
各类赔款给付	527.0	616.8	732.6

数据来源:中国保险业监督管理委员会江苏监管局。

（五）票据业务平稳发展

2014 年,江苏省承兑汇票累计发生额 2.9 万亿元,票据贴现累计发生额 10.3 万亿元,票据市场短期融资功能稳定。在央行降准降息、再贴现利率引导贴现利率下行等因素影响下,票据市场利率总体下行。2015 年一至四季度,全省票据贴现加权平均利率分别为 5.5779％、4.2887％、4.0645％、3.533％;票据转贴现加权平均利率分别为 5.4084％、3.7954％、3.5467％、3.4655％。其中,12 月份全省票据贴现、转贴现加权平均利率分别为 3.3409％、3.4758％,比上年同期分别下降 2.32 个百分点、2.11 个百分点。

表 1-5 2012—2015 年江苏省金融机构票据业务统计表（亿元）

时间	银行承兑汇票承兑		贴 现			
			银行承兑汇票		商业承兑汇票	
	余额	累计发生余额	余额	累计发生余额	余额	累计发生余额
2015.Ⅰ	16016.9	8995.4	2922.8	20365.1	194.9	1146.9
2015.Ⅱ	16695.3	16353.2	3758.6	46533.9	226.1	3305.8
2015.Ⅲ	14498.0	23144.1	4374.5	72642.1	218.7	4961.6
2015.Ⅳ	13743.4	29236.3	4504.3	97006.4	270.9	6306.6
2014.Ⅰ	14718.8	8966.5	1875.2	14710.0	98.9	1008.5
2014.Ⅱ	15552.0	7181.8	2268.6	15721.6	93.5	957.5
2014.Ⅲ	14775.1	7740.3	2795.3	20100.8	141.6	1028.3
2014.Ⅳ	14224.7	6766.1	3049.1	19833.9	176.8	1269.5
2013.Ⅰ	14981.2	8749.3	1748.8	12670.8	97.0	772.0
2013.Ⅱ	14795.8	15619.7	2100.4	24995.0	94.5	1310.3
2013.Ⅲ	13374.1	23148.2	1831.4	40288.2	93.4	2480.1
2013.Ⅳ	13184.3	29506.6	1988.7	51766.2	107.3	3168.6

续 表

| 时间 | 银行承兑汇票承兑 | | 贴 现 | | | |
| | | | 银行承兑汇票 | | 商业承兑汇票 | |
	余额	累计发生余额	余额	累计发生余额	余额	累计发生余额
2012.Ⅰ	11345.6	6503.3	1454.7	7344.3	74.7	195.3
2012.Ⅱ	12883.8	7122.6	1861.7	9830.4	89.2	355.6
2012.Ⅲ	12696.6	6743.7	1878.2	10084.1	76.5	296
2012.Ⅳ	12368.2	6669.1	1669.4	10065.9	86.3	593.3

注:Ⅰ、Ⅱ、Ⅲ、Ⅳ表示一、二、三、四季度。

专栏1 供给侧结构性改革与江苏经济增长新动力

综观国内外形势,江苏发展既面临诸多有利条件,也面临不少挑战风险。中小微企业发展制约重重,周边地区人才虹吸效应明显,房地产价格上涨等多重挤出效应突出等。作为全国率先发展也率先遭遇发展瓶颈的地区之一,江苏未来经济增长的新动力该何处寻?

创新驱动发展与供给侧结构性改革是核心。数据显示,2015年江苏第二产业占GDP比重高达45.7%,这体现了江苏制造业地位优势及区域分工格局。同时,江苏制造业为主的实体经济综合成本具有优势。2015年的统计数据显示,江苏规模以上工业企业总资产贡献率为16.8%,显著高于同期上海的12.99%。规模以上工业企业成本费用利润率为7%,低于上海的7.9%。与北上深三地相比,虽然江苏在单个方面不占绝对优势,但却在多个方面具有独一无二的平衡性综合优势,这决定了江苏今后的经济新动力必须聚焦于优先落实国家创新驱动发展战略,决定了江苏必须依赖推动以打造新经济、新产业、新业态、新模式为主的供给侧结构性改革,加快构筑经济新动力的必然发展道路。

抢占高质量投资驱动先机是胜负手。从总体来看,我国尚未完成工业化发展阶段,仍然处于工业化进程中由低端化向高端化发展的重要阶段,新型工业化时代刚刚拉开序幕。因此,工业的高端化发展以及新型工业化发展必将成为维持我国今后经济增长新动力的核心来源。具体来看,高端工业化蕴含两个经济新动力机制:一是传统产业的转型升级所带来的新业态机会以及装备制造业快速发展机会;二是高新技术产业和战略性新兴产业持续扩张壮大所带来的新产业机会。这两方面都迫切需要大量固定资产的更新以及新固定资产的投入。据测算,我国今后五年内工业部门所蕴含的新投资机会高达22万—31万亿元,这就决定了在今后相当长的一段时期内,我国仍将在一定程度上依赖高质量投资的驱动型增长模式。

而从江苏的工业发展现状和优势来看,恰好面临传统工业的转型升级以及高新技术产业和战略性新兴产业的发展壮大所蕴含的高质量投资发展机会。江苏在先进制造业为主的实体经济方面的综合优势,决定了其必须实施以传统优势产业的转型升级和高新技术产业及战略性新兴产业的快速发展壮大为双支点的发展战略,也决定了江苏在推进产品质量提升和满足高端消费需求为主的供给侧结构性改革方面的巨大空间,这最终决定了江苏在今后一个时期内仍然需要依靠高质量投资驱动增长模式的必然性。

经济向内需增长转型是重要机遇。我国工业部门经济新动力机制的形成,既决定了今后劳动者工资水平的增长空间,也决定了消费结构升级和内需规模扩张空间以及后续内需驱动经济增长模式的进一步提升和强化。一是在劳动者的收入增长水平必然最终受制于微观企业劳动生产率的基本事实下,只有生产率的持续增长,劳动者工资收入水平才能有增长的空间。二是以促进生产率提升为主的高质量投资活动,也决定了微观生产部门能够创造高技能和高收入水平工作岗位数量的基本能力。因此,迅速增加的高质量投资活动必然会创造更多的高技能和高收入水平工作岗位。这两种作用机制的叠加效应,会进一步促使中国本土消费需求结构的升级以及中产阶层扩张带来的高端需求的扩张幅度,而这又会通过需求引致投资、需求引致创新两大机制的作用渠道,加快投资驱动发展模式以及创新驱动发展模式的形成,最终加快内需驱动发展模式的形成。基于如此的重大发展现实,江苏必须牢牢抓住中国经济逐步转向内需增长模式所包含的重大发展契机,抓住中国经济新旧动力转换和新动力形成给江苏发展带来的独特机遇期。

调整出口结构、重塑出口竞争优势是重要手段。我国工业部门的全面转型升级,必会逐步带来制造业出口优势和出口结构的转型升级,进而在一定程度上恢复乃至重塑制造业出口部门对中国经济增长的新动力机制。而随着创新驱动发展战略和供给侧结构性改革的深入推进,将会引导中国的出口企业由全球价值链的低端环节向高端环节逐步转移升级。作为我国制造业产品出口大省,江苏虽出口增速在近期出现了负增长态势,但是,这并不意味着江苏出口动力和出口优势的消失。相反,若江苏能够抢先抓住出口竞争优势的重塑机会以及出口结构优化升级的发展机会,树立江苏在全球价值链中高端化升级的先发优势,这必将在新的对外开放形势下带来江苏经济的新动力。

资料来源:张杰,《群众》,2017.2(下半月版)。

三、预测与展望

展望 2016 年,在全球经济复苏缓慢、过剩产能出清、房地产市场调整等因素影响下,江苏经济仍将面临一定的下行压力,江苏经济增速放缓、结构调整的过程仍将持续。但在供给侧改革力度不断加大、"中国制造 2015"江苏纲要深入推进、三大区域统筹协调发展等因素推动下,预计 2016 年江苏经济将进一步加快转型升级,消费对经济增长的拉动作用进一步增强,工业结构调整加快,工业企业盈利进一步改善,服务业稳步发展,全年价格涨幅与上年基本持平。

　　2016 年,江苏省金融业将要认真贯彻落实中央和省委、省政府决策部署,牢固树立五大发展理念,坚持稳中求进工作总基调,积极引领经济发展新常态,着力加大供给侧结构性改革力度,深入实施"七大战略",扎实推进"八项工程",推动经济保持中高速增长、产业迈向中高端水平,努力实现"十三五"发展的良好开局。

第二章　金融业改革发展趋势与江苏金融改革

　　2015 年,江苏省牢牢把握"稳中求进"工作总基调,认真贯彻落实中央决策部署,统筹兼顾稳增长、促改革、调结构、重生态、惠民生、防风险等各项工作,在内外形势都比较严峻的情况下实现了宏观经济相对平稳增长,主要经济指标增速均在合理区间运行,结构调整步伐加快,内外需协调增长,物价涨势明显放缓,民生保障和改善力度加大。金融业总体运行稳健,为全省经济结构优化调整和转型升级提供了稳定的货币金融环境。社会融资规模平稳增长,融资结构进一步优化,其中,贷款投放合理适度,直接债务融资工具创新活跃。证券融资功能继续提升,多层次资本市场发展实现新突破,保险业保持平稳较快发展势头。

一、中国金融业改革与发展:总体思想和主要目标

　　金融体制是社会主义市场经济体制的重要组成部门。改革开放以来,我国社会主义市场经济体制逐步建立健全,适应市场经济要求的金融体制基本建立,金融宏观调控和金融监管体制不断完善。金融资源是现代经济的核心资源,要使市场在资源配置中起决定性作用。

　　党的十八届五中全会通过的《中共中央关于制定国民经济和社会发展第十三个五年计划的建议》,立足于"十三五"时期国际国内发展环境的基本特征,围绕创新发展、协调发展、绿色发展、开放发展和共享发展五大理念,为未来三年深化金融体制改革明确了目标,提出了要求。塑造金融开放发展新体制,提高金融服务实体经济效率,完善宏观调控方式和审慎管理框架,坚持底线思维,确保国家金融安全,促进经济金融平衡、稳健、安全和可持续发展。

(一)坚持创新发展理念,全面提高金融服务实体经济效率

　　创新是引领发展的第一动力。完善宏观调控方式,加快金融体制改革,加快形成有利于创新发展的投融资体制。健全金融机构体系,构建金融发展新体制;发挥金融创新功能,培育经济发展新动力;完善宏观调控方式,创新调控思路和政策工具;推进汇率和利率市场化。让市场在人民币利率形成和变动中发挥决定性作用,进一步增加人民币汇率弹性。选择和培育中央银行政策利率体系,完善货币政策传导机制。完善中央银行沟通机制,引导市场预期,提高货币政策有效性。深化投融资体制改革,发挥财政资金撬动功能,创新公共基础设施投融资体制。增强财政

货币政策协调性，促进财政资源和金融资源的结合，发挥投资对增长的关键作用。建立全面规范、公开透明预算制度，完善政府预算体制和地方政府举债融资机制，减少财政库款波动对流动性的冲击。

（二）坚持协调发展理念，构建结构平衡、可持续的金融体系

协调是持续健康发展的内在要求，金融协调发展是实体经济平衡和可持续发展的重要保障。提高直接融资比重，建设直接融资和间接融资协调发展的金融市场体系；扩大民间资本进入银行业，构建产权协调、混合所有、有效竞争的金融服务体系；规范发展互联网金融，构建主流业态与新兴协调发展的金融体系

近年来，在银行、证券、保险等主流金融业态借助网络科技持续快速发展的同时，以互联网企业为代表的新兴金融业态不断涌现，金融业信息化、综合化经营渐成趋势。顺应信息技术发展趋势，支持并规范第三方支付、众筹和P2P借贷平台等互联网金融业态发展。支持具备条件的金融机构审慎稳妥开展综合经营。推进各类金融机构大数据平台建设，建立大数据标准体系和管理规范。

（三）坚持绿色发展理念，建设绿色金融体系

绿色是永续发展的必要条件，发展绿色金融是实现绿色发展的重要措施。通过创新性金融制度安排，引导和激励更多社会资金投资于环保、节能、清洁能源、清洁交通等绿色产业。引导商业银行建立完善绿色信贷机制；发挥金融市场支持绿色融资的功能。

创新用能权、用水权、排污权、碳排放权投融资机制，发展交易市场。支持和鼓励银行和企业发行绿色债券。进一步明确绿色债券的界定、分类和披露标准，培育第三方绿色债券评估机构和绿色评级能力。推动绿色信贷资产证券化。发展绿色股票指数和相关投资产品，鼓励机构投资者投资绿色金融产品。建立要求上市公司和发债企业披露环境信息的制度安排。建立绿色产业基金。推动发展碳租赁、碳基金、碳债券等碳金融产品。

（四）坚持开放发展理念，构建金融业双向开放新体制

开放是国家繁荣发展的必由之路。全方位对外开放是金融发展的必然要求。推进金融业双向开放，促进国内国际要素有序流动、金融资源高效配置以及金融市场深度融合。扩大金融业双向开放，深化内地与港澳、大陆与台湾地区的金融合作；有序实现人民币资本项目可兑换，转变外汇管理和使用方式，从正面清单转变为负面清单；增进"一带一路"建设，加强同国际金融机构合作；推动人民币加入特别提款权，成为可兑换、可自由使用货币；积极参与全球治理，以更加包容的姿态参与全球经济金融治理体系。

顺应经济全球化潮流，加强宏观经济政策国际协调，促进全球经济平衡、金融安全和经济稳定增长。支持发展中国家平等参与国际经济金融治理，促进国际货币体系和国际金融监管改革，推动国际经济金融秩序向着平等公正、合作共赢的方

向调整。积极参与全球经济金融治理和公共产品供给,提高我国在全球经济金融治理中的制度性话语权和国际性影响力。

(五)坚持共享发展理念,发展普惠金融

共享是中国特色社会主义的本质要求,是缩小收入差距、推动经济可持续发展的有效途径。普惠金融是让每一个人在有需求时都能以合适的价格享受到及时的、有尊严的、方便的、高质量的各类型金融服务。加强对中小微企业、农村,尤其是贫困地区金融服务;完善农业保险制度,探索建立保险资产交易机制;完善筹资机制,建立更加公平、更可持续的社会保障制度,拓宽社会保险基金投资渠道,加强风险管理,提高投资回报率。健全医疗保险稳定可持续筹资机制,鼓励商业保险机构参与医保经办。

(六)坚持底线思维,实现国家金融治理体系和治理能力现代化

随着我国经济由高速增长转变为中高速增长,原来被高速度所掩盖的一些结构性矛盾和体制性问题逐渐暴露出来。切实防范和化解金融风险,是未来五年我们面临的严峻挑战。加强金融宏观审慎管理制度建设,加强统筹协调,改革并完善适应现代金融市场发展的金融监管框架;健全符合国际标准的监管规则,建立安全、高效的金融基础设施;建立国家金融安全机制,防止发生系统性金融风险,有效运用和发展金融风险管理工具,降低杠杆率,防范系统性金融风险。

二、江苏省金融产业发展概况

(一)金融产业贡献

2015 年末,全省金融业资产总量达 13.6 万亿元,同比增长 11.6%,占地区生产总值比重超过 4.5%;实现税收 734.4 亿元,同比增长 17.6%。

人民币存款余额 107873.0 亿元,比年初增加 7698.4 亿元,比上年末增长 15.1%;年末金融机构人民币贷款余额 78866.3 亿元,比年初增加 8035.6 亿元,比上年末增长 13.4%。其中,中长期贷款比年初增加 43256.5 亿元,同比多增 4915.5 亿元。

(二)金融机构

1.银行机构

全省共有银行业金融机构网点数 13381 家、法人机构 164 家,从业人员 24.6 万人,资产总额 136448.1 亿元。其中,大型商业银行继续保持其主体地位,在机构个数、从业人员和资产总额上都遥遥领先,各自占总数的 38%,46% 和 43%。小型农村金融机构发展迅速,机构个数和从业人员仅次于大型商业银行,两项各占总数的 24% 和 19%,由于新农村建设的不断发展,城镇化的不断推进和国家政策上的扶持,小型农村机构未来还有巨大的发展潜力。

表 2-1 2015 年江苏省银行业金融机构基本情况

机构类别	营业网点			法人机构
	机构个数（个）	从业人数（人）	资产总额（亿元）	
一、大型商业银行	5178	112320	50403.5	0
二、国家开发银行和政策性银行	93	2331	6454.0	0
三、股份制商业银行	1183	39932	26420.5	0
四、城市商业银行	858	26047	25195.2	4
五、小型农村金融机构	3241	47736	19579.6	63
六、财务公司	13	360	682.9	11
七、信托公司	4	428	196.1	4
八、邮政储蓄	2530	9409	5214.1	0
九、外资银行	78	2395	1175.5	6
十、新型农村金融机构	199	4162	654.2	72
十一、其他	4	385	472.6	4
合　　计	13381	245505	136448.1	164

相比 2014 年,2015 年江苏省银行业在机构个数、从业人数、资产总额方面显著提高,法人机构略微增长。在机构个数方面,股份制银行和大型商业银行增长较为迅猛;从业人员方面,较其他从业人员增长遥遥领先,增长将近两倍;资产总额方面,其他增长幅度高达 77.3%,处于绝对领先地位;法人机构方面,新型农村金融机构一枝独秀,增加 4 家,其他机构大多保持不变。

表 2-2 2014 年江苏省银行业金融机构基本情况

机构类别	营业网点			法人机构
	机构个数（个）	从业人数（人）	资产总额（亿元）	
一、大型商业银行	4839	102718	48659.5	0
二、国家开发银行和政策性银行	93	2333	5339.9	0
三、股份制商业银行	1074	37513	24009.9	0

机构类别	营业网点			法人机构
	机构个数（个）	从业人数（人）	资产总额（亿元）	
四、城市商业银行	804	24050	19708.8	4
五、小型农村金融机构	3169	45559	16932.0	63
六、财务公司	12	325	582.8	10
七、信托公司	4	400	170.5	4
八、邮政储蓄	2523	9571	4782.3	0
九、外资银行	79	2511	1038.7	6
十、新型农村金融机构	161	3169	609.7	68
十一、其他	1	113	266.5	1
合　　　计	12759	228567	122100.6	156

数据来源：中国人民银行南京分行，江苏银监局。

注：① 营业网点不包括总部；② 小型农村金融机构含农信社、农村合作银行及农村商业银行；③ 新型农村金融机构包括村镇银行、贷款公司和农村资金互助社三类机构；④ "其他"包含金融租赁公司、汽车金融公司、货币金融公司、消费金融公司等。

2. 证券保险机构

随着对直接融资的需求越来越大，以及对外开放的深入，国外金融产品和技术逐渐引入，江苏省非银行金融机构发展较快。2014 年，总部设在辖内的证券业金融机构为 16 家，年末全省共有证券公司 6 家，证券营业部 621 家，比去年增加 81 家；全省共有期货公司 10 家，期货营业部 125 家，比去年增加了 4 家，证券投资咨询机构 3 家。保险公司 4 家，分支机构 90 家。同时，全省共有保险公司 90 家，其中法人公司 4 家（紫金产险、乐爱金产险、利安人寿、东吴人寿），省级分公司 86 家。4 家法人保险公司资产总额 136.8 亿元，同比增长 44.9％。证券业和保险业已成为江苏金融市场上的一支主力军。

表 2-3　2015 年江苏省证券保险等金融机构发展情况表

项　　目	数　量
总部设在辖内的证券业金融机构数	16 家
其中：证券公司	6 家
期货公司	10 家
总部设在辖内的保险公司数	5 家
其中：财产险经营主体	2 家

续　表

项　　目	数　　量
人身险经营主体	3家
保险公司分支机构数	94家
其中:财产险公司分支机构	39家
人身险公司分支机构	55家

（三）社会融资结构

2015 年,随着金融市场的不断发展,江苏省直接融资占比进一步提高,融资结构明显改善。

1. 直接融资比例有所上升

全省共有境内外上市公司 405 家,其中,境内上市 276 家,境外上市 129 家。全年新增境内外上市公司 28 家(境内 23 家、境外 5 家),融资 416 亿元;57 家上市公司再融资 855.3 亿元,同比增长 75.9%。全年共发行企业债、短期融资券、中期票据、中小企业私募债 3389 亿元,较 2014 年增长 4%。直接融资占比有所上升,全年企业直接融资(包括企业债券融资和境内非金融企业股票融资)净额为 3125.2 亿元,同比多增 266.9 亿元,占同期社会融资规模增量的 27.4%,占比比上年提高 6.1 个百分点。

2. 贷款区域分布更加合理,小微企业支持力度进一步加大

首先,全年苏北、苏中本外币贷款分别新增 1403.2 亿元、1392.6 亿元,分别占全省新增贷款总量的 19.5%、20.1%,较上年分别提升 2.3 个、4.1 个百分点。资源的合理分布,促进经济欠发达的苏北地区跨越发展。2015 年末,全省金融机构本外币小微企业贷款(不含票据融资)余额为 1.88 万亿元,同比增长 11.4%,增速比上年末上升 1.2 个百分点,本外币涉农贷款余额为 2.6 万亿元,扣除连云港赣榆撤县建区的影响,同比增长 8.5%,增速比上年末上升 1.8 个百分点。

（四）金融产业行业发展

1. 银行业

银行业综合实力稳步提升,新增贷款创历史新高。人民币存款余额 107873.0 亿元,比年初增加 7698.4 亿元,比上年末增长 15.1%;年末金融机构人民币贷款余额 78866.3 亿元,比年初增加 8065.6 亿元,比上年末增长 13.4%。其中,中长期贷款比年初增加 43256.5 亿元,同比多增 4915.5 亿元。

盈利增长趋缓。全年银行业金融机构实现税后净利润 1450.8 亿元,比上年下降 4.5%。不良贷款比例有所下降,从 2013 年的 1.69% 下降到 2014 年的 1.49%。

2. 证券业

证券交易市场实力有所提升。全年证券市场完成交易额 60.4 万亿元,比上年

增长 104.7％。分类型看,证券经营机构股票交易额 35.1 万亿元,增长 262.1％;期货经营机构代理交易额 30.5 万亿元,增长 55.3％。年末全省境内上市公司 276 家,在上海、深圳证券交易所筹集资金 1214 亿元,比上年增加 512.5 亿元。江苏企业境内上市公司总股本 2154.3 亿股,比上年增长 34.9％;市价总值 3€720.5 亿元,增长 87.1％。

证券期货业继续保持稳健发展态势。2015 年末,江苏省共有法人证券公司 6 家,其中,华泰证券和国联证券年内在香港上市。全省 6 家证券公司总资产近 5000 亿元,全年实现营业收入 384.4 亿元,同比增长 114.8％;实现利润总额 164.8 亿元,同比增长 140.3％。

期货业稳步发展,抗风险能力进一步加强。截至年末,全省共有法人期货公司 10 家,全年利润总额 3.2 亿元,同比增长 43.7％;保证金余额 126.8 亿元,同比增长 28.0％。弘业期货在香港成功上市。

3. 保险业

保险业稳步发展。全年保费收入 1989.9 亿元,比上年增长 18.2％。分类型看,财产险收入 672.2 亿元,增长 10.9％;寿险收入 1317.7 亿元,增长 22.3％;健康险和意外伤害险收入 233.7 亿元,增长 45.3％。全年赔付额 732.6 亿元,比上年增长 18.8％。其中,财产险赔付 403.0 亿元,增长 19.8％;寿险赔付 268.2 亿元,增长 15.7％;健康险和意外伤害险赔付 61.3 亿元,增长 26.1％。

4. 信托业

除了银行、证券和保险之外,传统的金融业还包括信托、租赁等行业。随着我国金融业的快速发展,信托行业的地位逐渐突出。2014 年,全国信托公司共有 68 家,其中江苏省 4 家,分别为江苏国际信托有限责任公司、紫金信托有限责任公司、苏州信托有限公司和国联信托股份有限公司。江苏省信托业从业人数为 375 人,资产规模 152 亿元。见表 2-4。

表 2-4　信托公司数量

年份	全国信托机构数量	江苏信托机构名称
2004	58 家	江苏国际、苏州信托、国联信托
2005	55 家	江苏国际、苏州信托、国联信托
2006	54 家	江苏国际、苏州信托、国联信托
2009	58 家	江苏国际、苏州信托、国联信托
2010	63 家	江苏国际、苏州信托、国联信托、紫金信托
2011	66 家	江苏国际、苏州信托、国联信托、紫金信托
2012	68 家	江苏国际、苏州信托、国联信托、紫金信托

续 表

年份	全国信托机构数量	江苏信托机构名称
2013	68家	江苏国际、苏州信托、国联信托、紫金信托
2014	68家	江苏国际、苏州信托、国联信托、紫金信托

专栏1:中国信托业的发展

信托业有着悠久的发展历史,"信托"的含义从最早的《罗马法》中的"信托遗赠"制度,发展到现在的"委托人基于对受托人的信任委托,将其财产委托给受托人,由受托人按委托人的意愿以自己的名义,为收益人的利益或者特定的目的,进行管理或者处分的行为"。新中国的信托业发展伴随着改革开放,从1979年中国国际信托投资公司成立开始到1999年,信托业经历了五次扩张与整顿。2001年《信托法》颁布实施,标志着中国信托业进入了蓬勃发展的金融理财时代。2002年,我国第一批信托产品面世,信托产品从无到有,从单一到丰富,在数量和类别都发生了快速增长。2007年《信托公司管理办法》、《信托公司集合资金信托计划管理办法》等法规实施后,信托业在新的框架下快速增长,截至2015年底,信托资产总额达到16.3万亿元,已经超过保险,跃居中国第二大金融行业。

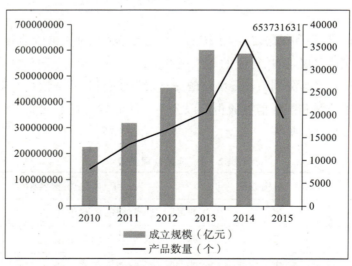

图2-1 2010年到2015新增信托项目成立规模与数量变化图

2015全年共成立4231款相关产品,证券类信托占总成立数量的42.22%,共募集资金约2942.33亿元,占总规模的21.79%。而在2015年发行平台中,信托公司发行的产品总占比虽然在下降,但不少信托公司的发行数量和别的机构相比,仍名列前茅。

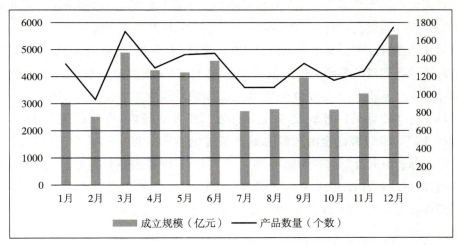

图 2-2　2015 年信托产品月度未来一年到期情况图

纵观 2015 年全年,2 月份是信托产品到期的低谷(春节因素),到期高点则在 3 月和 12 月。3 月信托产品到期数量和规模均有大幅增长,信托产品交易活跃,或与银行渠道受阻、上市房企再融资开闸,引致市场对信托融资需求加大有关。12 月产品到期规模达到最高,这既有信托公司年底冲业绩的因素,也有在地方政府债务大限之前突击的因素。

（五）金融生态环境

金融生态建设扎实推进。完善金融生态县动态考评制度,出台《关于进一步完善金融生态县考核 强化金融生态环境动态评估的意见》,对考核指标、考核标准、考核程序、约束机制等方面进行了完善:增加了金融基础设施、金融风险防范、直接融资等方面的考核内容。金融消费者权益保护工作扎实推进,聚焦农村,突出做好县域金融消费权益保护工作。依托银行卡助农取款点,将散布在各乡镇的反假宣传站、支付结算服务站、征信工作站等功能进行整合,在绝大部分行政村建立了农村金融综合服务站,实现站点服务职能、宣传职能与受理投诉职能的有机结合,构建了"市—县—镇—村"四位一体的网络体系。截至年末,"农村金融综合服务站"已在江苏 13 个地市全面推开,全辖共建立综合服务站近 1700 家。

金融基础设施建设和服务水平有了新的提升,对实体经济的支持作用、对社会民生的改善效果大大增强。深入推进农村信用体系试验区建设工作,完善试验区建设工作机制,印发《中国人民银行南京分行关于进一步深化农村信用体系试验区建设的通知》,在全省选择了 17 个积极性较高、条件较为成熟的地级市、县(市、区)深化试验区建设工作。

大力推进支付体系建设,圆满完成二代支付系统上线和银行卡刷卡手续费标准调整工作,支付服务水平进一步提升。加强货币发行工作,深化"江苏省人民币流通满意工程",建立了小面额现金供应长效机制,增加硬币自助兑换设备,冠字号码可查询标识覆盖江苏全省 4.0 万台自动柜员机,流通中人民币整洁度大幅提高,券别结构进一步优化,银行与客户假币纠纷举证机制进一步完善。

为扎实推进江苏省金融生态建设,2015 年,江苏省委、省政府以及各级部门相继出台了一系列新的政策文件。包括省委、省政府《关于加快互联网平台经济发展的指导意见》(苏政发〔2015〕40 号)和《关于加快发展生产性服务业促进产业结构调整升级的实施意见》(苏政发〔2015〕41 号),江苏省政府《省政府关于落实国家"一带一路"战略部署建设沿东陇海线经济带的若干意见》(苏政发〔2015〕85 号)等。在江苏省财政厅《财政部 商务部关于 2015 年度外经贸发展专项资金申报工作的通知》(财行〔2015〕216 号),支持外经贸协调发展和结构调整,引导有序开展对外投资合作业务,支持境外经济贸易合作区建设,积极推动外贸和"走出去"提质增效。

专栏 2:P2P 在我国的发展状况

近年来,P2P 在我国兴起并快速发展。2006 年国内首家 P2P 小额信贷服务机构"宜信"在北京成立,随后点点贷、人人贷、哈哈贷、拍拍贷、安信贷、红岭、盛融、易贷 365、808 信贷、微贷网、E 速贷、融信财富等数十个较大规模的网络信贷平台如雨后春笋般相继发展起来。据统计,截至 2013 年一季度,国内已经有 210 多家 P2P 网络借贷公司,其中活跃的 P2P 公司约有 30 余家,P2P 的客户已达数百万个,实现的贷款余额超过 300 亿元。

从区域分布上来看,由于东部地区经济基础好,创业者多,借贷人文化程度较高,信用基础较好,我国 P2P 活动多集中在该地区。按照第一财经新金融研究中心对注册的 132 家 P2P 平台公司的统计分析,广东、浙江、上海、北京等地区合计占总数的 60% 以上。

P2P 行业在 2012—2014 年期间发展迅猛,成交量从 2012 年的 212 亿元增长至 2014 年的 2528 亿元,年平均增长率高达 269%,贷款余额从 2012 年底的 56 亿元增长至 2014 年底的 1036 亿元,年平均增长率达 333%。

目前美国把 P2P 的融资行为界定为公开发行票据,由美国证券交易委员会(SEC)和州证券监管机构对 P2P 平台实行信息披露、反欺诈要求和其他责任监管,由联邦存款保险公司和州金融机构部对相关第三方银行业金融机构进行监管,以保护借款人利益,由消费者金融保护局保护借款人利益。英国对 P2P 平台的监管则相对较弱,由公平交易办公室(OFT)监管,仅适用一些业内认可的基本原则。

与美英不同,虽然近年来我国 P2P 行业发展如火如荼,但对该行业的监管还是空白,尚未确定监管主体、监管内容以及监管形式,特别是对 P2P 平台中间账户监管缺位,实践上银监会曾对 P2P 平台做过风险提示,其他金融监管部门则几乎没有在正式公开场合发表过监管意见。目前对 P2P 是否应该明确监管,业内仍存在很大争议,有人希望保持现状,给行业发展留下一定"自由发展"的探索空间,但也有人希望明确监管,对行业进行规范。事实上,美国对 P2P 的监管也面临一定的质疑。总的来看,由于 P2P 属于金融创新,对解决当前我国小微企业融资难的问题有所帮助,且现今规模不大、风险总体可控,监管导向上趋于密切关注而非过早明确监管,但对中间账户的监管缺位风险正越来越引起广泛的关注。

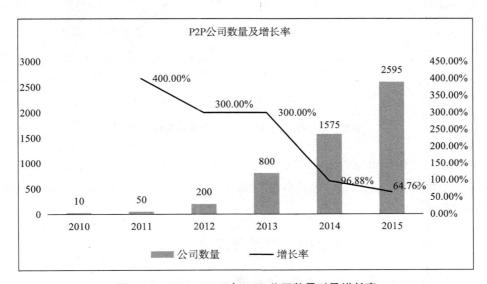

图 2-3　2010—2015 年 P2P 公司数量以及增长率

数据来源:网贷之家 & 盈灿咨询。

一方面,国内外实践中,P2P 基本属于小贷业务,且相当部分贷款是纯信用贷款,风险相对较高。如英美国家几个运营较为成熟的 P2P 网贷平台,其逾期率和坏账率仍达到 1%—2% 之间。对于我国的 P2P 平台而言,由于信用、市场、监管、商业等环境与英美国家仍有较大差距,平台贷款的信用风险要更大一些。如多个P2P 平台 2012 年不良贷款率在 3% 以上,个别更高达 14.38%。除此之外,"非法集资"、"非法吸存"、"挪用客户资金"和"骗贷"等现象也时有发生,使我国 P2P 行业还表现出一些信用风险之外的其他风险。

另一方面,高风险对应高收益,我国 P2P 的贷款利率与小贷公司相当,出资人的最终投资回报率较英美 P2P 公司要更高一些。实践中,为了避免高利贷嫌疑,我国的 P2P 平台公司名义利率一般都会控制在同期银行利率 4 倍之内,但同时向出资人提供额外"奖励"形式变相提高利率,最终出资人的回报率大概在 20%—30% 之间。而英美的 P2P 公司,以 Prosper 为例,自 2009 年 7 月在美国证券交易委员会完成注册后,其平台上的出借人平均净年化收益率约为 11%。

图 2-4   2010—2015 年 P2P 交易额及增长率

从以上两幅图可以看出,P2P 公司数量发展迅速,尤其从 2012 年开始,两年间从 148 家增加到了 1400 家,增长率在 2013 年达到了 253%,另外交易额增长的速度同样很快。

三、2015 年江苏省金融业改革与开放

(一)江苏省金融业改革与开放的成绩

2015 年,江苏省金融业运行稳健,银行业规模稳步增长,全省社会融资规模为 11394.4 亿元,金融市场创新活跃,融资结构持续优化。证券业健康发展,资本市场规模继续保持全国前列,多层次资本市场发展实现新突破。保险业总体平稳,各项业务不断增长,市场体系不断完善。金融消费者权益保护工作扎实推进,金融生态环境持续优化。具体成绩如下:

1. 规模效益稳步增长,机构体系日益完善

2015 年末,江苏省金融机构资产总额达 13.5 万亿元,同比增长 11.6%。机构个数和从业人数稳步增加,年末地方法人金融机构数量达 164 家,比年初新增 8 家,全省银行业金融机构从业人数 24.6 万人,同比增长 7%。62 家农合机构改制工作圆满收官,6 家非银机构顺利筹建和开业,10 家台资银行落户江苏。盈利增长平稳,全年银行业金融机构实现税后净利润 1450.8 亿元。

2. 各项存款增势趋缓,存款季末冲高现象明显缓解

2015 年末,全省金融机构本外币存款余额 11.1 万亿元,同比增长 11.6%,增速比上年末提高 0.5 个百分点,比年初增加 12012.5 亿元,同比多增 2071.3 亿元。存款增长趋缓主要受以下三方面因素影响:一是随着金融脱媒日益加剧、互联网金融

的快速发展,理财产品、信托计划、资管计划、货币市场基金等金融产品持续分流银行存款。2015 年,全省新增信托项目成立规模达到 653731631 亿元,比去年多增加了 67065061 亿元。二是 2015 年受股市震荡的影响,在上半年红红火火的牛市来临时,使大量资金银行流向股市,使得银行的揽储压力成倍增长。三是由于表外业务、同业业务监管趋严,同业业务有所收缩、表外业务扩张步伐放缓,一定程度上抑制了派生存款偏离度监管新规影响,商业银行季末存款冲高现象较以往有所缓解。2015 年 7 月、10 月,全省人民币存款月环比分别仅减少 840 亿元和 356 亿元,明显低于历史同期 1000 亿元以上的月环比降幅。

3. 各项贷款平稳增长,信贷投向重点突出

2015 年末,全省本外币贷款余额 8.1 亿元,同比增长 12%,增速较上年提高了 0.4 个百分点。全年新增本外币贷款 8669.2 亿元,同比多增 1325.7 亿元。全年贷款新增较多主要受以下三方面因素影响:一是基础设施建设领域信贷需求持续旺盛,加之年末地方政府债务甄别期限来临,部分银行赶在甄别结束前加大了对政府融资平台的信贷投放。二是受央行开展"定向降准"、中期借贷便利、抵押补充贷款等操作以及银监会存贷比口径调整等因素影响,银行可贷资金增加较多。三是政策效应逐步显现,商品住房限购、限贷政策放开、央行降息以及缓解企业融资难、融资贵多举措的实施,对贷款增长具有一定的推动作用。

分期限看,短期贷款与票据融资此消彼长,中长期贷款增速明显提升。2015 年,全省短期贷款保持低位增长,年末全省短期贷款余额为 27484.87 亿元,同比仅增长 2.9%。而同期票据融资增长提速,年末全省票据融资余额 4772.74 亿元,同比增速高达 47.9%。受基础设施建设贷款、地产开发贷款增加较多所带动,中长期贷款增速提升,年末全省中长期贷款余额 27863.77 亿元,同比增长 17.7%。从全年趋势看,前五个月,全省中长期贷款余额增速逐步回落,6 月增速低于上年同期,后六个月迅速回升。

分投向看,基础设施贷款快速增长,制造业信贷继续缩减,房地产贷款增势平缓。2015 年末,全省金融机构本外币基础设施行业贷款余额 1.2 万亿元,同比增长 13.6%,全年新增 1420.9 亿元,同比多增 33.6 亿元。受需求不旺和产能过剩影响,制造业贷款继续缩减,2015 年末,全省制造业本外币贷款余额 1.6 万亿元,较年初下降 434.5 亿元。从全年走势看,全省制造业贷款连续 6 个月增量为负。房地产贷款持续稳定增长。2015 年末,全省金融机构本外币房地产贷款(含房地产开发贷款和购房贷款)余额为 2.1 万亿元,同比增长 19.4%,较去年同期提高了 3.0 个百分点。2015 年,全省金融机构房地产贷款增加 3322.4 亿元,同比多增 896.5 亿元。

4. 金融创新亮点纷呈

昆山试验区及苏州工业园区跨境人民币创新试点业务保持快速发展势头。2015 年,昆山试验区共办理个人经常项下跨境人民币收支 1.5 亿元,共有 29 家企

业办理了台资企业集团成员借、放款专用账户备案,合计所有者权益 27 亿元,跨境借款收入 48.73 亿元,放款支出 3.01 亿元。苏州工业园区累计有 7 家企业办理了 8 笔跨境人民币贷款合同登记,合同金额为 8.19 亿元,累计 8 家企业提款 8.09 亿元,累计 19 家企业归还跨境人民币贷款本金 16.81 亿元。累计办理股权投资基金对外直接投资汇出资金 7 笔,金额 1.67 亿元。累计办理个人跨境人民币结算 967 笔,金额 0.55 亿元。当年 7 月,昆山试验区获批开展台湾地区的银行机构直接向区内台资企业发放人民币贷款业务试点,标志着跨境人民币贷款试点业务向全市扩围迈出了重要一步。至 2015 年末,昆山试验区累计有 9 家企业办理了 12 笔跨境人民币贷款合同登记,合同金额为 0.97 亿元,累计 8 家企业提款 0.79 亿元。大型商业银行改革进一步深化,工商银行江苏省分行为进一步提升支行经营效能,试点开展城区支行扁平化管理,由市行直管二级支行,通过简化行政层级,激发城区网点经营活力。农业银行江苏省分行"三农金融事业部改革"取得了重要成效,三农金融分部组织框架基本形成,省分行"两部六中心"和市分行"一部六中心"编制、业务、职能、人员全部到位,52 个县域支行作为基本单元全部纳入三农金融分部单独核算。建设银行江苏省分行持续深化针对中小微企业的金融服务,加强中小微企业产品创新,推出小微企业"网银循环贷",由客户通过企业网上银行进行自助支用和还款,满足小微企业"短、频、急"融资需求。

5. 跨境人民币结算业务继续保持良性发展势头

全年共办理各项跨境人民币结算业务 8579.5 亿元,同比增长 21.8%。其中,经常项下收付金额 5369.4 亿元,同比增长 29.7%,资本项下收付金额 3210.1 亿元,同比增长 10.6%。2015 年,昆山深化两岸产业合作试验区获准开展区内台资企业向台湾地区银行借入跨境人民币贷业务试点,已签订借款协议 3.7 亿元。

(二)江苏省金融业改革与开放:挑战与机遇

2015 年,全球经济增速普遍放缓,国际金融商品市场大幅震荡,欧债危机再度恶化。在复杂严峻的国际环境中,江苏省委、省政府全面推进建设江苏"金融强省"战略路径。江苏省金融业的改革与发展同时面临巨大的挑战和机遇。

1. 挑战

江苏省是全国的金融大省,但与广东、上海相比,江苏金融产业发展有较大不足。具体挑战有:金融产业地位低、从业人员收入少、金融资源有限。

(1)金融产业地位低

从金融业务总量看,江苏省是全国的金融大省,金融业增加值从绝对量来看也是持续增加,但衡量金融业产业地位的指标金融业的产值占 GDP 的比重一直处于较低水平。2015 年江苏省金融业占 GDP 的比重为 7.6%,这与支柱产业一般占 GDP10% 以上的地位相差较远,同时金融业生产总值与金融资源规模与广东存在差距,金融就业人员平均工资与上海相去甚远。这说明江苏省金融业整体规模较小,对经济总产出所作的直接贡献较低,全省融资资源拥有量和金融市场服务水平尚有较大发展空间。

（2）金融结构失衡

在宏观方面,江苏金融业直接融资与间接融资比例严重失调,外部融资仍然以银行业的间接融资为主;证券市场融资总量以及证券市值占 GDP 的比率较低。在微观方面,江苏上市企业在数量方面与广东、浙江存在差距,上市企业存在"资产负债率高,高度依赖于银行信贷"等资本结构问题。金融结构失衡和企业资本结构失调不仅影响企业资本结构的优化和治理结构的完善,更会导致金融风险过度集中于银行体系,金融业整体发展受到影响。

2. 机遇

建设江苏金融强省是一项全面的系统工程,它不仅与中国宏观经济金融政策密切相关,也与江苏经济社会发展形势和状态紧密联系。"十二五"以来,江苏的金融产业蓬勃发展,逐渐发展成为江苏现代服务业的重要支柱和经济社会发展的重要力量。为了实现金融强省的目标,江苏必须根据国际国内经济金融形势,结合自身实际情况,以科学发展观为指导,坚持完善金融体系、推进金融创新、促进科技和金融结合、发展产业与金融相融、推动区域金融中心建设这五大战略路径,选择合理的战略路径,最终实现金融强省的战略目标。

（1）完善金融体系,强化金融基础

江苏省金融业发展整体面临着金融结构失衡、金融市场发展布局不合理的挑战。从历史上看,世界各国的金融业都是从银行业发展壮大的。江苏应在完善银行业机构体系的同时,注重合理控制贷款投放,优化贷款结构。证券业的快速发展不仅改善了江苏金融业结构失衡问题,更为企业提供了有效的融资渠道。但是与上海、广东、浙江相比,江苏证券业规模排名靠后,整体水平有待提高。"十二五"是个新的开始,江苏要抓住创新发展机遇,通过引导优质资源集中,提升上市公司核心竞争力;增加科技投入、形成核心竞争力,提升上市公司质量;全面推动证券业做优、做强。保险业是金融业的重要组成部分,是金融业成熟程度的重要指标。随着保险市场化改革进一步深化和居民投保意识的日益增强,江苏保险市场规模迅速壮大。江苏应充分发挥保险社会保障作用,以防范系统性风险为核心,加强保险监管,防范化解风险,维护市场稳定。

（2）坚持金融创新战略

金融创新是金融业改革发展的动力,也是当今全球金融发展的时代潮流。新加坡凭借"亚洲美元"这一新产品,一跃成为亚太地区重要的金融中心;伦敦凭借"欧洲美元"这一新产品,一改往日颓势,长盛不衰。国际经验表明:持续的、强劲的金融创新能力是建设金融强省的必要条件。

江苏的重点是实现管理机制、产品服务和弱势金融的创新。一要创新管理机制,简化贷款手续和程序,提升信贷服务水平;二要创新产品服务,提升服务水平,鼓励银行、证券、保险、信托等机构加强业务合作,实现优势互补、合理的社会分工;三要创新弱势金融,引导和规范民间借款,开发适应"三农"的保险产品,构建政策性金融、商业性金融和合作金融和其他金融组织的互补农村金融体系。

(3)促进科技和金融结合战略

加快促进科技和金融结合是深入贯彻落实科学发展观、推动创新驱动战略实施和创新型省份建设的重要举措,对于加快科技成果转化、增强自主创新能力、促进经济转型升级具有重要意义。江苏投入多、人才多、专利多、产值多,科技金融发展前景良好、潜力巨大。江苏省要深刻认识促进科技和金融结合的重要性、紧迫性,明确促进科技和金融结合的总体要求,并在此基础上积极开发建立科技金融支撑平台,完善促进科技和金融结合的综合配套服务体系;发展科技保险和科技担保业务,健全与科技结合的金融风险分散体系;最终加强组织领导和统筹协调,营造促进科技和金融结合的良好环境。

(4)发展产业与金融相融合战略

金融是经济的"心脏",对产业发展提供"血液";产业是基础平台,金融起到催化剂和倍增剂的作用;产业与金融互动创造新的价值,大大加快财富积累,创造极其重要的经济价值。产业金融的基本原理就是通过资源的资本化、资产的资本化、知识产权的资本化、未来价值的资本化实现产业与金融的融合,促进其互动发展,从而实现价值的增值。

(5)推进区域金融中心建设,带动江苏金融发展

上海要建设成为国际航运和国际金融中心,这既是国家战略,也是上海经济、社会、地理地位所决定的必然趋势。江苏毗邻上海,交通便利、人文相近,这给江苏金融业发展带来了机遇,同时也带来了挑战。上海国际金融中心建设既可能会吸纳江苏金融资源,也可能由于空间距离过近,影响金融机构尤其是国际金融机构分支体系的设立。但是,上海国际金融中心建设也为江苏发展辅助性、支撑性金融产业创造了有利条件,为江苏建立金融后援服务基地建设,柔性引进金融高层次人才的智力提供了便利。江苏一方面要充分利用上海建设国际金融中心全球大型国际金融集团纷纷落户上海的平台,自觉融入长三角;另一方面要主动融入国家建设"一带一路"、长江经济带等重大战略,为省内企业拓展境外融资渠道、降低融资成本提供综合服务,推动金融对内对外开放,取得更大突破。

第三章　推动江苏金融发展的政策建议

2015 年,江苏省金融业运行稳健,银行业机构规模稳步增长,组织体系更趋完备,社会融资较 2014 年稍微回落,全省 2015 年社会融资规模 11394 亿元。证券业实力明显提升,多层次资本市场建设迈上新台阶,资本市场总体规模继续位居全国前列。保险业组织体系不断完善,保险资金运用取得新突破。金融消费者权益保护工作扎实推进,金融生态环境持续优化。但从金融产业自身发展来看,仍然面临着金融组织体系亟待完善、信贷结构仍需优化、金融市场体系发展不够均衡、民间融资活动亟待进一步规范等不足。

江苏省要牢固树立并积极践行新发展理念,深入推进改革创新,优化金融生态环境,紧贴供给侧结构性改革的重点任务,提高服务实体经济效率,让金融活水更多、更顺畅、更高效地流向实体经济,为建设新江苏作出更大贡献。

一、推动江苏金融发展的基本思路

(一)把握经济新常态,加快改革创新,推动江苏金融稳定发展

2015 年中央经济工作会议上指出,认识新常态、适应新常态、引领新常态,是当前和今后一个时期我国经济发展的大逻辑,这是我们综合分析世界经济长周期和我国发展阶段性特征及其相互作用作出的重大判断。我国经济发展面临着很多困难和挑战,特别是结构性产能过剩比较严重。必须加快改革创新,抓紧做好工作,必须锐意改革、大胆创新。引领经济发展新常态,要努力实现多方面工作重点转变。推动经济发展,要更加注重提高发展质量和效益。稳定经济增长,要更加注重供给侧结构性改革。实施宏观调控,要更加注重引导市场行为和社会心理预期。调整产业结构,要更加注重加减乘除并举。推进城镇化,要更加注重以人为核心。引领经济发展新常态,努力实现多方面工作重点转变,才能更好地推动江苏金融稳定发展。

(二)加大金融服务实体经济的力度

切实加大对产业转型升级和科技自主创新的信贷支持,各银行业金融机构要全力支持正在实施的转型升级工程。围绕产业优化升级"三大计划"、"万企升级"行动计划、"百项千亿"技改工程等重点,积极增加对高新技术产业、战略性新兴产

业、优势产业和传统产业改造升级的信贷投入，使信贷资金更多投向能够提升产业层次、引领产业升级的新建和技改项目，促进构建现代产业体系。积极支持苏南产业向苏中、苏北转移，对转移到苏中、苏北地区的产业项目和南北共建园区项目，要优先给予信贷支持。努力降低实体经济特别是企业融资成本，积极发挥担保和保险业的支持保障作用，强化对金融服务实体经济的政策引导支持，加强金融监管防范化解金融风险。

二、推动江苏金融发展的政策措施

（一）扩大有效资金供给，壮大实体经济基础

保持流动性合理充裕和社会融资总量适度增长，提高直接融资比重，鼓励企业利用资本市场兼并重组，鼓励金融资本对接新型城镇化和"智慧城市"建设，鼓励引导保险机构以可行方式投资重大基础设施项目。培育公开透明、健康发展的多层次资本市场体系，提高直接融资比重，丰富企业融资渠道，降低企业杠杆率。同时要加快发展民营银行以及普惠金融和多业态中小微金融组织，并通过制度设计、政策调节、监管规范等手段构建差异化竞争、特色化经营的商业银行体系。

提升实体经济的回报率。当市场机制无法内生足够的经济增长动力时，就需要在发挥市场在资源配置中决定性作用的基础上，更好地发挥政府的宏观调控作用，通过经济、行政等政策措施，在适度扩大总需求的同时，切实推进供给侧结构性改革，实现新旧动能接续转移，坚持内外需并重，提高实体经济的回报率，促成实体经济向好的预期。

（二）完善科技金融体系，增强创新要素支撑

围绕实施创新驱动发展战略和"一中心、一基地"建设，创新对战略性新兴产业、现代服务业以及企业技术改造等领域的投融资服务，开发符合科技创新需求的金融服务方式，支持省级科技金融合作创新示范区先行先试。

促进科技和金融结合，江苏省试点工作要突出苏南科技金融合作示范区建设这一重点，建立健全科技信贷风险分担、科技企业成长培育两大机制，推进科技投入方式、新型科技金融组织、科技金融产品与服务三大创新，完善科技企业信用、科技担保、科技金融中介服务、科技金融政策保障四大体系。

高水平规划建设苏南科技金融合作示范区，以体制创新为突破口先行先试，引导和推动银行、证券、保险、担保、再担保等金融资源向示范区集聚，促进科技与金融有效结合，探索符合科技创新规律、具有自身特色的科技金融发展路径，为全省乃至全国作出示范。落实促进科技和金融结合的税收优惠政策，扩大科技信贷规模，加强对科技创新的信贷支持，创新科技金融合作模式。

（三）深化金融改革创新，激发新的发展动能

健全地方金融机构体系，支持应急转贷基金建设，建立政策性担保、再担保与

金融机构风险共担机制,推进农村"两权"抵押贷款试点,建立完善绿色信贷机制。

各金融机构要积极进行金融组织、产品和服务模式创新,提高金融产品多样化程度和金融服务个性化水平。拓展银行、证券、保险、信托、金融租赁等金融行业之间的合作关系,探索综合化金融服务模式。充分运用现代科技成果,促进科技和金融紧密结合,建立健全多层次、多渠道的科技投融资体系。加快互联网金融中心建设,推动互联网金融产业集聚发展。加强金融服务创新,构建多元化融资格局。加快推动企业上市融资,积极鼓励企业发债融资,推动基金做大做强,支持非银行金融机构发展,建设地方资本市场体系。加强金融监管,有效防范金融风险。高度重视企业"两链"风险防范,强化交易场所监管,严厉打击非法金融活动,切实做好网络融资平台风险防控、化解和维稳工作。要大力发展绿色信贷,构建支持绿色信贷的政策体系。完善绿色信贷统计制度,加强绿色信贷实施情况监测评价。探索通过再贷款和建立专业化担保机制等措施支持绿色信贷发展。

(四)扩大金融双向开放,培育国际竞争优势

抓住"一带一路"建设和中韩、中澳自贸协定正式生效等机遇,主动对接争取区域金融改革创新试点,建立与国际金融市场相适应的会计准则、监管规则和法律规章,提升金融市场国际化水平。深化苏台、苏新、苏港澳、苏韩等金融合作,加强与亚投行、丝路基金和省里基金的对接,帮助企业在深化国际产能和装备制造合作方面实现突破,建立"走出去"金融风险防控体系。开拓江苏省经济金融对外开放新局面,形成深度融合的互利合作新格局。

通过扩大服务业的开放,提升江苏省服务业的国际竞争力,加大服务贸易在全球所占份额。在货物贸易方面,需要加强优化升级,这也是我国由贸易大国向贸易强国转变的一项重要内容。在市场多元化方面要继续推进,实现商品结构的升级,以及着力提升江苏省产业在全球价值链中的地位。

(五)加强潜在风险防控,维护经济金融秩序

加快不良贷款核销处置进度,抓紧开展互联网金融风险专项整治,依法稳妥防范和处置非法集资,妥善化解重点企业、重点区域债务风险。

切实加强金融监管。搞好信贷资金流向和最终用户监测,确保信贷资金用于企业生产经营,坚决抑制信贷资金和社会资本脱实向虚、以钱炒钱现象,防止虚拟经济过度膨胀和自我循环。健全系统性金融风险监测、评估、预警体系,加强对跨行业、跨市场、跨境金融风险的监测评估,建立层次清晰的金融风险处置机制和清算安排。强化地方政府的风险处置责任,发挥和完善现行金融监管协调机制的功能,实行信息共享,推进监管协调工作规范化、常态化。

整顿规范金融秩序。有针对性地加强规范金融秩序、防范金融风险、严格遵守金融法规政策的社会宣传和教育。采取政府引导、金融机构参与中介服务等创新举措,逐步规范民间借贷活动,发挥民间借贷的积极作用。严厉打击非法集资、高利贷、地下钱庄等非法金融活动,严格禁止金融从业人员参与民间借贷。加强对各类交易场所的清理整顿,加强对融资性担保公司、典当行、小额贷款公司和农村资金互助社等机构的全面监测及有效监管,促进其依法合规经营。

地 区 篇

第四章　苏南地区金融发展分析

一、苏南地区经济运行概况

苏南地区(包括南京、无锡、镇江、苏州、常州)作为我国经济最具活力与潜力的地区之一,作为江苏经济最发达的区域,其自然条件优越,区位优势明显,经济基础较好,科技文化事业发达。在过去若干年里,苏南地区凭借其优势,承接了国外转移来的劳动密集型产业,实现了经济的快速发展。随着"十二五"规划的推进,苏南地区又迎来了新的机遇和挑战。"十二五"时期是苏南地区经济稳步增长的关键时期,而 2015 年是"十二五"时期收官之年,苏南地区坚持稳中求进的工作总基调,统筹做好稳增长、促改革、调结构、重生态、惠民生、防风险各项工作,新常态下经济社会发展总体稳定、稳中有进,主要经济指标增幅保持在合理区间,综合实力再上新水平,结构调整实现新进展,发展质量有了新提升,改善民生取得新成效。2015 年,苏南地区在追求经济量发展的同时更加注重质的提高,经济总量进一步提升,产业结构转型步伐加快,社会固定资产投资稳步增长,民营经济发展势头良好,居民收入与消费都快速增长。

(一)经济总量不断增长,增速进一步放缓

2015 年苏南地区实现生产总值 41518.70 亿元,较 2009 年翻了一番。其中社会消费品零售总额达到 15003.57 亿元,固定资产投资达到 22220.01 亿元,实现进口总额 1818.39 亿美元,出口总额 2833.23 亿美元,净出口达到 1014.84 亿美元。从苏南地区生产总值占比情况来看,固定资产投资占比 53.18%,社会消费品零售占比 36.17%,二者共占苏南地区生产总值的 89.35%,固定资产投资与社会消费是苏南地区经济快速发展的主要推动因素。

近六年来,苏南地区经济增速存在一定程度的波动。苏南经济作为典型的外向型经济,受国际经济形势影响较大,2010 年在世界经济低迷的大环境下,苏南外向出口型企业出口受阻,同时国内市场也较为低迷,经济有所下降。2010 年随着国际经济形势的缓和,加之国内各项刺激经济的措施,如图 3 - 1 所示,苏南地区经济增速回升至 19.06%,2011 年"十二五"规划执行以来,苏南地区加大经济转型调整力度,经济增速适当放缓至 12.64%,2015 年更进一步放缓至 6.62%。

自 2010 年以来,苏南地区生产总值占全江苏生产总值比重基本稳定在 60% 左

右,全省区域经济发展协调。从增速来看,2010—2012年,苏南地区经济增速一直低于全省平均水平,自"十二五"规划开篇以来,苏南地区抓住经济转型升级的机会,2012年苏南地区经济增速虽然放缓,但仍高于全省平均水平。从苏南地区具体城市的数据来看,2015年南京经济增速为10.20%,镇江为7.69%,远远高于常州、苏州、无锡地区的经济增速,也高于全省7.72%的增速,而各城市的增长速度变化基本与苏南地区经济增速走势保持一致。

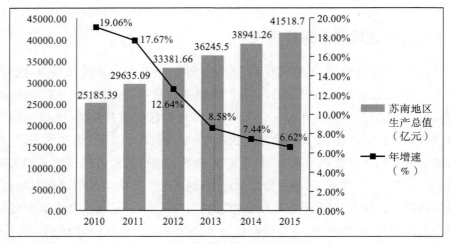

图4-1 苏南地区生产总值(亿元)

(二)产业结构不断优化,第三产业占比逐年上升

近年来,苏南地区抓住经济发展机遇期,转型步伐加快,创新发展能力和国际竞争力进一步增强,在经济总量持续增长的前提下,大力推进第三产业的发展,经济结构不断优化。

如图4-2所示,2015年全年苏南地区第一产业完成增加值865.26亿元,第二产业完成增加值19402.30亿元,第三产业完成增加值21251.30亿元。相较于2010年,2015年苏南地区的生产总值增长了64.85%,年均增长10.51%;第一、第二、第三产业的增加值较2010年分别增长48.08%、42.72%、93.08%,第三产业发展速度明显快于第一产业与第二产业。如表4-1数据所示,近六年来苏南地区三大产业中第二产业与第三产业占据主导地位,二者几乎占了苏南地区经济总量的98%,而第一产业所占份额非常少。"十二五"规划明确提出了大力发展服务业的要求,苏南地区把握住服务业发展的新形势,把加快发展现代服务业作为推进现代化进程的关键举措,从苏南地区各产业增加值与地区生产总值的占比变化趋势来看,苏南地区第二产业占比逐年下降,而第三产业占比呈逐年上升,发展势头强劲。

表 4-1　苏南地区产业增加值占比情况（%）

指标	2010 年	2011 年	2012 年	2013 年	2014 年	2015 年
地区生产总值占比	100.00%	100.00%	100.00%	100.00%	100%	100%
第一产业增加值占比	2.32%	2.28%	2.28%	2.29%	2.10%	2.08%
第二产业增加值占比	53.98%	52.88%	51.54%	50.32%	47.90%	46.73%
第三产业增加值占比	43.70%	44.84%	46.18%	47.39%	50.00%	51.19%

数据来源：江苏省统计局。

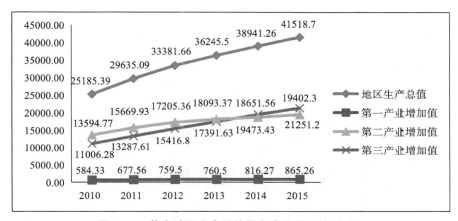

图 4-2　苏南地区生产总值及各产业增加值（亿元）

如图 4-2 所示，从全省数据来看，近六年来苏南地区的第二产业增加值与第三产业增加值与全省第二、第三产业增加值的占比均达到 60% 以上，而第一产业增加值仅占全省第一产业增加值的 25% 左右。相较于苏中与苏北地区，苏南地区更侧重于发展第二产业与第三产业，产业结构更加优化。

从全省县（市）的数据来看，2015 年生产总值位居全省所有县（市）的前五位的地区均在苏南，分别是昆山市、江阴市、张家港市、常熟市、宜兴市，其总量为 11521.23 亿元，占全省 44 个县（市）的生产总值的 16.02%，较 2014 年度有所上升。从产业结构来看，五个县级市同时占据了苏南地区县（市）第二产业增加值、第三产业增加值的前五位，而在第一产业增加值中，昆山、江阴、张家港、常熟、宜兴排位分别为第 39 位、第 30 位、第 38 位、第 33 位、第 26 位，前五位主要由苏北及苏中地区的县市占据。

（三）固定资产投资平稳增长，利用外资有所下降

2015 年全省固定资产投资呈现"增速趋缓、结构优化、质量提升"的良好发展态势。总量保持较快增长，增速有所回落，其中苏南地区增速回落明显。近六年来，苏南地区针对经济形势变化及时推出适应性调控措施，固定资产投资不断增长，投资结构进一步优化。如图 4-3 所示，2015 年苏南地区共实现固定资产投资额 22220.01 亿人民币,占整个江苏省固定资产投资额的 48.40%,投资总额较 2010 年翻了一番。其中,第一产业、第二产业、第三产业占比分别为 0.32%、40.5% 和 56.15%。2010 年以来,苏南地区固定资产投资一直保持着总量增长,但增速明显回落。

从 2015 年全省县(市)固定资产投资数据来看,位居前四位的分别是苏南地区的江阴、昆山、张家港、宜兴,常熟由第五位降至第六位,苏北地区邳州市位列第五,苏南地区前五位固定资产共计投资 7043.96 亿元,占全省县(市)固定资产投资总量 45905.17 亿元的 15.34%。

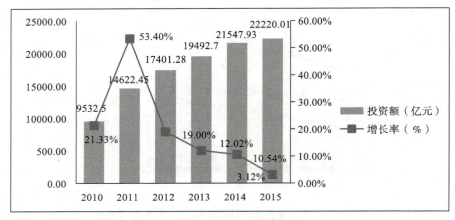

图 4-3　苏南地区固定资产投资情况

外向经济是苏南经济高速发展的动力来源。苏南地区因区位条件、投资环境和经济技术基础较好,能够充分抓住外资向长江三角洲集聚的这一机遇,大量引进外商直接投资。在迎合国家发展战略的基础上,苏南地区兴建开发区,并将开发区打造成外向经济战略的载体,有力地促进了苏南地区经济的增长、结构的优化和竞争力的提升。在苏南地区工业园区基础设施不断完善和相应优惠政策实施的情况下,大批外资纷纷入驻。如图 4-4 所示,2015 年,苏南地区实际利用外资 155.63 亿美元,较上年下降 13.63%。受金融危机影响,2008 年苏南地区外商投资额增速大幅下降,但总量依然保持增长态势,2009 年后增速缓慢回升,2011 年在"稳增长、调结构、促平衡"外贸政策的支持下,外商投资额增长较快。但 2013 年以来,受到国内经济结构大幅调整等因素的影响,外商投资近几年来首次出现下降,连续两年均呈现下降走势。

从全省数据来看,近五年来苏南地区吸引了全省 65% 左右的外商投资,2015 年该占比达到 63.96%,较 2013 年有所上升且占有绝对优势。2015 年苏南五市苏州、南京、无锡、常州、镇江实际利用外资分别为 60.00 亿美元、33.35 亿美元、32.02 亿美元、17.21 亿美元、13.05 亿美元,苏州、南京、无锡在全省 13 个地级市实际利用外资额中位列前三。但是,五市外商投资额较 2014 年均有所下降。从全省 45 个县(市)数据来看,外商投资前五名分别是苏南地区的昆山、江阴、常熟、张家港和太仓市。

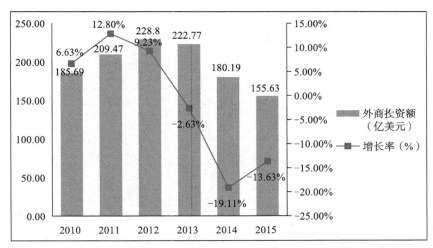

图 4 - 4　苏南地区外商投资年实际使用情况

(四)民营经济非常活跃,经济占比有待提高

民营经济十分活跃是苏南地区经济的一大特色。如表 4 - 2 所示,从民营企业的数量分布来看,2015 年江苏省民营经济发展迅猛,全省共有民营企业 182.15 万户,较 2014 年增长 15.76%。具体到苏南区域,2015 年苏南地区共有私营企业 103.11 万户,占全省私营企业数量的近一半,较 2014 年增长 27.09%。其中,私营企业雇工人数占全省私营企业雇工总人数的 54.88%,投资者人数占全省私营企业投资者人数的 62.88%,注册资金达到全省私营企业注册资金的 57.42%。

在苏南地区出台的一系列创新发展政策措施的有力推动下,越来越多的民营企业利用产业政策带来的发展机遇,不断拓展产业链、涉足适合民营企业特点的信息服务业、软件业、金融业等成长空间良好的新兴产业领域。以南京为例,南京现有江苏软件园、南京软件园 2 家国家级软件园,有徐庄软件园、南京新城科技园、江东软件城、雨花软件园 4 家省级软件园,还有玄武、鼓楼、雨花台、江宁、浦口等软件产业基地,集聚了国家认定软件企业和软件产品双软企业 900 多家,其中民营企业占比接近 90%。

目前,苏南地区民营经济主要集聚在传统的制造业、建筑业、交通运输业、批发零售业、住宿餐饮业、居民服务业等一般性竞争领域,这些行业集中了近 70% 的民营经济增加值;而高新技术产业、新型服务业的产值虽然增加较快,但在经济占比中十分有限,其在转型升级中的潜力仍需进一步挖掘与发挥。

表4-2　苏南地区民营企业概况

地　区	户　数 (万户)	雇工人数 (万人)	投资者人数 (万人)	注册资金 (亿元)
全省	182.15	1779.56	313.74	72965.43
南京市	31.32	214.27	62.03	10288.50
无锡市	18.65	208.95	36.41	8428.22
常州市	11.43	139.31	20.73	4641.43
苏州市	35.72	335.48	67.91	15113.62
镇江市	5.99	78.69	10.21	3422.71
苏南	103.11	976.7	197.29	41894.48
苏南占比	56.61%	54.88%	62.88%	57.42%

数据来源:江苏省统计局。

(五)财政收入较快增长,财政支出保障民生

2015年,在苏南经济增速趋缓的前提下,公共财政预算收入依然保持着较快增长速度。如图4-5,2015年苏南地区财政收入4179.22亿元,较2014年增长9.22%,占苏南地区GDP比重为10.07%。其中,税收收入3464.56亿元,占整个苏南地区财政收入的82.89%,说明在苏南地区的政府收入来源中税收收入依然占据最主要位置。而在税收收入中,主要税种来源是营业税、增值税、企业所得税和个人所得税。如图4-6,在公共财政预算支出方面,2015年苏南地区财政支出继续加大,达到4228.66亿元,较2014年增长13.65%。财政支出结构进一步优化,重点加大了对"三农"、教育、科技和社会保障等方面的预算支出,切实保障和改善民生。

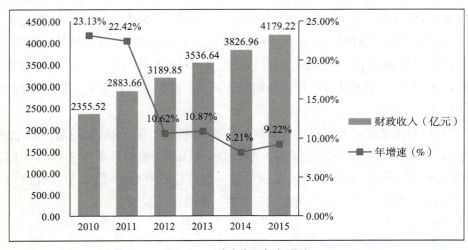

图4-5　财政收入与年增速

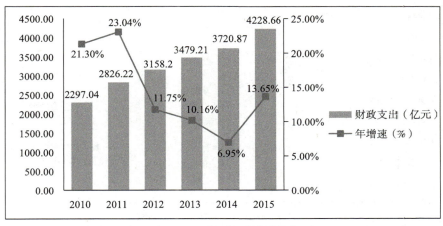

图 4-6　财政支出与年增速

　　从 2015 年苏南地区各城市数据来看,公共财政预算收入排名前三的城市分别是苏州、南京、无锡,分别达到 1560.76 亿元、1020.03 亿元、830.00 亿元。其中苏州地区财政收入远远高于其他城市,说明苏州市的企业经营业绩较好。而人均公共财政预算收入也是苏州市最高,达到 14710 元。从 2015 年财政支出来看,苏南地区排名第一的仍然是苏州市,高达 1527.17 亿元,而排名最靠后的是镇江市,仅348.73 亿元,二者相差超过 4 倍。2015 年,苏南地区的财政收入高于财政支出,说明存在财政盈余。

(六)居民收入快速增长,消费结构更加合理

　　2010 年以来,随着苏南地区经济的持续快速增长,惠民利民力度不断加大,居民收入大幅增加,城镇与农村的收入水平快速增长。如图 4-7 所示,2015 年苏南城镇居民人均可支配收入达到 46222 元,较 2010 年上涨 66.39%,年均增长率为10.72%;农村居民人均纯收入达到 22760 元,较 2010 年上涨 75.37%。农村地区人均可支配收入增速要高于城镇地区。从各城市数据来看,苏州市的城镇及农村人均可支配收入均最高,分别达到 50390 元和 25580 元。而镇江市的人均可支配收入最低,但增速水平最快。从这些数据可以看出,苏南地区的城乡差距、城市之间的差距虽然这六年来有所缩小,但仍然比较突出。

　　从图 4-8 可以看出,2015 年苏南地区城镇居民人均消费支出达到 28477 元,较 2010 年上涨 63.87%;农村居民人均生活费支出达到 15524 元,较 2010 年上涨63.42%。从具体城市数据来看,苏州市和无锡市城镇居民人均消费支出高于全省平均水平,分别为 31136 元和 29466 元。苏南五市城镇人均消费支出由高到低的顺序依次为苏州、无锡、南京、常州、镇江,与其收入水平相对应。较高的收入水平支撑较高的支出水平,进一步刺激苏南地区的居民消费与经济发展。此外,2010年到 2015 年间,苏南地区城镇居民和农村居民的恩格尔系数也有不同程度地下

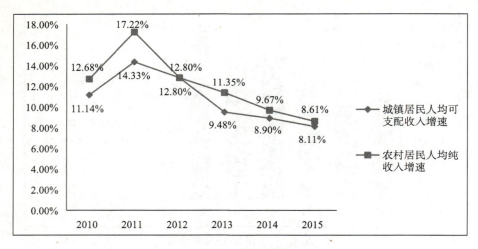

图4-7　居民人均可支配收入增速

注:按当年价格计算。

数据来源:江苏统计局。

降,分别从35.5%、35.4%下降到27.1%、29.0%,说明苏南地区的居民生活水平得到提升。

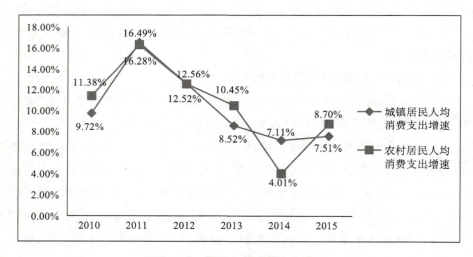

图4-8　居民人均消费支出增速

注:按当年价格计算。

数据来源:江苏统计局。

从各收入来源与支出的去向来看,城乡居民收入仍然以工资性收入和转移性收入为主,但财产性收入与经营性收入增加较快,居民收入感受指数和未来收入信心指数均创新高,收入结构更加合理。以城镇居民收入为例,据表4-3数据可知,2015年城镇居民收入的78.09%来源于工资性收入和转移性收入,这一比例较2010年有所下降,财产性收入占比大幅提高,达11.47%,而经营净收入为10.44%。

2015 年城镇居民工资性收入总额较 2010 年上涨 51.57%,转移性收入总额较 2010 年下降 27.76%,而经营性收入总额和财产性收入分别较 2010 年上涨 82.32% 和 502.50%。从具体城市数据来看,苏南地区城镇人均家庭总收入为 46222 元,远远高于全省平均水平。苏南五市人均家庭收入由高到低的顺序依次为苏州、南京、无锡、常州、镇江,其中,苏州高于苏南地区平均水平,而人均家庭总支出与收入几乎成同方向变化。

表 4-3　城镇居民收入分布与消费分布(元)

	2015		201C	
城镇居民人均家庭总收入(元)	46222	100.00%	30495	100.00%
♯工资性收入	29867	64.62%	18346	61.16%
经营净收入	4826	10.44%	2647	8.68%
财产性收入	5302	11.47%	880	2.89%
转移性收入	6228	13.47%	8621	28.27%
其他	0	0.00%	0	0.00%
城镇居民人均生活消费性出	28477	100.00%	17378	100.00%
食品	7720	27.11%	6175	35.53%
衣着	2146	7.54%	1695	9.75%
居住	6080	21.35%	1361	7.83%
家庭设备用品及服务	1631	5.73%	1174	6.76%
医疗保健	1479	5.19%	1024	5.89%
交通通讯	4520	15.87%	2529	14.55%
教育文化娱乐服务	4041	14.19%	2824	16.25%
杂项商品和服务	860	3.02%	598	3.44%

注:按当年价格计算。

数据来源:江苏统计局。

在居民收入持续增长与收入信心提高的推动下,2010—2015 年,苏南地区社会消费品零售总额不断提高,批发和零售业、住宿和餐饮业同步增长。如图 4-9,2015 年实现社会消费品零售总额 15003.57 亿元,较 2010 年翻了一番。在社会消费品零售总额中,批发和零售业占比达到 91.18%,而住宿和餐饮业占比不到 10%。从苏南地区城市数据看,2015 年南京市的社会消费品零售总额最大,达到 4590.17 亿元,其中,镇江的批发和零售业在五城市中占比最小,为88.64%,相应其住宿和餐饮业占比最大,为 11.36%。2015 年,苏南地区消费结构进一步优化升级,家庭消费支出中教育文化娱乐服务的消费增速较快,而居住、家庭设备用品及服务、医疗保健的消费比例有所下降。

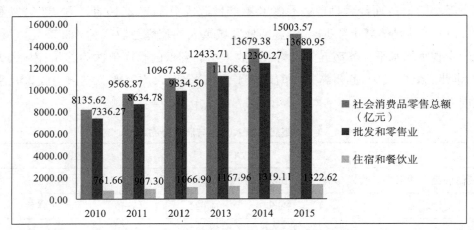

图4-9　苏南地区消费品零售额情况分布(亿元)

二、苏南地区金融发展状况

2015来,苏南地区全面贯彻落实科学发展观,坚持发展、改革与创新相统一,各金融机构认真贯彻执行宏观调控政策,苏南地区金融业保持较快发展,金融规模不断扩大,组织体系更加健全,金融业对社会经济发展的支撑作用不断增强。2015全年,苏南地区银行业稳健发展,信贷结构持续优化;保险业保障和服务功能不断增强,保费收入不断增长;证券经营状况平稳,直接融资总额不断扩大。

(一)银行业运行稳健,货币信贷持续增长

1. 金融机构存款增速放缓,存款结构更趋合理

从图4-10可以看出,2015年苏南地区金融机构存款年末余额为73665.11亿元,较上年同期增长13.48%,高于全省11.28%的平均水平。2015年苏南地区金融机构存款年末余额占全江苏省金融机构存款年末余额的68.29%,较2014年有所上升。苏南五市中,南京地区存款增速最高,达到28.40%,镇江为12.24%,两市均高于全省平均水平。苏州、常州和无锡存款增速低于平均水平,分别为10.41%、10.06%、7.27%。

2008年,受全国经济形势影响,苏南经济增速放缓,投资前景黯淡,投资者信心指数下行,投资增速下降。在没有更好的投资方式的情况下,资本市场的资金向银行体系流动,金融机构中的企业与居民存款增加。2009苏南经济形势回暖,居民与企业的存款增速也相应减少。如图4-11所示,居民储蓄存款在金融机构存款中的占比呈现下降趋势,2015年下降至30.50%,达到近六年来的最低水平。这说明居民的理财意识正在增强,面对物价的走高与潜在的通胀压力,居民已不再满足于流动性较高但收益性较差的存款资产,而将越来越多的资金投向股票、债券、

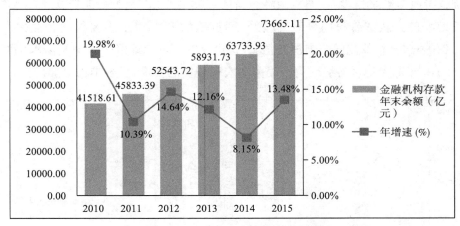

图 4-10 苏南地区金融机构存款情况

基金等其他金融产品等,为苏南地区金融业的发展打下良好的基础。

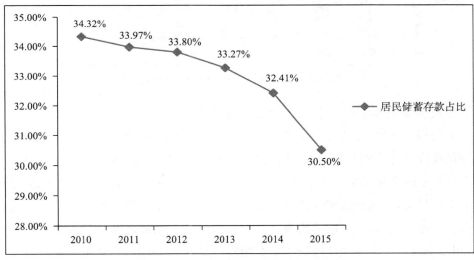

图 4-11 苏南地区居民储蓄存款占比(%)

2. 金融机构贷款投放节奏平稳,金融服务实体经济能力增强

2015 年苏南地区金融机构贷款年末余额为 55087.34 亿元,占全省金融机构贷款年末余额的 71.00%。2015 年苏南地区贷款年末余额较上年同期增速为 12.39%,略低于全省 13.36% 的平均水平。苏南五市中,南京市贷款增速较快,为 16.57%,其后增速较快的依次为常州 11.79%、苏州 11.31%、镇江 11.29%,无锡 7.64%。为了应对金融危机后严峻的经济形势,2008 年苏南地区金融机构贷款投放量大幅增加,在 2011 年后增速趋于平稳,这是由于经济存在通胀的隐忧,国家调控手段转向所致;2015 年是"十二五"规划的最后一年,苏南地区的货币政策在保持稳健的前提下缓慢放松,与财政政策配合解决经济增长及控制房价的矛盾,人民

币贷款投放节奏平稳,增速略有微降。新增贷款中,35.87％为短期贷款,57.44％为中长期贷款。从贷款投向来看,新增短期贷款的 80％以上主要投向企业生产经营,只有小部分贷款流向个人消费领域,这也反映了苏南地区个人消费需求仍然不足。2015 年苏南地区各级政府全面落实宏观调控的要求,贷款结构更加优化。

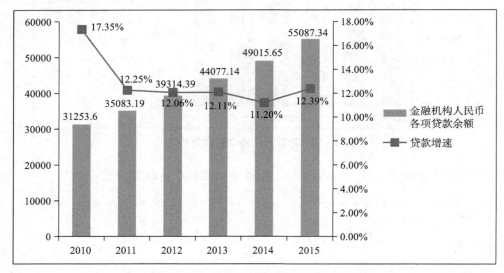

图 4－12　苏南地区金融机构贷款情况

3. 金融相关率有所上升,金融深化程度增强

金融相关比率(金融资产价值/全部实物资产价值)体现了经济社会中金融总量与国民收入的比例关系,其变动反映了一地区金融上层结构与经济基础结构之间在规模上的变化关系。由于在一定的国民财富的基础上,金融体系越发达,金融相关系数越高,因此金融相关比率常被用来衡量一个地区的金融深化程度。考虑到数据的可得性,本文采用苏南地区金融机构存贷款余额之和来度量金融资产价值,用苏南地区国民生产总值来度量实物资产价值,即 FIR＝(金融机构存款余额＋金融机构贷款余额)/名义 GDP。

通过图 4－13 可以看出,近六年来苏南地区金融相关率虽有波动,但总体呈上升趋势,这说明苏南地区金融体系日趋发达与完善。同时,从图 4－13 中可以看出苏南地区金融相关率普遍高于全省金融相关率,且二者差额基本逐年缩小,这说明苏南地区金融机构的存贷款规模在苏南地区生产总值中占比逐年上升并且高于全省平均水平,同时苏北、苏中地区的金融体系正在完善,追赶苏南。从各城市数据来看,2014 年南京金融相关率达到 405.75％,苏州达到 281.06％,无锡达到 250.07％,常州达到 235.59％,镇江达到 191.12％,南京这一比率达到镇江的两倍。总体来说苏南五市中,南京金融深化程度较高,而镇江金融深化程度相对较低,苏锡常三市金融深化程度则处于二者之间。

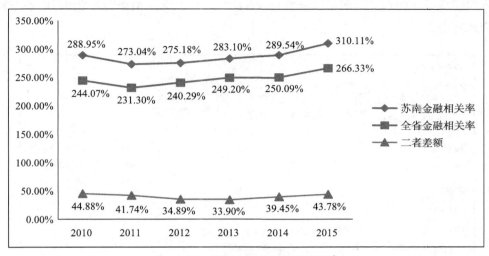

图 4 - 13 苏南地区金融相关率(%)

4. 金融效率有所回升,地区差异逐渐减小

金融效率是指一国金融整体在国民经济运行中所发挥的效率,即把金融要素的投入与国民经济运行的结果进行比较。考虑到银行体系的存款的根本来源是居民、政府、企业的储蓄,这些储蓄最终通过贷款来实现资金的重新分配,实现促进经济发展的作用。从这层意义上来说,贷款可以在一定程度上衡量金融体系的效率。因此,笔者选用金融机构贷款余额与存款余额之比来体现金融效率,即金融效率=金融机构贷款余额/金融机构存款余额 * 100%。

从图 4 - 14 中可以看出,苏南地区的金融效率普遍高于全省平均水平,但差额不明显,并且 2010—2015 年苏南地区金融效率基本呈下降趋势,总体来说,苏南地区金融效率与全省金融效率差距不断缩小,苏南地区银行体系金融效率领先优势有所下降,但总体仍处于江苏省领先地位。从具体城市数据来看,2015 年苏州市金融效率水平为 81.15%,镇江市为 75.14%,无锡市为 73.42%,常州市为71.98%,南京市为 70.37%。总体来说,苏南五市中苏州金融效率水平最高,镇江第二,无锡与常州次之,南京金融效率水平最低。

5. 存在的问题与建议

2015 年苏南地区银行业取得了长足的发展,存款规模进一步上升,贷款节奏投放平稳,但由于经营品种单一、缺乏金融创新,苏南地区银行业也存在着存贷款业务发展总体水平变慢、银行体系金融效率放缓的问题。从图 4 - 15、4 - 16 中可以看出,自 2010 年以来,苏南地区的存款增速,贷款增速均低于全省平均水平。随着苏南地区金融业的快速发展,间接融资渠道逐渐拓宽,企业除了从银行取得贷款融资外,也可以通过其他方式取得融资;而居民的投资手段也更加多元化,除持有流动性较强收益性较差的存款外,还可以利用多种投资方式实现资本的保值,这一方面体现了苏南地区金融市场发展的不断深入,一方面也给银行传统的存贷业务带来冲击。

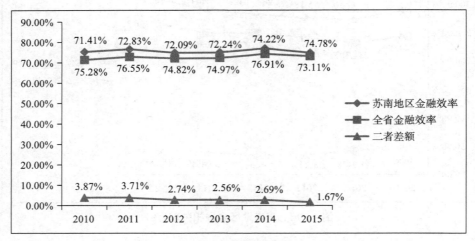

图 4-14 苏南地区金融效率(%)

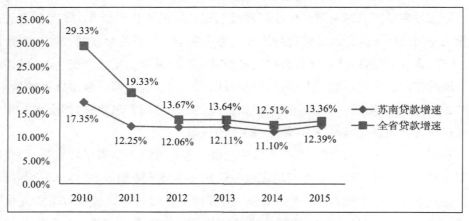

图 4-15 苏南地区存款增速(%)

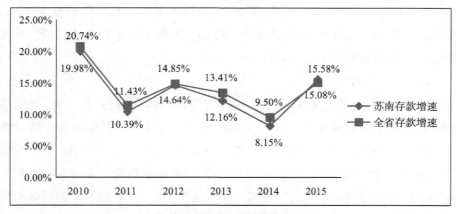

图 4-16 苏南地区贷款增速(%)

若银行业一味注重传统资产负债业务,则可能面临存款流失的风险。面对新的经济环境与形势,认为苏南地区商业银行要及时转变观念,积极致力于金融创新。在 P2P 平台、余额宝、互联网金融等冲击下,苏南地区银行业要积极开拓新的产品与服务模式,积极开拓中间业务,提升商业银行的社会化服务功能。要不断创新存贷款业务,积极开拓信贷业务,大力发展银团贷款、并购贷款等新兴业务,在有效控制风险的基础上,进行业务创新。

(二)保险业快速发展,风险保障功能进一步提高

1. 保费收入平稳增长,保险结构更加合理

从表 4-4 中可以看出,2015 年苏南地区实现保费收入 1191.45 亿元,较 2014 年增长 24.56%,保险业呈快速发展态势。从苏南地区保费收入各项来源来看,2015 年实现财产险保费收入占苏南地区总保费收入的 36.06%;人寿险保费收入占苏南地区总保费收入的 63.94%。无论是从保费收入的规模还是从增速来看,苏南地区都远远高于全省平均水平,相较于全省,苏南地区保费收入结构也更为合理。

从各城市数据分析,2015 年南京实现保费收入 368.04 亿元,较上年同期增长 48.21%;苏州实现保费收入 368.28 亿元,较上年同期增长 18.13%;常州实现保费收入 156.56 亿元,较上年同期增长 15.64%;镇江实现保费收入 80.05 亿元,较上年同期增长 14.81%;无锡实现保费收入 218.53 亿元,较上年同期增长 14.23%。2015 年南京、苏州的保费收入水平远远高于其他三个城市,且保费收入增长也较快。总体来说,苏南各市的保费收入增幅较大,尤其是南京,增长了近一半,南京保险业的金融集聚效应已经显现。

表 4-4　苏南地区保费收入情况(亿元)

	2010 年	2011 年	2012 年	2013 年	2014 年	2015
总额	656.18	704.50	793.59	884.38	956.50	1191.45
财产险	212.50	257.55	294.05	339.38	382.97	429.64
人寿险	443.68	446.95	499.53	545.00	573.52	761.82

注:按当年价格计算。

数据来源:江苏统计局。

2. 保险赔付较快增长,支出结构城市差异显著

如表 4-5 所示,2015 年苏南地区共实现保险赔付 433.40 亿元,较 2014 年同期上涨 24.73%,保险赔偿和给付数额总体上呈现上升趋势。从保险赔付的结构来看,财产险赔付达到 63.85%,人寿险赔付达到 36.15%。从主要赔付支出项目的增速来看,财产险 2015 年赔付支出增速为 32.18%,人寿险赔付支出增速为 13.42%,财产险赔付支出增速远远高于人寿险赔付支出增速。

从 2015 年苏南五市数据看中,苏州市保险赔付额最高,达到 136.59 亿元,南京其次,达到 122.84 亿元,镇江最少,仅为 27.40 亿元。从保险赔付结构来看,各城市存在明显差异,如以苏州和镇江为例,苏州财产险赔付占比达到 68.96%,而镇江仅为 48.76%;在寿险赔付方面,苏州寿险赔付占比为 28.70%,而镇江为 51.24%。

表 4 - 5　苏南地区保费赔付情况(亿元)

	2010 年	2011 年	2012 年	2013 年	2014 年	2015 年
总额	145.19	185.51	233.01	306.78	347.47	433.40
财产险	86.17	117.77	159.81	202.86	209.36	276.75
人寿险	59.02	67.74	73.20	103.92	138.12	156.66

注:按当年价格计算。
数据来源:江苏统计局。

3. 保险密度继续提高,保险深度增速缓慢

从保险密度(保费收入/年末户籍人口)来看,苏南地区 2015 年平均保险密度为 4875.33 元,较 2014 年上涨 23.74%,是由于保费的增速快于人口的增速。2015 年保费收入大幅增长,而人口增速相对较慢,从而保险密度进一步加深。从地级市的保险密度数据来看,2015 年苏南地区中南京市的保险密度最大,达到 5632.69元,且增速最快,较 2014 年上涨 53.38%;其次是苏州市的保险密度,达到 5521.36元,较 2014 年上涨 17.08%。其余各市,无锡、常州、镇江的保险密度分别为 4544.19 元、4221.65 元、2946.59 元,分别较 2014 年增长 13.34%、10.29%、14.99%。总体看来,苏南地区的保险密度不断加大,人均保费不断上升,且 2015 年增速有极大提升。

从保险深度(保费收入/GDP)数据来看,苏南地区 2015 年平均保险深度为 2.87%,较 2014 年上涨 16.67%。从图 4 - 17 可以看出 2010—2015 年,苏南地区的保险深度增速先下降再上升,其中 2011 年出现了负值,这主要是由保费收入的增长低于生产总值增长所导致;2015 年苏南地区经济增长加快,保费收入仍然保持较高速的增长,因此保险深度增速加快。从具体地级市的保险深度数据来看,2015 年南京市的保险深度为 3.79%,较 2014 年增长 34.40%;常州市的保险深度为 2.97%,较 2014 年上升 7.61%,增速高于苏南平均水平。无锡市和苏州市保险深度分别为 2.57% 和 2.54%,分别较 2014 年上升 10.30% 和 11.89%,镇江市保险深度为 2.29%,出现了 7.01% 的上升。苏南区域的保险发展水平并不平衡,其中南京的保险市场发展水平较快,常州、无锡、苏州次之,镇江发展最慢。要实现苏南区域保险业的健康可持续发展,还需要各城市的协调发展。

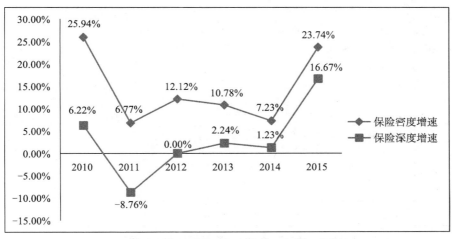

图 4-17 苏南地区保险深度与保险密度情况

4. 存在的问题及建议

虽然苏南区域保险市场发展速度较快,但从以上分析可以看出目前苏南地区保险规模并不是很大,发展程度仍有待提高,且各城市之间保险业发展水平差异也较大。苏南地区经济基础较好,如何将潜在的保费资源转换成现实的保费市场,这是苏南地区保险市场面临的一个重要问题。"十二五"时期是苏南地区保险业实现跨越式发展的关键时期,苏南地区要抓住历史机遇,加快保险业的发展,可以从以下三个方面入手:其一,加大区域内风险防范与保险知识的宣传教育力度,从消费群体入手,扩大保险市场的消费需求。其二,进一步完善政策环境,加大对区域内保险公司的政策支持,降低其经营成本,为其提供更多的发展机会,促进区域内保险市场的发展。其三,在保险市场内树立典型优秀企业,起到示范效应,加强对保险从业人员的教育与培训,提升保险企业形象。

(三)证券业运营平稳,抗风险能力进一步增强

1. 证券业发展概况

截至 2015 年底,苏南地区共有证券经营部 455 家,占全省证券经营部总数的66.62%;期货公司 8 家,占全省期货公司总数的 80.00%;期货营业部 102 家,占比75.56%。2015 年全省证券市场稳定发展,由于 IPO 重启影响,2015 年江苏省共有276 家上市公司,新增境内上市公司 22 家。其中,苏南地区 207 家境内上市公司,数量占全省境内上市公司总量的 75.00%,新增境内上市公司 15 家,占全省新增上市公司的 68.18%。

如图 4-18,从上市公司数量变化来看,苏南地区上市公司数量在全省上市公司中占比基本稳定在 75% 左右;苏南地区 GDP 占全省 GDP 比例自 2010 年以来基本稳定在 60% 左右。

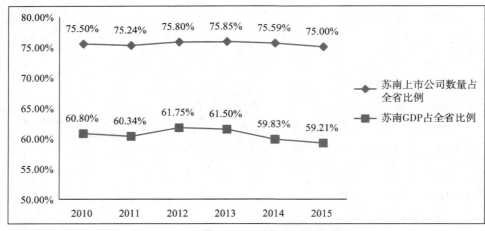

图 4 - 18　苏南地区上市公司数量占比情况

2. 存在的问题与建议

　　虽然近年来苏南地区证券业发展迅速,但仍然存在证券市场规模偏小、证券市场制度不够健全等问题。近几年来,苏南地区上市公司市值虽然有所增加,但相对于上海、广州等地,证券市场规模仍然相对较小;市场的一些重大信息披露上仍然保留较大的随意性与主观性,不利于投资者对信息的获取与判断。为此,苏南地区应抓住近年来苏南地区金融市场快速发展的契机,大力推进证券市场的发展,做大市场规模,加强市场监管,充分发挥市场机制与政府监督功能,进一步完善市场运行规则,使苏南地区证券市场的规模、结构与其发挥的功能保持平衡。

三、金融视角下苏南地区重点行业发展状况

(一)房地产投资增速回落,销售总体保持平稳

　　在国家房地产政策调控的总基调下,2015 年苏南地区房地产投资增速大幅下降。2015 年苏南地区房地产投资总额为 5149.45 亿元,占整个江苏房地产投资的63.15%。自 2010 年至 2015 年,苏南地区房地产开发投资额增速波动较大,分别为 29.13%、29.62%、9.70%、13.70%、12.82%、1.31%。2010 年以来受金融危机影响的经济开始复苏,2010 年与 2011 年苏南地区房地产开发投资保持了快速的增长,这一增速到 2012 年又有所下降。2015 年,在中央政府坚持调控不放松、保护合理自住需求和抑制投机性需求的政策环境下,苏南地区房地产投资额增速大幅下降,房价水平在有效控制下略有回暖,销售面积有所回升。近六年来,苏南房地产投资总额占固定资产投资总额比例约为 23%,普遍高于江苏全省的平均水平。

　　从苏南地区五市来看,苏州的房地产开发投资额最大,2015 年全年完成房地产开发投资额 1864.95 亿元,增速达到 5.70%,南京次之,2015 年房地产投资额1429.02 亿元,增速 26.97%。以苏州为例,2015 全年,苏州房屋施工面积 11285.85

万平方米,下降了 64.33%,竣工面积 1653.14 万平方米,下降了 216.33%,商品房销售面积 2133.73 万平方米,增长了 33.43%。2015 年全年苏州房地产开发投资增速放缓,施工面积下降,竣工面积骤减,销售面积较 2014 年有所上升。市场销售总体保持稳定,刚性需求有所释放。

表 4-6 苏南地区相较全省房地产投资占比情况(%)

年份	房地产投资/固定资产 投资总额(苏南)	房地产投资/固定资产 投资总额(全省)
2010	21.15%	16.50%
2011	24.95%	21.15%
2012	23.00%	19.56%
2013	23.38%	19.91%
2014	23.87%	19.83%
2015	23.17%	17.76%

注:按当年价格计算。
数据来源:江苏统计局。

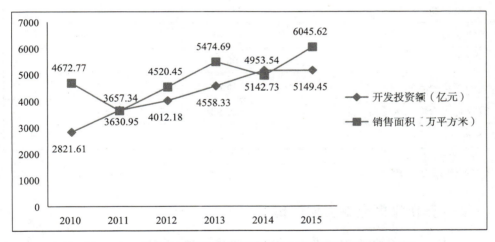

图 4-19 苏南地区房地产投资额(亿元)及销售面积(万平方米)

(二)制造业不断发展,形成区域支柱产业

江苏是制造业大省,而苏南地区是江苏制造业的主要分布区域。2015 年苏南地区规模以上工业总产值为 77209.71 亿元。其中,制造业总产值 75773.28 亿元,占苏南地区工业总产值的 98.14%,占江苏省制造业总产值的 52.49%。从苏南地区制造业行业具体数据来看,总产值排名前三的行业分别是计算机、通信和其他电子设备制造业,电气机械和器材制造业,化学原料和化学制造品制造业,产值分别为 15342.18 亿元、8965.8 亿元、8206.75 亿元,占苏南所有工业总产值的比例为

42.91%。从制造业前十大行业总产值值来看,2015 年苏南地区产值排名前十的行业总产值为 58673.5 亿元,占苏南地区制造业总产值的 77.43%。

从城市来看,苏州、无锡、常州是苏南地区著名的加工制造中心,苏州以电子与通信设备制造业、医药制造业、电气机械及器材制造业、仪器仪表及文化办公用机械制造业等高新技术产业为主;无锡的纺织业和机械制造业在全国保持行业领先地位;常州拥有农业机械制造、输变电设备制造、工程机械、车辆及配件制造、新型纺织服装等四大支柱产业,是国内中小功率柴油机、电子信息设备、高速内燃机车、牛仔布等产品重要生产基地。

表 4-7 2015 年苏南地区制造业产值排名前十行业及占比

行　　业	产值(亿元)	占制造业总产值比重(%)
计算机、通信和其他电子设备制造业	15342.18	20.25
电气机械和器材制造业	8965.80	11.83
化学原料和化学制品制造业	8206.75	10.83
黑色金属冶炼和压延加工业	6105.55	8.06
通用设备制造业	4440.70	5.86
汽车制造业	4225.46	5.58
纺织业	3008.48	3.97
金属制品业	3002.35	3.96
专用设备制造业	2746.31	3.62
有色金属冶炼和压延加工业	2629.92	3.47
合计	58673.5	77.43

注:按当年价格计算。
数据来源:江苏统计局。

四、苏南地区金融发展展望

2015 年是全面贯彻落实十八大精神的关键一年,是实施"十二五"规划的最后一年,更是苏南地区实现经济转型升级的关键时期。尽管面临世界经济不稳定、资源趋紧、经济增速趋缓等诸多问题,但苏南地区经济基础雄厚、居民收入增长较为快速,投资与消费的进一步提升仍有较大潜力。在经济"新常态"背景下,苏南取得的经济总量令人欣喜,但也意味着推动经济提质增效、持续发展的压力加大。新常态下,苏南调低了今年 GDP 增速预期目标,不再过度追求速度的增长,但并不代表不要速度。适应新常态,江苏特别是苏南各市提出的理念是:调速不减势、量增质更优。

为"十三五"开局,要实现苏南经济的转型升级,苏南地区必须大力发展金融市场,使得金融体系与实体经济的发展相配套;要坚持以科学发展观和率先发展理念为指导,立足地区实际,面向未来发展,紧紧围绕转型升级和发展创新型经济;要进一步解放思想,着力深化金融改革、扩大金融开放、推动金融创新,抢抓发展先机。具体建议归纳为如下几点:

（一）深化金融机构改革,加快多层次金融市场体系建设

苏南地区应牢牢把握金融改革的契机,继续深化国家控股的大型金融机构改革,完善现代金融企业制度,强化内部治理和风险管理,加快多层次金融市场体系的建立。在现有改革的基础上,继续拓宽货币市场广度和深度,加强流动性管理;深化股票发审制度市场化改革,加快发展主板市场和中小板市场;完善债券市场发行管理体制,加快发展债券市场;促进创业投资和股权投资健康发展,规范发展私募基金市场;加强市场基础性制度建设,完善市场法规法律,继续推动资产管理、外汇、黄金市场发展。

（二）推进直接融资发展,为苏南创造提供资金来源

苏南产业结构偏重传统产业,加工制造业企业数量多,经济转型调整难度大。大型工业制造业企业运营机制具有惯性,实现转型需要较大的投入,转型过程存在很多风险,但也存在机遇。苏南地区要牢牢把握住这次机遇,由"苏南制造"转型为"苏南创造",这除了企业自身的业务转变外,更需要配套资金的支持。为此,苏南地区应大力推进直接融资的发展,为"苏南创造"提供资金来源。要充分利用"三个市场、五个平台",即股票市场、债券市场、票据市场,以及保险平台、信托平台、融资租赁平台、股权投资平台、政府融资平台,根据苏南地区的实际情况推动直接融资市场的发展,为"苏南创造"提供资金来源,解决资金瓶颈问题。

（三）加快金融创新,建设创新型金融集聚区

苏南地区要加快发展新型金融企业,积极推进金融业向实体产业延伸融合,通过引入与组建的方式,加快担保业、小额贷款公司、典当以及融资租赁公司等新金融的发展和聚集,丰富金融业态、拓展金融衍生产品。通过提供资金支持、土地供应、基础设施等多方面的支持,扶持现代金融集聚区的建设,通过建设银、证、保等金融机构的集聚区,创投和产业投资等股权投资机构的集聚区、企业上市公司的集聚区、金融服务外包的集聚区和新型金融机构的集聚区的建设,进一步优化苏南区域金融产业布局。

第五章 苏中地区金融发展分析

一、苏中地区经济运行概况

苏中地区包括南通、扬州和泰州三个省辖市，土地面积 22927 平方公里，2015 年底共有 20 个县（市、区），总人口 1735.74 万。作为江苏沿海和沿江经济带的结合地区，苏中在江苏经济区域协调发展中起到"承南启北"的作用。近年来，作为上海、南京三小时经济圈内地区，苏中地区经济发展迅速，已经形成了以纺织、机电、汽车、建筑、医药等为代表的特色产业。但是相比苏南等发达区域还有一定的差距，"十三五"时期，如何面对"新常态"下面临经济下行的挑战，优化产业结构，利用结构调整和经济转型的机遇，保持稳定增长速度，改善人民生活水平，实现经济增长与生态环境的协调，是苏中地区面临的首要任务。

（一）国民经济稳步提升

2015 年苏中经济平稳增长，同比增速有所下降。全年实现国内生产总值（GDP）13853 亿元，同比增长 10.0%，增速较上年下降 3.7 个百分点，但高于全省增速 1.5 个百分点。其中，南通实现 GDP6148.4 亿元，位于苏州、南京、无锡之后，居于第四位；扬州实现 GDP4016.84 亿元，居于省内第七位；泰州实现 GDP3687.9 亿元，居于省内第九位。从时间序列来看，苏中地区 GDP 从 2010 年的 7743.88 亿元增加到 2015 年的 13853.14 亿元，增长 1.8 倍；从增速看，2010 年增速最高，到达 21.19%，2011 年略微下降到 17.94%，其后几年逐渐下降。主要原因在于两点：一是 2010 年恰好处于 2008 年金融危机后的投资高峰回报期，高投资额带动经济 GDP 高速增长；二是近年来的产业结构转型升级，苏中地区加快淘汰高污染、高耗能产业，尽管 GDP 增长速度有所回落，但增长的含金量得到提升。

（二）产业结构不断升级，特色产业优势显著

产业结构优化的第一个层面是三次产业比例的演进，即由第一产业占优势比重逐渐向第二产业、第三产业占优势比重演进。伴随着国家的经济结构调整和江苏产业结构升级，苏中地区加快经济结构转型，产业结构逐步趋向合理。如表 5-1 所示，苏中地区 2015 年全年第一产业完成增加值 815.69 亿元，占 GDP 比重

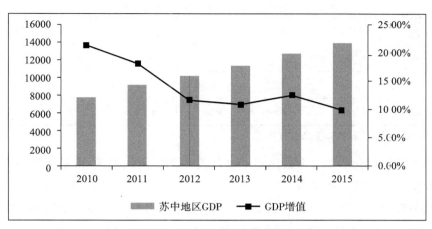

图 5-1 苏中地区生产总值(亿元)

5.90%,同比增加 5.90%;第二产业完成增加值 6800.67 亿元,占 GDP 比重 49.09%,同比增加 6.33%;第三产业增加值完成 6236.78 亿元,占比 45.01%,同比增长 12.38%。第三产业增长明显快于第一产业和第二产业,表明产业结构在优化。分地区数据看,南通、扬州、泰州的第一产业增加值分别为 354.90 亿元、241.86 亿元和 218.93 亿元;第二产业增加值分别为 2977.53 亿元、2012.10 亿元、1811.04.45 亿元;第三产业的增加值分别为 2815.97 亿元、1762.88 亿元和 1557.93 亿元。

表 5-1 苏中地区各产业增加值(亿元)

产业类别	2010 年	2011 年	2012 年	2013 年	2014 年	2015 年
第一产业	579.24	646.86	716.03	733.61	776.18	815.69
第二产业	4263.75	4957.56	5403.10	5968.63	6395.54	6800.67
第三产业	2900.88	3528.72	4074.41	4832.74	5549.77	6236.78

注:按当年价格计算。

数据来源:江苏统计年鉴。

表 5-2 总结了苏中近年来的三次产业结构状况。可以看出,苏中地区第一产业增加值和第二产业比重逐步下降,第三产业比重逐步上升,从 2010 年的 7.48∶55.06∶37.46,至 2015 年比例改变为 5.90∶49.09∶45.01;其中,第二产业比重下降尤为明显,从 2010 年的 55.06%下降为 2015 年的 49.09%,下降 6 个百分点;第三产业比重从 2009 年的 35.72%上升到 2015 年的 45.01%,增加近 10 个百分点,增幅显著。这一趋势表明,苏中地区发展符合产业变迁规律,结构逐步优化。从横向比较来看,2015 年全省三次产业比重为 5.7∶45.7∶48.6,苏中地区仍然落后于全省平均水平。

表 5－2　苏中地区各产业增加值占比情况（％）

产业类别	2010 年	2011 年	2012 年	2013 年	2014 年	2015 年
第一产业占比	7.48	7.08	7.02	6.36	6.10	5.90
第二产业占比	55.06	54.28	53.01	51.74	50.27	49.09
第三产业占比	37.46	38.64	39.97	41.90	43.63	45.01

数据来源：由江苏统计年鉴数据计算得出。

产业结构优化的第二个层面是三次产业内部结构优化，即由低附加值产业向高附加值产业演进。2015 年，以规模以上工业企业为例，南通、扬州和泰州轻重工业比例分别为 0.46、0.34 和 0.37，形成了服装服饰、化工制造、医药、电气机械制造、汽车制造、计算机及通信设备制造等特色产业，产业附加值提升明显。

（三）固定资产投资不断增长，增速回升

近几年来，苏中地区固定资产投资总额保持持续上升趋势，增长速度有所下降。2010 年固定资产投资达 2865.08 亿元，到 2015 年固定资产投资额达到 9926.59 亿元，增长 3.46 倍。其中，2011 年增长率达到 76.34％，其余年份在 15％至 22％之间，2015 年同比增长 16.64％，较全省增速高 6 个百分点，同时比 GDP 增速平均高出 8 个百分点左右。具体到三个地区，南通 2015 年固定资产投资 4376.03 亿元，较上年增长 12.31％；扬州 2856.82 亿元，同比增长 17.85％；泰州 2693.75 亿元，较上年增长 22.59％。

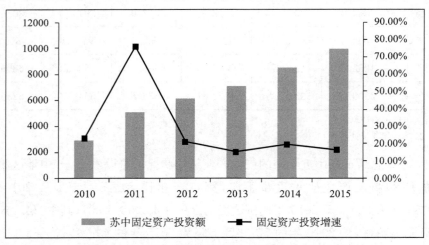

图 5－2　苏中地区固定资产投资总额（单位：亿元；％）

（四）财政收入与支出

苏中地区 2015 年一般公共预算收入为 1278.95 亿元，同比增长 13.87％，其中税收收入为 1052.64 亿元，占比 82.3％；一般公共预算支出为 1621.65 亿元，同比增长 16.79％。与 2010 年相比，一般性预算收入增长了 2.05 倍，一般性预算支出增长了 2.21 倍。分地区看,2015 年南通市一般公共预算收入 625.64 亿元,扬州 336.75 亿元,泰州 316.56 亿元。一般公共预算支出南通市 748.97 亿元,其中用于社会保障与就业、科学技术、教育、医疗卫生、环境保护等民生方面的财政投入达 561.7 亿元,占一般公共预算支出的比重达到 75.0%;扬州市一般公共预算支出 442.78 亿元,其中一般公共服务支出 54.36 亿元,增长 6.7%;教育支出 74.96 亿元,增长 10.8%;科学技术支出 12.94 亿元,增长 31.8%;社会保障和就业支出 33.40 亿元,增长 17.2%;医疗卫生与计划生育支出 32.60 亿元,增长 30.2%;节能环保支出 14.58 亿元,增长 111.3%。泰州市一般公共预算支出 429.90 亿元,其中公共安全支出 25.10 亿元,增长 10.5%;教育支出 68.66 亿元,增长 15.9%;科学技术支出 8.03 亿元,增长 4.9%;文化体育与传媒支出 6.72 亿元,下降 7.4%;社会保障和就业支出 36.94 亿元,增长 17.3%;医疗卫生支出 39.87 亿元,增长 26.5%;节能环保支出 9.46 亿元,下降 6.2%;城乡社区事务支出 59.08 亿元,增长 27.8%;交通运输支出 10.11 亿元,增长 6.6%。

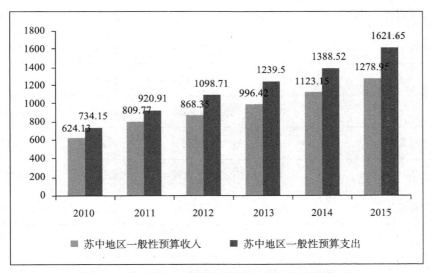

图 5-3 苏中地区一般性预算收入与支出总额(亿元)

(五) 居民收入与消费稳定增长,结构趋于合理

随着经济的持续快速增长,惠民利民力度不断加大,苏中地区居民收入也有较大幅度增加。2015 年苏中城镇居民人均可支配收入达到 34758 元,同比增长 8.72%。表 5-4 显示,从各收入来源与支出去向来看,城乡居民收入仍然以工资性收入为主,占总收入的 60% 以上;经营性收入和财产性收入基本持平,收入结构日趋多样化,收入结构总体更加合理,这些和中央所提出的增加居民财产性收入的相关政策吻合。在城镇居民消费支出的结构方面,食品烟酒支出占比仍然在三分之一左右,居住类支出占比 20% 多;交通通信支出占比 13.36%,教育文化娱乐支出

占比较前几年继续上升至 12.20%。总体来看,苏中地区城镇居民的生活水平继续
逐步提高。

表 5-4 苏中地区城镇居民收入与消费支出分布表(元)

指 标	2015 年		2014 年	
	数额	占比	数额	占比
人均可支配收入(元)	34758	100%	31969	100%
工资性收入	21097	60.69%	19458	60.87%
经营净收入	5339	15.36%	5177	16.19%
财产净收入	3048	8.77%	2755	8.62%
转移净收入	5275	15.18%	4578	14.32%
人均生活消费支出(元)	21861	100.00%	20336	100.00%
食品烟酒	6435	29.43%	6001	29.51%
衣着	1770	8.09%	1662	8.17%
居住	4806	21.98%	4483	22.04%
生活用品及服务	1229	5.62%	1126	5.54%
交通通信	2921	13.36%	2776	13.65%
教育文化娱乐	2668	12.20%	2409	11.85%
医疗保健	1362	6.23%	1264	6.22%
其他用品和服务	670	3.06%	614	3.02%

注:按当年价格计算。
数据来源:江苏统计年鉴。

2015 年,苏中地区农村居民人均可支配收入达到 16862 元,同比增长 8.95%。
表 5-5 显示,从各收入来源与支出的去向来看,农村居民收入仍然以工资性收入
为主,占总收入的 59% 左右,较城镇居民占比略低;经营性收入占比 23%,较城
市居民高出 6 个百分点;而财产性收入方面,受制于农村土地制度、房产制度的
差异,占比只有城市居民的三分之一。从支出结构看,占前四位的分别是食品与
烟酒、居住、交通通信和教育文化娱乐,占比分别为 30.23%、20.15%、16.73% 和
11.08%。

表 5-5 苏中地区农村居民收入与消费支出分布表(元)

指 标	2015 年		2014 年	
	数额	占比	数额	占比
人均可支配收入(元)	16862	100%	15476	100%
工资性收入	9915	58.80%	9112	58.88%
经营净收入	3971	23.54%	3617	23.37%
财产净收入	491	2.91%	421	2.72%
转移净收入	2485	14.74%	2325	15.02%
人均生活消费支出(元)	12062	100.00%	11049	100.00%
食品烟酒	3646	30.23%	3351	30.33%
衣着	714	5.92%	657	5.95%
居住	2430	20.15%	2231	20.19%
生活用品及服务	716	5.94%	656	5.94%
交通通信	2018	16.73%	1869	16.91%
教育文化娱乐	1337	11.08%	1203	10.88%
医疗保健	784	6.50%	692	6.26%
其他用品和服务	416	3.45%	390	3.53%

注:按当年价格计算。

数据来源:江苏统计年鉴。

二、苏中地区金融发展状况

2015 年,苏中地区金融持续发展,表现在金融市场规模进一步扩大,金融组织体系逐步建立健全,金融业对经济社会发展的支撑作用不断增强。截止到 2015 年 12 月 31 日,苏中地区金融机构人民币各项存款余额和居民储蓄存款进一步增长,但是增速受全国经济大环境的影响有所下降。苏中地区金融服务实体经济能力不断增强,金融产品与服务方式不断创新,证券市场和保险业稳步发展,有力地促进了苏中地区社会经济的发展。

(一)银行业稳步发展,各项业务持续增长

1. 金融机构存款数额持续增加,增速有所起伏

伴随区域经济增长,苏中地区金融机构存款余额持续增加。如表 5-6 所示,2015 年金融机构存款余额为 18820.25 亿元,同比增长 13.61%,为 2010 年的 1.96 倍。从具体的城市来看,2015 年南通、扬州、泰州的金融机构存款余额分别为

9843.42 亿元、4793.82 亿元和 4549.00 亿元,同比分别增长 18.03%、12.27% 和 14.99%。

表5-6 苏中地区金融机构存款余额表(亿元)

	2010 年	2011 年	2012 年	2013 年	2014 年	2015 年
金融机构存款余额	9608.72	10913.35	12640.66	15043.07	16565.12	18820.25
居民储蓄存款	5091.54	5787.91	6832.09	8059.76	8704.76	9734.66

注:按当年价格计算。
数据来源:江苏统计年鉴。

图 5-4 显示,苏中地区金融机构存款余额增速整体上呈现 W 走势。2010 年,存款余额较为 9608 亿元,较上年增长 21.95%,2011 年下降为 13.58%,随后的 2012 年到 2013 年该增速出现回升,分别达到 15.83% 和 19.01%,其后在 2014 年降低到近年来增长新低,为 10.12%;2015 年,增速开始上升,达到 13.61%。

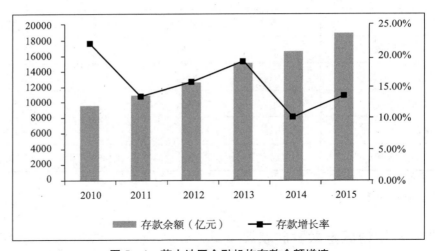

图 5-4 苏中地区金融机构存款余额增速

居民储蓄存款一定程度可以反映地区财力和居民富裕程度,但是过高的居民储蓄也意味着居民缺乏其他金融投资手段。图 5-5,近年来居民储蓄存款在金融机构存款中的比重在 2013 年达到高点后,呈现下降趋势。在 2010 年为 52.99%,2012 年略微上升为 53.04%,2013 年达到最高点 54.05%,其后缓步下降为 2015 年的 51.72%。居民储蓄存款 2012 年以来降低,原因可能是:一方面是由于随着经济日益回暖,企业经营效益变好存款增加所致;另一方面还能够体现面对日益升高的物价,居民对资产的保值增值要求越来越高,因此减持流动性较高但是收益性较差的存款资产,增持其他收益性较高的资产以应对通货膨胀。同时还能从侧面反映该地区居民投资理财的观念日益增强,为该地区金融业的发展打下了良好的基础。此外,近几年苏中地区借鉴苏南地区的发展模式,从苏南地区承接了一部分产业,该地区的中小企业的规模有所增加,吸收了居民的部分新增收入,这是造成该地区储蓄下降的主要原因之一。

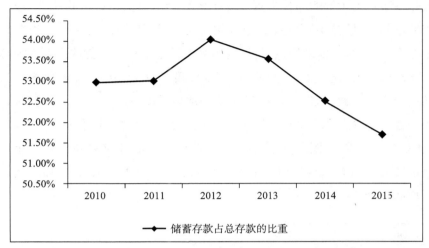

图5-5 苏中地区金融机构存款中居民储蓄存款占比情况

2. 各项贷款缓步增长,增速呈现下降趋势

2015年苏中地区贷款余额为12321.09亿元,同比增长16.06%,增幅较上年有所增加。但是,自2010年以来,贷款总量增长的同时,增速总体有下降趋势,如图5-6所示。信贷增速的下降和中国人民银行调控信贷投放量有关,也能在一定程度上说明该地区经济增长对于投资的依赖程度有所下降。从城市数据上来看,2015年南通、扬州、泰州的金融机构贷款余额分别为5737.41亿元、2916.54亿元和3075.80亿元,增速分别为14.63%、10.52%和13.12%。

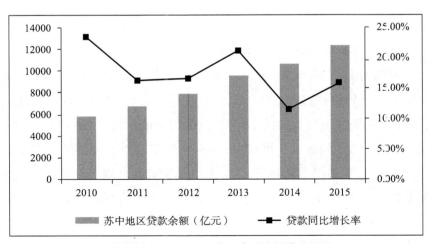

图5-6 苏中地区金融机构贷款余额(亿元)

3. 金融相关比率(FIR)

中国是典型的银行主导金融体系,银行体是金融体系的主要构成方式,因而融资方式是以银行为主导的间接融资。为了研究金融与实体经济相关性,最早由戈德史密斯首倡、其后被不断发展的金融相关比率(FIR)被广泛应用。为考察苏中地区金融发展程度,本章采用该指标,具体为地区金融机构存贷款余额的加总和该地区名义 GDP 的比值作为金融相关比率加以度量,即 FIR=(金融机构存款余额＋金融机构贷款余额)/名义 GDP,近年苏中地区 FIR 见图 5-7。可以看出,苏中地区和全省的金融相关比率总体呈现逐步上升趋势,相比全省水平,苏中地区平均低接近 50 个百分点,差距没有出现缩小和扩大趋势,近年来基本保持稳定。具体到三个市,2015 年南通、扬州和泰州的 FIR 分别为 259.0％、196.9％和 213.2％,三个地区均低于全省水平。

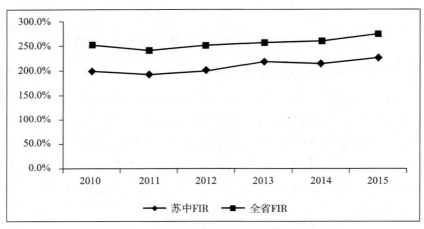

图 5-7　全省和苏中地区的金融相关比率

4. 金融效率不断提高,但仍低于全省水平

金融效率是指一国金融整体在国民经济运行中所发挥的效率,即把金融要素的投入与国民经济运行的结果进行比较。从这层意义上说,将储蓄转化为投资,并通过市场配置机制实现资源的优化配置,以促进经济发展,这在一定程度上体现了金融的效率。考虑到数据的可获得性,本文对于金融效率的研究主要从金融中介效率展开研究,选用金融存贷比,即金融机构贷款余额与存款余额之比来体现金融效率,即金融效率＝金融机构贷款余额/金融机构存款余额 * 100％,结果见图 5-8。

如图 5-8 所示,苏中地区和全省金融效率在近六年内不断提升,但苏中地区和全省金融效率水平虽然存在较大的差距,然而从整体上看在不断缩小。从 2010 年的 60.3％,逐步增加到 2015 年的 65.5％。考虑到银监会存贷比管理措施,全省

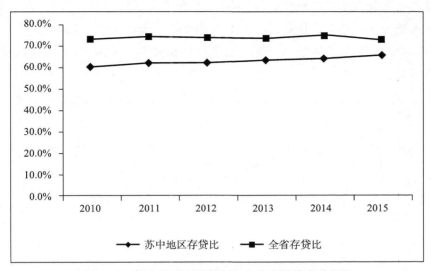

图 5 - 8　苏中地区金融效率和全省金融效率对比图

存贷比水平基本稳定,而前几年苏中地区明显偏低,因此与全省平均水平相比,差距在减少,从 2010 年的 12.6 个百分点缩小到 7.4 个百分点。从三个地区数据上来看,2015 年南通、扬州和泰州的金融效率分别为 61.8%、65.0% 和 72.9%,泰州已经赶上全省平均水平,而南通相对较低,差距有 10 个百分点。

(二)保险业整体实力增强,保险市场发展势头良好

1. 保费收入稳步增长,保险业务结构有所调整

近年来,苏中地区保费收入持续增长,财产保险和人寿保险保费收入都呈现稳步上升态势。2015 年苏中地区保费收入达到 389.46 亿元,同比增长 15.56%,是 2010 年的 1.47 倍;其中财产险保费收入 113.11 亿元,较上年增长 11.37%,人寿险保费收入 276.35 亿元,较上年增长 17.37%。具体到三个地区,2015 年,南通、扬州和泰州的保费收入分别为 179.32 亿元、111.56 亿元和 98.58 亿元,分别增长 16.45%、15.71% 和 14.15%。数据显示本地区保险业整体实力不断增强,居民的投保意愿、保险意识以及投保能力均不断提升。

表 5 - 7　苏中地区保费收入情况表(亿元)

	2010 年	2011 年	2012 年	2013 年	2014 年	2015 年
保费收入	265.20	296.95	274.75	292.05	337.02	389.46
财产险	50.57	60.66	61.58	83.39	101.56	113.11
人寿险	214.63	236.28	213.17	208.66	235.46	276.35

注:按当年价格计算。

数据来源:保监会江苏监管局网站。

从苏中保险占全省的地位看,近年来一直稳定在20%左右。图5-9描述了苏中地区保费收入占全省的比重,从2010年的18%开始,除了2012年下降为16%外,其余年份皆在20%左右,表明随着江苏整体保险事业的进步,苏中地区保险业同比取得增长。

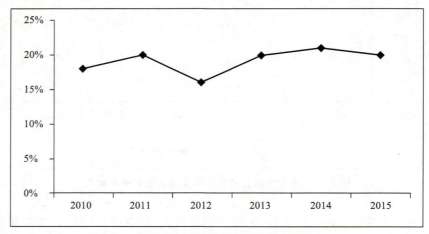

图5-9 苏中地区保费收入占全省保费收入的比重

从保险收入结构看,近年来财产险收入和人寿险保费收入差距呈现逐渐缩小趋势。图5-10描述了苏中地区近年财产险保费收入和人寿险保费收入占总保费收入的比重变化情况。从图中可以看出苏中地区财产保险的占比从2010年的19.07%逐步上升到2015年的29.04%,在保费收入中,财产险收入与人寿险收入的差距逐步减少,反映保险业业务结构在逐步调整和本地区居民保险产品需求结构的调整。

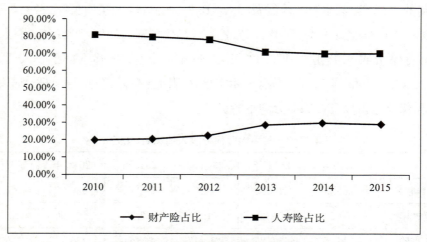

图5-10 苏中地区保费收入占比情况

2. 保险深度和保险密度

保险深度可以反映保险业在国民经济中的地位,一般用该地区保费收入占该地国内生产总值(GDP)之比来表示。本章利用这一公式来计算苏中地区和全省保险深度,结果如图 5-11 所示。可以看出,苏中地区保险深度在 2010 年至 2011 年呈缓慢下降趋势,2011 年至 2012 年大幅下降,2013 年开始又有所上升,至 2015 年保险深度为 0.0281。与全省水平相比,2015 年之前都是略高于全省水平,到 2015 年,二者基本持平。如果放宽比较范围,江苏虽然是中国的发达省份,但是近几年来其保险密度要低于全国水平,这说明其保险业的发展在一定程度上落后于其经济的发展。苏中地区的保险深度尽管略高于江苏全省水平,但是较全国水平还是显低。从分地区数据上看,2015 年南通、扬州和泰州的保险深度分别为 0.0291、0.0278 和 0.0267。

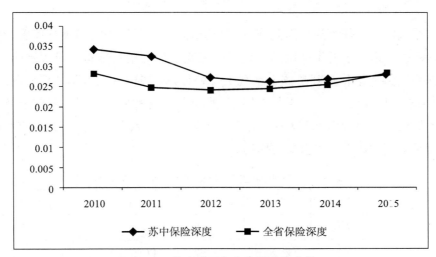

图 5-11　苏中地区和全省保险深度情况

保险密度可以反映一个地区国民参加保险的程度,同时反映了一国国民经济和保险业的发展水平,一般用该地区人均保险费表示,公式即保费总收入/总人口。利用该公式,本章对苏中地区的保险深度计算结果如图 5-12。可以看出,近年来苏中地区的保险深度总体呈现持续上升趋势,从 2010 年的 1557 元,上升到 2015 年的 2244 元,增长了 1.44 倍。与全省对比的话,除 2011 年外,全省的保险密度都高于苏中地区的保险密度,2015 年,全省保险密度达到 2495 元。从分地区数据上看,2015 年南通、扬州和泰州的保险密度分别为 2456 元、2488 元和 2124 元。

3. 保险赔偿和给付结构

当保险标的发生保险事故而使被保险人财产受到损失或人身生命受到损害时,或保单约定的其他保险事故出现而需要给付保险金时,保险公司根据合同规定

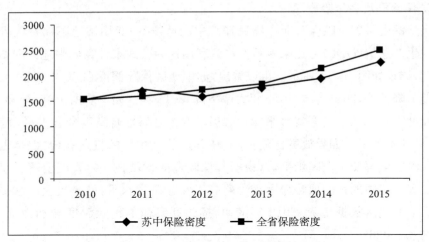

图 5 - 12　苏中地区和全省保险密度情况

履行赔偿或给付责任行为。因此,赔偿与给付体现了保险职能和履行保险责任的工作,表 5 - 7 描述了近年来说苏中地区的保险赔偿与给付结构。可以看出,苏中地区保险赔偿和给付数额总体上呈现上升趋势,从 2010 年为 47.28 亿元,上升到 2015 年的 151.94 亿元,六年增长 3.21 倍,明显快于保费收入增长。保险赔款和给付的增加能够在很大程度上说明本地区保险业在分散风险、服务社会、促进和稳定经济发展方面发挥着日益重要的作用。

表 5 - 7　苏中地区保险赔偿和给付结构(亿元)

	2010 年	2011 年	2012 年	2013 年	2014 年	2015 年
赔偿和给付	47.28	56.17	67.53	114.48	116.83	151.94
财产险	21.36	27.84	37.72	47.60	54.58	64.48
人寿险	25.92	28.33	29.80	58.39	56.72	87.46

注:按当年价格计算。
数据来源:江苏统计年鉴。

从城市数据上来看,2015 年南通、扬州和泰州的保险赔偿和给付分别为 72.57 亿元、39.33 亿元和 40.04 亿元,分别较上年增长 5.66%、129.87%和 28.99%。

(三)证券行业发展平稳

1. 证券业发展概况

伴随着我国证券市场的快速发展,江苏证券行业发展迅猛。截至 2015 年底,江苏地区共有上市公司 276 家,进入上市辅导企业 193 家;证券公司 6 家,在江苏设立分公司的证券公司 66 家,证券营业部 683 家;期货公司 10 家,期货营业部 135 家。得益于江苏整体经济的快速健康发展,苏中地区证券市场平稳增长。截至 2015 年,共有上市公司 42 家,进入上市辅导的企业 19 家;证券公司分公司 6 家,证券营业部110家;期货公司2家,期货营业部19家。

2. 证券期货公司发展

证券公司在当地的经营与发展可以部分反映了当地证券市场的状况。截至
2015年底,苏中地区共有6家证券公司分公司,有证券营业部110家,较上年新增
9家,比2012年增加41家;其中,南通市49家,较上年增加5家;扬州市37家,较
上年增加2家,泰州市24家,较上年增加2家。放在全省范围内比较,2015年苏中
地区证券公司营业部占比16.1%,较2012年的18.9%占比略有下降。

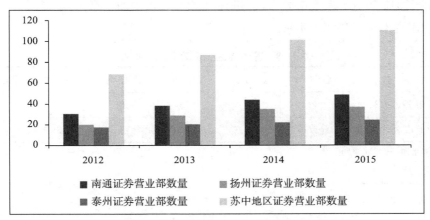

图5-13 苏中地区证券公司发展状况(单位:家)

截至2015年年底,苏中地区共有期货营业部19家,比2014年增加1家,较2012
年增加4家;其中,南通市11家,较上年增加2家;扬州市6家,较上年减少1家;
泰州市2家,与上年持平。放在全省范围内看,2015年苏中地区期货公司营业部
占比14.07%,较2012年的14.85%占比略有提高。

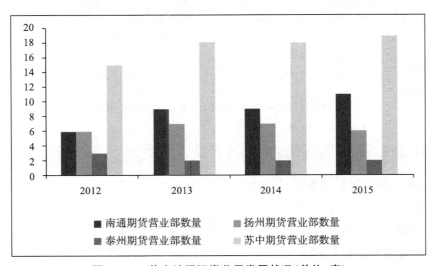

图5-14 苏中地区证券公司发展状况(单位:家)

3. 公司上市情况

上市公司是指发行股票在上海和深圳证券交易所公开挂牌交易的股份有限公司。作为企业中资产较为优良,治理结构较为完善的群体,上市公司对推动当地经济发展起重要作用,也在一定程度上可以反映当地资本市场的发展情况。截至2015年末,苏中地区共有上市公司42家,占全省比重15.2%,较上年增加3家。分地区来看,2015年,南通、扬州和泰州分别有上市公司31家、9家和6家。其中,南通地区较上年增加5家,而扬州和泰州本年度没有新增上市公司;更长远一点考察,扬州2012年有8家上市公司,泰州有5家,5年仅增加1家,一定程度上反映了企业利用资本市场的能力不够。

表5-8　苏中地区上市公司基本情况

	2010年	2011年	2012年	2013年	2014年	2015年
上市公司家数	26	34	35	33	39	42
新增上市公司家数	7	8	1	0	6	3

数据来源:江苏证监局。

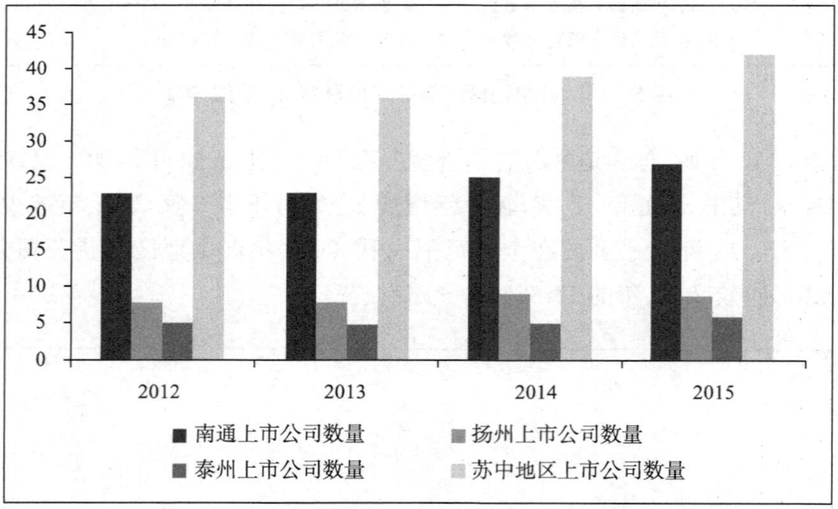

图5-15　苏中地区上市公司在全省的占比情况

三、金融视角下苏中地区部分产业发展状况

(一)农业发展总体稳定,精细农业需要金融创新支持

2015年,苏中地区农业总共实现生产总值1504.03亿元,同比增长5.53%;其中农业产值713.48亿元,林业产值19.26亿元,畜牧业产值297.37亿元。农业占国民经济比重为5.9%,较上年下降0.2个百分点,自2010年的7.5%逐年下降,符合产业发展规律。

表 5-9 2015 年苏中地区农业发展基本情况(单位:亿元)

项 目	苏中合计	南通市	扬州市	泰州市
农林牧渔业总产值	1504.03	664.20	460.30	379.53
农业	713.48	290.60	213.45	209.43
林业	19.26	4.54	11.14	3.58
畜牧业	297.37	150.18	76.89	70.30

注:根据江苏统计年鉴整理。

在农业总体稳定发展的情况下,考虑江苏的经济发展阶段和特点,精细农业应该是苏中地区未来发展的重点方向,其中精细农业经营模式在苏南等发达地区已经逐渐兴起,这种以家庭农场、农民专业合作社、"小农户＋大平台"等为主的现代传统农业生产体系需要政策、金融等各个环节的支持。因此从金融视角看,创新金融产品、优化金融服务模式是苏中金融发展服务现代农业所需要的重要思路。

(二)制造业增速有所加快,重点产业需要金融助力

2015 年苏中规模以上制造业产值达到 33260.71 亿元,同比增长 9.82%。其中,南通地区实现规模以上制造业产值 13302.59 亿元,同比增长 8.20%;扬州地区实现规模以上制造业产值 9020.36 亿元,同比增长 4.59%;泰州地区实现规模以上制造业产值 10937.76 亿元,同比增长 16.74%。

根据江苏统计局公布的 31 个制造行业数据,本章列出制造业占比在 3% 以上的产业,见表 5-10 和表 5-11,两个表格分别为这些产业的产值和占比情况。可以看出,苏中地区电气机械和器材制造业、化学原料和化学制品制造业、通用设备制造业、金属制品业以及铁路、船舶、航空航天和其他运输设备制造业为行业前五位,产值分别达到 5319.77 亿元、4107.07 亿元、2296.93 亿元、2123.19 亿元和 1900.62 亿元,合计占比达到 47.36%,反映了本地区设备制造业在工业中占据重要地位。分地区看,三地略有不同,其中南通市排名前五的产业分别为电气机械和器材制造业、化学原料和化学制品制造业、纺织业、通用设备制造业和计算机、通信和其他电子设备制造业,占制造业比重达到 53.3%,与其他两个地区不同的是,南通纺织业产值 1336.63 亿元,占比达到 10% 以上;扬州市排名前五的产业分别为电气机械和器材制造业、化学原料和化学制品制造业、专用设备制造业、通用设备制造业和仪器仪表制造业,合计占制造业比重为 47.08%,其中电气机械和器材制造业占比超过 20%;泰州市制造业排名前五的产业分别为电气机械和器材制造业、化学原料和化学制品制造业、金属制品业、通用设备制造业和通用设备制造业,合计占达到 52.47%,值得一提的是,医药制造业排名泰州制造业产值第六位,产值为 721.76 亿元,占比 6.6%,仅比通用设备制造业低 0.17 个百分点。

表 5－10　2015 年苏中地区主要制造业产值情况(单位:亿元)

	苏中地区	南通	扬州	泰州
制造业总产值	33260.71	13302.59	9020.36	10937.76
农副食品加工业	1379.59	492.93	173.49	713.17
纺织业	1886.21	1336.63	236.89	312.69
纺织服装、服饰业	1090.11	497.73	384.73	207.65
化学原料和化学制品制造业	4107.07	1881.22	896.37	1329.48
医药制造业	1162.24	322.4	118.08	721.76
金属制品业	2128.19	761.96	373.62	992.61
通用设备制造业	2296.93	1101.16	455.62	740.15
专用设备制造业	1889.65	678.15	561.53	649.97
铁路、船舶、航空航天和其他运输设备制造业	1900.62	421.35	264.11	1215.16
电气机械和器材制造业	5319.77	1973.58	1884.95	1461.24
计算机、通信和其他电子设备制造业	1697.42	797.27	425.7	474.45
仪器仪表制造业	1306.06	617.54	447.84	240.68

注:根据江苏统计年鉴整理。

表 5－11　2015 年苏中地区主要制造业产值占比情况(单位:%)

	苏中地区	南通	扬州	泰州
制造业	100%	100%	100%	100%
农副食品加工业	4.15%	3.71%	1.92%	6.52%
纺织业	5.67%	10.05%	2.63%	2.86%
纺织服装、服饰业	3.28%	3.74%	4.27%	1.90%
化学原料和化学制品制造业	12.35%	14.14%	9.94%	12.15%
医药制造业	3.49%	2.42%	1.31%	6.60%
金属制品业	6.40%	5.73%	4.14%	9.08%
通用设备制造业	6.91%	8.28%	5.05%	6.77%
专用设备制造业	5.68%	5.10%	6.23%	5.94%
铁路、船舶、航空航天和其他运输设备制造业	5.71%	3.17%	2.93%	11.11%

	苏中地区	南通	扬州	泰州
电气机械和器材制造业	15.99％	14.84％	20.90％	13.36％
计算机、通信和其他电子设备制造业	5.10％	5.99％	4.72％	4.34％
仪器仪表制造业	3.93％	4.64％	4.96％	2.20％

注:根据江苏统计年鉴整理。

作为传统制造业基地,江苏包括苏中地区核心竞争力仍然表现在制造业方面。目前结构转型是要将江苏建成先进国际制造业基地,对传统制造业进行改造,推动其转型升级。对于苏中地区的重点制造产业,金融支持表现在:第一,从银行业角度看,需要保持制造业信贷合理稳定增长,大力调整信贷投向和信贷结构,合理配置信贷资源,努力向制造业信贷需求倾斜;创新制造业企业融资产品,差别化制造业信贷政策,引导银行业金融机构加大对战略性新兴产业、高新技术、传统产业技术改造和转型升级等企业的支持力度。第二,从资本市场角度看,加大资本市场支持制造业转型升级力度也是需要关注的地方,包括支持各类制造业企业利用直接融资工具,发行企业债券、公司债、短期融资券、中期票据、中小企业集合票据等,替代其他高成本融资方式;拓宽股权融资方式,通过 IPO、新三板挂牌、区域性股权交易市场交易等方式,在各层次资本市场进行股权融资。

(三)第三产业快速发展,现代服务业需要多元化金融服务

2015 年苏中第三产业产值 6236.78 亿元,占总产值比重为 45％,增长率 10.7％,明显高于第一产业和第二产业增速。根据江苏省统计局数据,本章总结了苏中地区规模以上服务企业发展状况,具体见表 5 - 12。可以看出,2015 年,苏中地区规模以上服务企业有 3707 家,较上年增加 69 家,其中南通地区减少 2 家,扬州地区减少 71 家,而泰州地区增加 142 家。资产方面看,苏中地区规模以上服务企业资产达到 7122.4 亿元,较上年增长 16.78％;其中,南通市规模以上服务业资产为 3373.5 亿元,较上年增长 6.77％;扬州市规模以上服务业资产 1833.0 亿元,同比增长 2.50％;泰州市规模以上服务业资产 1915.9 亿元,同比增长 66.50％。从营业收入看,2015 年苏中地区规模以上服务业营业收入达到 1612.9 亿元,较上年增长 7.08％。其中,南通市、扬州市和泰州市的规模以上服务业营业收入分别为 903.9 亿元、376.5 亿元和 332.5 亿元,增长率分别为 9.42％、-4.78％和 16.75％。

服务业是现代经济发达程度的标志。从产业发展规律来看,服务业尤其是高附加值的现代服务业是未来产业发展的主导,目前发达国家为重塑产业竞争力,基于信息科技和网络的现代服务业也正成为它们的发展重点产业。江苏作为经济发达地区,实现先进制造业与现代服务业双轮驱动是推动产业结构调整、促进经济持续健康发展的重中之重。同样,苏中地区应该顺应江苏经济结构调整的总体规划,在经济结构调整中需要提前规划,尽早布局服务业,尤其是现代服务业的思路。

表5-12 2014—2015年苏中地区服务业发展情况(单位:家;亿元)

	苏中地区		南通		扬州		泰州	
	2014年	2015年	2014年	2015年	2014年	2015年	2014年	2015年
单位数	3638	3707	2033	2031	989	918	616	758
资产	6098.7	7122.4	3159.7	3373.5	1788.3	1833.0	1150.7	1915.9
负债	3532.1	4150.0	1915.4	2049.1	941.5	1039.2	675.2	1061.7
营业收入	1506.3	1612.9	826.1	903.9	395.4	376.5	284.8	332.5

注:根据江苏统计年鉴整理。

从金融角度看,推动苏中服务业发展需要在以下几方面努力:第一,鼓励多领域开发适合服务业需要的金融产品。从金融机构角度看,需要研究服务企业个性化信贷需求特征,建立符合服务业特点的内外部信用评级体系,加快开发面向服务企业的多元化、多层次信贷产品。从资本市场角度看,需要大力发展债券市场,完善市场定价机制和约束机制,积极创新适应服务企业融资需求的债券品种。第二,鼓励多层次拓宽服务业融资渠道。鼓励优秀服务企业通过主板、中小板、创业板、新三板、省股权交易中心等各层次资本市场融资,拓展自身规模。第三,提升本地区金融产业实力。金融业本身就是现代服务业的组成部分,金融业发展既是服务业发展的表现,又能够通过资金支持更好地推动其他服务业发展。因此,培育银行类金融机构核心竞争力、提高证券业综合经营水平、促进保险机构产品和服务创新、引导新型(准)金融机构规范发展就显得尤为重要。

四、苏中地区金融发展展望

江苏省作为经济发达省份,江苏经济发展一直走在全国的前列。经济新常态下,江苏经济也面临深刻的结构调整。而推动经济发展迈上新台阶,必须大力推进经济结构优化升级,为发展注入源源不断的新动力。苏中地区作为苏南和苏北的连接地带,在江苏省发展大局中起到跨江融合、江海联动和承南启北的重要作用。把握好结构转型的机遇期,充分利用自身优势,实现经济社会的跨越式发展,金融有其重要角色。如何进行合理规划、明确定位,以促进其金融业的健康稳定发展,从而充分发挥金融业在产业结构优化升级和促进经济社会发展发展方面的重要作用。

(一)深化地方金融机构改革

提升服务水平,为国有银行和股份制银行本地经营创造良好外部环境;支持本地法人金融机构改革,提高治理水平,扩大服务范围,创新金融产品;鼓励金融机构探索中小微企业抵押融资方式,支持对发展前景好的企业和项目;建立完善的农村金融机构体系,继续为县域引进更多的金融机构,为三农发展服务;大力发展租赁公司、信托公司、担保公司等非银行金融机构和金融配套服务产业,建立多元化的金融服务体系,以满足不同层次的金融需求。

(二)鼓励企业参与资本市场

总体看,苏中地区企业资本市场参与度不高。因此,未来苏中地区需要在直接融资方面要充分利用好"三个市场、五个平台",即股票市场、债券市场、票据市场,以及保险平台、融资租赁平台、股权投资平台、信托平台和政府融资平台。根据实际情况,支持对发展前景好的企业和项目,发行中长期企业债券、短期融资券,拓展项目融资渠道;推动民间资本设立包括私募股权投资基金、风险投资基金等投资发展基金;对战略性新兴产业中小企业改制上市给予更多支持。苏中地区还应当鼓励和支持地方中小金融机构参与同业拆借市场的交易,进一步推广商业承兑汇票,扩大银行承兑汇票业务规模,以丰富市场上流通的金融工具。

(三)积极主动对接金融中心

总体看,作为长三角重要城市,主动对接和融入上海国际金融中心的辐射,一方面积极吸引上海的优势金融服务机构开设分支机构,学习卓越的金融理念和管理经验,借鉴其先进的金融发展模式,创造优越条件引进优秀金融人才;另一方面利用上海的金融市场为经济发展融资。具体看,扬州和泰州作为南京都市圈成员,应该利用南京作为区域性金融中心的辐射效应,主动对接,参与各类金融资源的再配置;南通则离上海较近,可以通过与上海国际性金融中心对接,融入其资金配置体系。

(四)大力优化金融生态环境

金融的存在和正常运转有赖于良好的社会信用,现代市场经济是建立在错综复杂的信用关系基础上的信用经济,一个良好的社会诚信环境是金融生态有序运行的基本前提。近年来,在各类金融创新尤其是互联网金融高速发展的同时,也不断暴露出种种风险以及监管不足、信用缺失等问题,导致一些地方金融生态环境恶化,也一定程度上影响了金融业的发展。因此,苏中地区金融发展的前期是建立良好的金融生态环境。这就要求在本地构建完善的信用体系,包括:创新金融信用产品,改善金融服务,保护金融消费者合法权益,维护金融消费者个人信息安全;加大对金融欺诈、恶意逃废银行债务、披露虚假信息、非法集资、逃套骗汇等金融失信行为的惩戒力度,规范本地金融市场秩序;加强金融信用基础设施建设,扩大本地信用记录的覆盖面,强化金融业对守信者的激励和对失信者的约束等。

第六章　苏北地区金融发展分析

一、苏北地区经济运行概况

苏北地区(包括徐州、连云港、淮安、盐城、宿迁5个省辖市)是全国沿海经济带的重要组成部分。加快苏北沿海地区经济发展,对于长江三角洲地区产业优化升级和整体实力提升,完善全国沿海地区生产力布局具有重要意义。依托"十二五"时期,苏北地区经济社会发展面临着众多机遇,要加快转变经济发展方式,抓住发展苏北经济的战略机遇期,要以加快经济发展方式为主线,以科技创新为动力,以改善民生为根本目的,推动苏北地区经济社会的健康发展。近年来,苏北地区经济发展呈现出固定资产投资持续增长,工业生产稳步增加,居民消费继续上升,物价水平总体稳定,人民生活质量持续改善的局面。如今的苏北地区正牢牢抓住"一带一路"、"长江三角洲地区区域规划"、"江苏沿海地区发展规划"和"东陇海地区国家主体功能区规划"、"国家东中西区域合作示范区"五大国家战略以及"振兴苏北"、省新一轮铁路建设、"振兴老工业基地"、"苏北计划"、"苏北中心城市建设"、"徐州都市圈"、"东陇海产业带"、"南北挂钩合作"、"城乡发展一体化综合配套改革"九大省级战略,已成为华东地区重要的经济增长极和中国经济发展最快的地区之一。

(一)经济总量持续增长,增幅高于全省平均水平

2015年苏北地区共实现生产总值16564.30亿元,占江苏省生产总值的比例为23.62%,比去年增长9.32%,增幅高于全省平均1.6个百分点,生产总值是2010年的1.86倍。其中,社会消费品零售总额6255.14亿元,比上年增加674.25亿元,增长12.1%;固定资产投资13758.57亿元,比上年增加2264.14亿元,增长19.7%,增幅高于全省平均水平9.2个百分点。2015年,苏北地区经济总量持续增长,增幅继续高于全省平均水平。

2010年以来,苏北地区生产总值持续增长。从量上看,苏北地区生产总值从2010年的8920.37亿元增长到2015年的16564.30亿元;从占比看,苏北地区生产总值占江苏全省生产总值的比例一直呈现出较稳定的态势,从2010年的21.53%到2015年的23.62%,占比基本持平,苏北地区经济在转型升级中平稳增长。2010—2015年,苏北地区生产总值年增速呈下降趋势,2010—2013年下降速度较快,2013年以来,增速下降趋势放缓,经济增长更趋平稳(见图6-1)。

近年来,苏北地区生产总值增速持续高于全省平均水平,经济得到快速发展,对江苏省经济增长的贡献也在逐渐加大。2010 年以来,苏北地区经济增速有所加快,且一直高于全省平均水平。从苏北地区具体城市增长状况来看,徐州市、盐城市生产总值及增速分列苏北五市第一、二位,两市生产总值之和占苏北地区生产总值的 57.26%,对苏北地区生产总值增长的贡献较大。

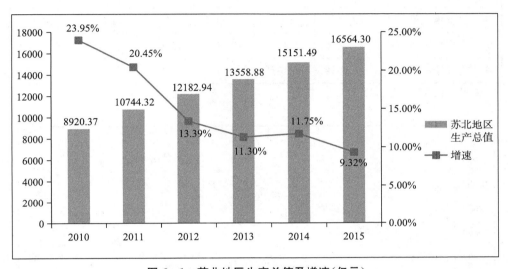

图 6-1　苏北地区生产总值及增速(亿元)

(二)产业结构持续升级,第二产业占据主导地位

近年来,江苏省区域发展更趋协调,苏北地区产业结构持续优化。2015 年,苏北地区共实现第一产业增加值 1869.76 亿元,较 2010 年增长了 647.08 亿元,5 年内增长率为 52.9%,增长幅度较大;共实现第二产业增加值 7445.52 亿元,较 2010 年增长了 3186.74 亿元,5 年内增长率为 74.83%;共实现第三产业增加值 7349.03 亿元,较 2010 年增长了 3810.13 亿元,5 年内增长率为 110.80%。2015 年苏北第一、二、三产业增加值在全省的三大产业总值的比重总体与上年持平,未出现显著变化。从分产业生产总值来看,2010 年以来,苏北地区第一、第二及第三产业生产总值增速加快,其中第二、三产业生产总值增长幅度更为显著,第一产业增幅较为缓慢。2009 年以来,第一及第二产业生产总值占苏北地区生产总值比例一直呈现出下降的趋势,第三产业占比持续增加,对苏北地区经济增长贡献不断加大。“十二五”期间,江苏省若要实现基本现代化,必须加快苏北地区经济发展,特别是提高第三产业比重。因此,苏北地区要更加注重对服务业的投资,逐步提高第三产业对经济增长的贡献,使第三产业逐渐成为苏北地区经济发展新的增长点(见表 6-1)。

2010 年以来,苏北地区生产总值及第一、第二、第三产业生产总值都表现为增长趋势。其中,第二产业生产总值占据绝对优势,无论从总量上还是所占比例上都高于其他产业生产总值,在苏北地区产业结构中占据主导地位。2015年,苏北地区第三产业增加值较2014年增长较快,与第二产业近似持平。(见图6-2)。

表6-1 苏北地区产业增加值占比情况(%)

指　　标	2010年	2011年	2012年	2013年	2014年	2015年
地区生产总值占比	100.00%	100.00%	100.00%	100.00%	100.00%	100.00%
第一产业增加值占比	13.71%	12.92%	12.69%	12.45%	11.60%	11.29%
第二产业增加值占比	47.74%	47.90%	47.47%	46.91%	45.80%	44.95%
第三产业增加值占比	38.55%	39.18%	39.84%	40.64%	42.60%	43.76%

数据来源:江苏省统计局。

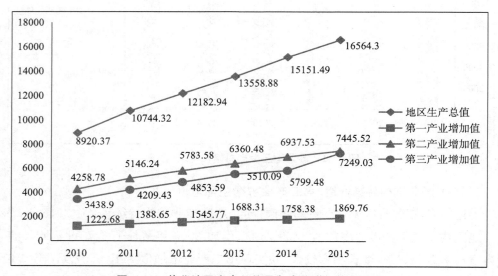

图6-2 苏北地区生产总值及各产业增加值(亿元)

从全省总体来看,2015年,江苏省实现第一产业增加值3986.05亿元,增长9.67%;其中,苏北地区第一产业增加值1869.76亿元,占江苏省比重为46.91%;江苏省实现第二产业增加值32044.45亿元,增长3.86%;其中,苏北地区第二产业增加值7445.52亿元,占江苏省比例为23.23%;江苏省实现第三产业增加值34085.88亿元,增长11.39%;其中,苏北地区第三产业增加值7249.03亿元,占江苏省比例为21.27%。全省数据显示,苏北地区第一产业增加值占全省比例较高,达到接近一半的水平。在江苏省三大经济区域中,苏北地区第一产业增加值占有绝对优势,对经济增长贡献较大。

2015年苏北五市中,徐州市生产总值达到5319.88亿元,占苏北地区生产总值比例达到32.12%,其次为盐城市,生产总值为4212.50亿元,占比为25.43%。徐州市及盐城市生产总值总量占苏北地区生产总值总量之比达到57.55%。从分产业数据来看,第一产业生产总值中,盐城市占比最高,达到 27.63%,而徐州市第二及第三产业生产总值相应占比最高,两者占比分别为 33.79% 和 33.94%。

（三）固定资产投资持续增长,对外贸易稳步发展

2015 年,苏北地区共实现固定资产投资 13758.57 亿元,比上年增加 2264.14 亿元,增加了 19.70%,增幅高于全省平均水平 9.2 个百分点(见图 6-3);其中,房地产投资 1689.54 亿元,占比达到 12.28%。从量上看,2010 年以来,苏北地区固定资产投资额持续稳定增长,5 年中增长近 3 倍;从增速看,江苏三大地区增速差异缩小,苏北地区固定资产投资增速较为平缓,苏北地区固定资产投资在全省投资总量占比明显得到提升。2015 年,苏北五市围绕产业结构升级集中优势资源,大企业大项目不断落户苏北,继续保持固定资产投资结构不断优化的良好势头。盐城市在沿海大开发战略的带动下,射阳港发电公司扩建工程、东台市圆融商业管理有限公司城东购物公园、江苏立德建筑系统集成公司绿色装配式建筑制造、领胜城科技公司新型电子元器件生产等一批投资规模较大的沿海项目相继开工,对全市投资的拉动效应初步显现;淮安市新招引大量重大投资项目,如江苏富强新材料、中兴智慧产业园等一批重大项目开工建设,淮河入海水道二级航道建设获得国家批准;徐州市 2015 年新开工项目增势良好,全市新开工项目 3252 个,较上年增加 791 个,占全部在建项目比重达 89.6%,同比提高 7.2 个百分点,完成投资额 3200.49 亿元,增长 28.9%;连云港市得益于独特的区位优势和旅游资源,以及国家和省的支持政策,一些旅游设施正在加紧建设和改造,物流服务业正加快发展,投资 40 亿元的大陆桥国际商务、45 亿元的中云台国际物流园区、10 亿元的汽配物流园区、45

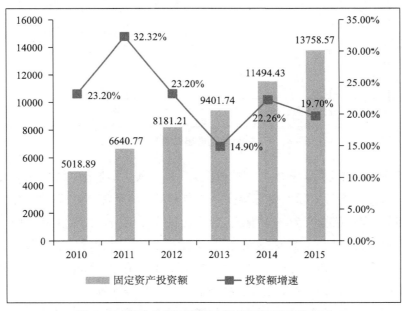

图 6-3　苏北地区固定资产投资额及增速(亿元)

亿元的国际商城等一大批三产项目正在续建,预计将继续保持较快的增长速度。2015 年宿迁市推出特色产业扶持政策,计划总投资 38.5 亿元的江苏财茂科工贸产业园项目、计划总投资 26.5 亿元的江苏喆尔森高端软体家具项目、计划总投资 15 亿元的江苏双鹿电器有限公司年产 300 万台高端节能环保冰箱等一批投资大、发展后劲强的项目相继落户,产业集聚不断提升。

苏北五市对外贸易规模持续扩大,开放型经济稳步发展。2015 年,江苏省外贸出口顶住世界经济形势下滑的巨大压力,全省完成货物进出口总值 33870.6 亿元,占全国的份额提高了 0.7 个百分点,出口实现正增长,服务贸易超过 450 亿美元。苏北五市近六年的加工贸易总量也持续缩小,这就显示出制造业结构调整到了最为关键的时刻。2015 年苏北地区共实现进出口总额 283.05 亿美元,比上年减少 10.91 亿美元,降低了 3.71%,其中出口总额 184.31 亿美元,比上年减少5.61%,出口占比达到 65.12%,较上年减少 1.3 个百分点;进口总额达到 98.74 亿美元,与上一年基本持平。自 2010 年以来,苏北地区进出口总额先是呈现出直线上升的态势,到 2012 年达到 291.12 亿美元,2013 年出现小幅下降,2014 年回升后趋于平稳(见图 6-4)。

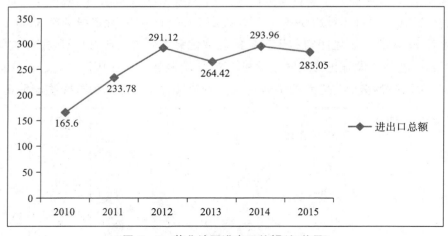

图 6-4　苏北地区进出口总额(亿美元)

2015 年,苏北地区实际外商直接投资 45.36 亿美元,比上年减少 9.87 亿美元,减少 1.0%;苏北五市实际外商直接投资除淮安市外均下降,其中,降幅最大为宿迁市,其实际外商直接投资为 2.98 亿元,比去年减少 3.67 亿元,降幅 55.19%;徐州市实际外商直接投资为 14.28 亿美元,比去年减少 2.3 亿美元,降低了 13.87%;连云港市实际外商投资 9.54 亿美元,较去年减少 1.53 亿美元,降幅 16.04%;盐城市实际外商直接投资为 7.95 亿美元,比去年减少 2.52 亿美元,减少了 24.07%;而淮安市实际外商投资为 12.14 亿美元,比去年增加了 0.15 亿美元,增幅微弱,为1.25%。徐州、连云港、宿迁、盐城都启动了大型的高新尖特新产业来激发其内动力,一定程度上改变了一味依赖"外援"的状况。但是,苏北各市的外商投资优惠政策不够合理,引资方式不够创新,利用外商直接投资渠道过窄,利用外商投资的质量和层次有待提升,这些综合的因素才是苏北实际外商直接投资减少的更主要原因。

（四）农林牧渔业发展势头良好,工业生产稳步增长

2015 年,江苏省农业生产稳步提高。粮食连续第十年增产,全年粮食总产量达到 3561.34 万吨,比上年增产 70.72 万吨,增长率为 2.03%。其中,苏北地区粮食产量达到 2394.98 万吨,比上年增加 7.06 万吨,增加 0.30%,占江苏省全省比重约为 67%。2015 年,苏北地区农林牧渔业总产值 3568.44 亿元,占江苏省全省比重为 52.03%,比上年增长 3.87%;其中,农业总产值为 1990.63 亿元,比上年增加 135.74 亿元,增长 7.32%;林业总产值为 88.86 亿元,比上年增加 5.92 亿元,增长 7.14%;牧业总产值为 908.88 亿元,比上年增加 47.52 亿元,增长 5.52%;渔业总产值为 512.39 亿元,比上年增加 23.96 亿元,增长 4.91%。农林牧渔服务业总产值为 157.69 亿元,比上年增加 9.73 亿元,增长 6.58%。2015 年苏北地区农林牧渔业发展势头良好,且发展较为稳定,农村生产生活条件得到显著改善。农业组织化、专业化水平得到有效提升。农村土地使用制度、农村金融制度等方面的改革稳步推进,城乡发展一体化步伐逐渐加快。

工业生产稳步增长。2015 年,苏北地区共实现第二产业生产总值 7445.52 亿元,其中工业生产总值为 6256.4 亿元,占比高达 84%。2015 年,苏北地区规模以上工业总产值 36326.49 亿元,比上年增加 3820.29 亿元,增长 11.75%;其中,内资企业产值 30252.22 亿元,占比 83.55%;国有控股企业产值 2099.81 亿元,比上年降低 20.07 亿元,降幅为 0.95%;大中型企业产值 18150.34 亿元,比上年增加 1387.47 亿元,增长 8.28%;轻工业产值 13200.96 亿元,比上年增加 1847.74 亿元,增长 16.28%;制造业产值 35312.26 亿元,比上年增加 3894.99 亿元,增长 12.18%。2015 年,苏北地区二、三产业比重接近 90%,工业化进程明显加快。2015 年,苏北地区工业发展呈现生产稳定增长,企业效益发展呈现较好的态势;在工业快速发展的同时,行业结构也得到了进一步的改善。2015 年,连云港市高新产业快速发展。2015 年高新技术产业产值 2181.15 亿元,增长 19.0%,总量占全市规模以上工业总产值的 39.1%,增幅高出 5.8 个百分点,对全市工业总产值增长的贡献率达 53.4%,拉动全市工业总产值增长 7.1 个百分点;盐城市全市国家级高新技术企业 384 家,新增 149 家。571 个项目获批省高新技术产品,创历年新高,全市积极向"绿色发展"转型。苏北地区经济增长与转型互动并进。

（五）财政收支稳定增加,增幅与全省持平

2015 年,苏北地区公共财政预算收入为 1885.93 亿元,比上年增长 12.88%,其中税收收入为 1531.99 亿元,非税收入为 353.94 亿元,财政预算收入占全省的 23.49%,比上年降低 1.74 百分点;上划中央收入为 805.89 亿元;苏北地区 2015 年公共财政预算支出为 2842.94 亿元,较上年增长 17.56%,财政预算支出占全省的 29.35%。苏北公共财政预算收入占地区生产总值的比重为 11.39%,较全省平均水平低 0.6 个百分点,较去年增加 0.37 个百分点。其中,徐州市和盐城市的财政预算收入占苏北五市总财政预算收入的 53.46%,苏北地区五市发展差异较大。苏北地区财政收支增长趋势基本与全省平均水平持平,总量与苏南地区差距依旧明显,五市各政府对于财政资金的征收和利用的效率和水平还需提高。

(六)收入与消费稳定增加,人民生活质量持续改善

截至 2015 年,苏北地区在全面建设小康社会进程中取得了重要进展。对照全面小康四大类 18 项 25 条指标,苏北各县市于 2010 年开始达小康指标,当年铜山、东台和大丰率先达标;2011 年,达标县级地区再增沛县、建湖、盐都,总数达 6 个,徐州成为苏北首个达标省辖市;2012 年,盐城成为苏北第二个达标省辖市,而达标县级地区则骤增至 15 个。这意味着苏北纳入监测的有 28 个县级地区,达标过半。在全面建设小康社会进程中,苏北经济社会发展呈现出重大而深刻的变化。

2015 年,苏北地区人均 GDP 达 55127 元,超过全国平均水平;2010 年以来,苏北地区城镇居民人均可支配收入从 16020 元上升到 2015 年的 26349 元,增长了约 1.6 倍;农村居民人均可支配收入从 7724 元上升到 2015 年的 13841 元,增长了 1.8 倍之多,达到全面小康核心指标的要求,人民生活质量得到显著改善。从城镇居民人均可支配收入来源来看,工资性收入占比一直较高,一直处于 60% 左右的水平,各项收入在城镇居民人均可支配收入中所占比例变化不大;从城镇居民人均生活消费支出来看,用于食品支出占有较大比重,但近年来有所下降。2015 年,苏北地区城镇居民恩格尔系数为 31.7%,农村居民恩格尔系数为 32.3%,均低于 2014 年的 32.1% 及 32.6% 的水平,人民生活质量得到显著改善(见表 6-2)。

表 6-2　城镇居民收入来源与消费支出(元)

指　标	2010 年		2015 年	
	数额	占比	数额	占比
城镇居民人均可支配收入(元)	16020	100%	26349	100.00%
工资性收入	10019	62.54%	15160	57.54%
经营净收入	2383	14.88%	5020	19.05%
财产性收入	334	2.08%	1907	7.24%
转移性收入	4417	27.57%	4262	16.18%
城镇居民人均生活消费支出(元)	10661	100.00%	16105	100.00%
食品	3849	36.10%	5102	31.68%

指 标	2010 年		2015 年	
	数额	占比	数额	占比
衣着	1218	11.42%	1405	8.72%
居住	1072	10.05%	2993	18.58%
家庭设备用品及服务	725	6.80%	1032	6.41%
医疗保健	565	5.30%	1745	10.84%
交通通讯	1341	12.58%	2446	15.19%
教育文化娱乐服务	1521	14.27%	950	5.90%
杂项商品和服务	370	3.47%	432	2.68%

注:按当年价格计算。

数据来源:江苏省统计局。

随着人民生活质量的持续改善,苏北地区消费品零售总额持续增长。2015年,苏北地区共实现社会消费品零售总额6255.14亿元,比上年增加674.25亿元,增长12.08%;其中,批发和零售业共实现5661.62亿元,比上年增加608.25亿元,增长12.04%;住宿和餐饮业共实现593.52亿元,比上年增加66亿元,增长12.51%(见图6-5)。

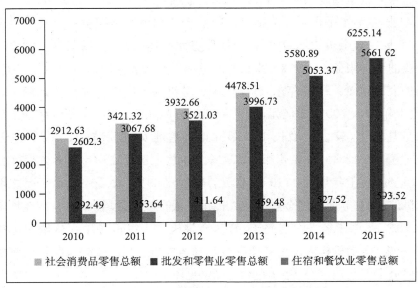

图6-5 苏北地区消费品零售总额分布情况(亿元)

二、苏北地区金融发展状况

2015 年,苏北地区金融市场规模进一步扩大,金融组织体系逐步建立健全,金融业对经济社会发展的支撑作用不断增强。2010 年以来,苏北地区金融机构发展能力不断增强,金融产品与服务方式不断创新,证券市场和保险业稳步发展,有力促进了苏北地区经济金融的发展。在政策的支持引导下,商业银行对苏北县域分支机构的信贷支持力度不断加大,农村金融机构和农村金融体系不断建立健全。金融市场对新兴产业、中小企业、三农和创新创业活动的支持力度不断加大,苏北地区信用体系建设深入推进,公众信用意识不断增强。

(一)银行业稳健运行,各项业务快速健康发展

1. 金融机构存款规模稳步增长

近年来,苏北地区金融组织体系逐步建立健全,金融业对经济社会发展的支撑作用不断显现。为加大苏北地区金融运行的动力和活力,江苏省为苏北地区金融业的发展制定了诸多政策。如对苏北地区投放贷款增速超过全省平均增速的银行业金融机构,由省财政给予一定数量的奖励。具体实施政策如下:鼓励金融机构到苏北地区设立分支机构,由省财政给予一次性补贴 100 万元;银行业金融机构(不含村镇银行)每设一个县(市)级以下分支机构或营业网点,给予一次性补贴 50 万元,等等。

在一系列政策措施的鼓励下,苏北地区金融业取得了稳定的进步,经济得以高速发展,人民生活水平得到显著提升。得益于苏北地区金融发展以及农村金融的建设,苏北地区金融机构不断完善,金融服务水平越来越高,越来越多的民众享受到了优质的金融服务。近年来,苏北地区呈现出银行业稳健运行,金融机构存款规模不断扩大的局面。2015 年末,苏北地区金融机构人民币各项存款余额 15387.67 亿元,比上年增加 1951.12 亿元,增长 14.52%;苏北五市中,人民币存款余额增长最快的是盐城市,较去年增长 18.18%;其次是淮安市,增幅 16.10%;连云港市 14.87%;宿迁市 13.81%;徐州市 10.74%。苏北地区 2015 年居民储蓄存款达到 8932.43 亿元,比上年增加 1710.86 亿元,增长 23.69%。2010 年,由于受之前国际金融危机的影响,苏北地区金融机构人民币各项存款余额增加较快,存款增速达到 23.41%。之后,由于经济发展趋于稳定,金融机构人民币各项存款增速也相应下降,近三年来,金融机构人民币各项存款增速维持在 14%—16%,存款余额的扩大有力地促进了苏北地区经济金融业的发展(见图 6-6)。

居民储蓄存款占金融机构存款比例有所下降。从量上看,2010 年以来,苏北地区居民储蓄存款逐年上升,从 3992.44 亿元增加到 2015 年的 8359.83 亿元,5 年来增长了 2 倍多。从所占比例看,2010 年苏北地区居民储蓄存款占金融机构存款比例与 2011 年持平,2011 年以来,苏北地区居民储蓄存款占金融机构存款比例保

持上升趋势(见图6-7)。

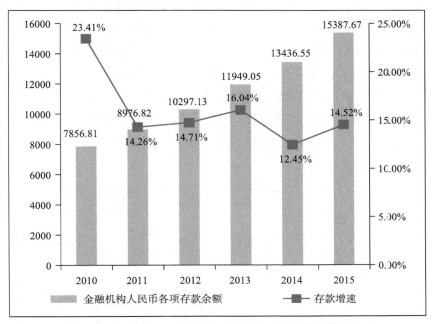

图6-6 苏北地区金融机构人民币各项存款余额及增速(亿元)

图6-7 苏北地区金融机构存款中居民储蓄存款占比(%)

2. 金融机构贷款规模持续增加

苏北地区贷款增长较为平稳,投放节奏基本合理均衡。2015年,苏北地区共实现金融机构人民币各项贷款余额11457.91亿元,比上年增加1515.19亿元,增长15.24%。从苏北五市具体情况来看,2015年贷款余额增速最快的是盐城市,高达

18.60%,其次依次为淮安市 15.28%,连云港市 14.96%,宿迁市 14.41%,徐州市 12.67%。贷款余额的快速增长,对苏北地区经济保持快速运行起到了重要的推动作用。从金融机构贷款总额来看,近六年来,苏北地区金融机构人民币各项贷款余额一直呈持续增长的态势,有力地支持了苏北地区经济的快速发展。从金融机构贷款增速来看,2008 年,由于受到国际金融危机的影响,国家出台相应的政策措施刺激经济,2010 年的贷款增速较高,达到 27.75%。之后,由于经济起暖回升,金融机构贷款增速下降并恢复到平稳态势。2010 起,虽然金融机构贷款增速呈现出下降的趋势,但一直处于合理的区间,促进了苏北地区经济金融的快速发展(见图 6-8)。

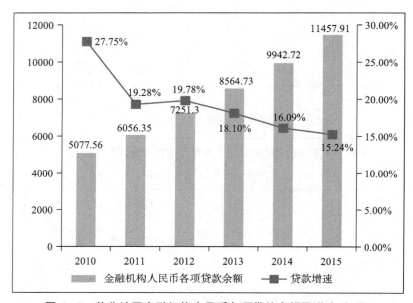

图 6-8 苏北地区金融机构人民币各项贷款余额及增速(亿元)

3. 金融相关率仍处于较低水平

本部分仍然采用金融相关率(FIR)来研究苏北地区的金融发展水平。金融相关率体现了经济社会中金融总量与国民收入的比例关系。通过运用苏北地区金融机构存贷款余额之和来度量金融资产价值,用苏北地区国民生产总值来度量实物资产价值,将金融相关率表示为:(金融机构存款余额+金融机构贷款余额)/名义GDP。由苏北地区相关数据计算出的金融相关率如图 6-9 所示。

2015 年,江苏省金融相关率为 266.33%,苏北地区金融相关率为 162.07%,由图中可以看出,2010 年以来,苏北及全省金融相关率的变化并不大,苏北地区金融相关率表现较为平稳,近六年来变化幅度小于全省平均水平,而 2015 年江苏省的金融相关率与苏北地区变动幅度差异有增大的趋势。自 2010 年以来,江苏全省金融相关率指标远远高于苏北地区金融相关率,这表明苏北地区金融发展水平仍然低于全省平均水平,且近年来其差额有逐渐扩大的趋势。鉴于此,苏北地区应当更加注重对当地金融发展的支持力度,提高当地金融发展水平,缩小与全省之间的差距。

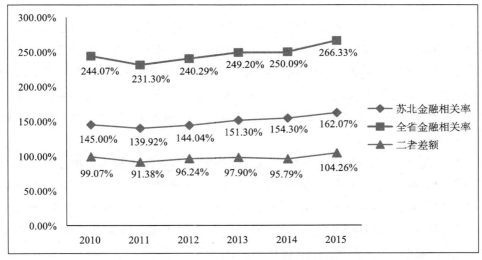

图 6-9 苏北及全省金融相关率(%)

4. 金融效率逐年上升

本部分仍然采用金融效率来衡量金融要素的投入与经济运行的结果。金融效率计算公式为:金融机构贷款余额/金融机构存款余额*100%。计算出苏北与全省金融效率如图 6-10 所示。

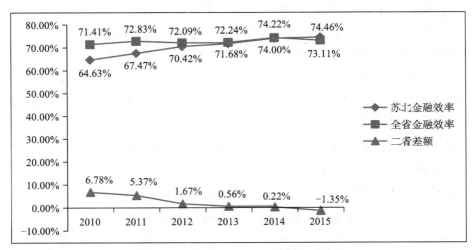

图 6-10 苏北及全省金融效率(%)

从图中可以看出,2010 年以来,苏北地区金融效率不断提升,表明金融部门对经济发展的贡献不断加大,2015 年,苏北地区金融效率达到 74.46%。从苏北与全省的关系来看,苏北地区与全省金融效率的差距在不断缩小,2015 年,苏北地区的金融效率首次超过全省,高出全省水平 1.35 个百分点。从苏北地区具体城市数据来看,2015 年,宿迁市的金融效率最高,达到 93.24%,其余依次为连云港市83.68%,淮安市 80.08%,盐城市 69.79%,苏北五市中,徐州市最低,仅为 64.67%。

5. 存在的问题与建议

近年来,苏北地区银行业的发展得到了政策的有力支持,发展速度较快,各项业务得到快速发展,银行组织体系逐步建立健全,对经济社会发展的支撑作用不断增强。存款规模不断增长,贷款增速较为合理均衡。但同时也应该看到,苏北地区银行业的发展仍存在诸多问题。如金融相关率仍处于较低水平,与全省的差距仍然较大,金融发展水平较低,金融深化程度也较低,与苏南、苏中地区的差距仍然较大。

鉴于此,像徐州市这样地区生产总值很高的城市更应该提高金融服务实体经济的能力和效率,要积极创新金融产品,适时、适当推出适合苏北地区经济发展的小额信贷产品,实现在操作上更加简便化和规范化,进一步拓宽业务范围,改善金融环境;要充分调动银行业的积极性,鼓励中小银行去苏北地区设立分支机构,发挥对苏北地区经济金融发展的支持作用。

(二)保险业稳步发展,机构实力不断增强

1. 保费收入持续增长

2015 年,苏北地区共实现保费收入 420.92 亿元,比上年增加 73.07 亿元,增长21.01 个百分点;其中,财产保险收入 143.93 亿元,比上年增加 20.86 亿元,增长16.95%;寿险收入 276.99 亿元,比上年增加 52.21 亿元,增长 23.23%;寿险的占比高达 65.80%。自 2010 年以来,苏北地区保费收入持续增长,从 235.25 亿元增加到 2015 年的 420.92 亿元,保险业发展势头较好。意外险和健康险收入下降较大,占保险收入的比重越来越小,2015 年意外险收入不足亿元,未列入表(见表 6-3)。

从各城市数据看,2015 年,徐州市实现保费收入 132.75 亿元,较上年增长24.69%;连云港市实现保费收入 62.16 亿元,较上年增长 25.53%;淮安市实现保费收入 62.24 亿元,较上年增长 7.53%;盐城市实现保费收入 105.44 亿元,较上年增长 19.52%;宿迁市实现保费收入 58.33 亿元,较上年增长 27.41%。2015 年,苏北五市中,徐州市、连云港市和淮安市的保费收入上升较快,增幅均超过 20%,盐城市的保费收入增幅接近 20%,而淮安市的保费收入增幅较小。

表6-3 苏北地区主要保费收入情况(亿元)

	2010 年	2011 年	2012 年	2013 年	2014 年	2015 年
总额	235.25	241.76	252.62	282.33	347.85	420.92
财产保险	58.23	70.07	80.95	97.81	123.07	143.93
寿险	164.48	156.76	153.73	184.52	224.78	276.99

注:按当年价格计算。
数据来源:江苏省统计局。

2. 保险赔款和给付变化较大

2015 年,苏北地区保险赔款和给付共发生 127.31 亿元,比上年增加 11.87 亿元,增加了 10.28%;其中财产保险赔款和给付 72.50 亿元,比上年增加 9.53 亿元,增长 15.13%;寿险赔款和给付 54.81 亿元,比上年增加 2.34 亿元,增加了 4.46%。2010 年以来,苏北地区保险赔付变化较大,2011 年上升,2014 年下降,2015 年再次上升,意外险和健康险的赔付比重越来越小,未列入表(见表 6 - 4)。

从各城市数据来看,2015 年,保险赔款和给付发生额最高的为徐州市,达到 42.23 亿元,占苏北地区比例为 33.17%,其余依次为盐城市 35.95 亿元,连云港市 19.59 亿元,宿迁市 15.83 亿元,占比最低的为淮安市 13.70 亿元,占比仅为 10.76%。

表 6 - 4 苏北地区主要保费赔付情况(亿元)

	2010 年	2011 年	2012 年	2013 年	2014 年	2015 年
总额	51.86	64.29	76.03	120.21	115.44	127.31
财产保险	26.42	34.28	42.33	51.98	62.97	72.50
寿险	21.81	26.26	29.45	66.22	52.47	54.81

注:按当年价格计算。
数据来源:江苏省统计局。

3. 保险深度和保险密度

本部分仍然运用保险深度和保险密度分别来反映苏北地区保险业在经济发展中的地位及苏北地区保险的普及程度和保险业的发展水平及潜力。保险深度取决于地区经济总体发展水平和保险业的发展速度。按数据计算的苏北地区及全省的保险深度数据(见图 6 - 11)及保险密度数据(图 6 - 12)。2015 年,苏北地区保险深度较上年增长了 13.91%,全省的保险深度较上年增长了 9.65%。保险密度反映了一地区参加保险的程度、经济和保险业的发展水平。2015 年,苏北地区保险密度增速大于全省平均水平,但与全省平均保险密度的数值上的差距与 2014 年持平。这说明苏北地区保险业随着经济的发展也在迅速发展,但是保险业的发展水平并不高,与全省平均水平还有一定差距。

如图 6 - 11 所示,苏北地区保险深度自 2010 年以来一直呈现出下降的趋势,直到 2014 年才有所回升。这说明 2010 年至 2013 年,苏北地区保费收入占生产总值的比例一直在下降,保险业在苏北地区经济社会发展中的地位在逐年下降,保险业对经济的贡献率较低。2010 年至 2013 年,江苏全省的保险深度也在逐年下降,但下降幅度小于苏北地区。2014 年至 2015 年,全省和苏北的保险深度均有上升,二者差距虽然缩小,但苏北与全省的差距依然较大。因此,要逐渐加大对苏北地区保险业发展的支持力度,不能仅仅关注数量的增加,更要注重质量的提高,增强保险业对苏北地区经济社会发展的支持能力。

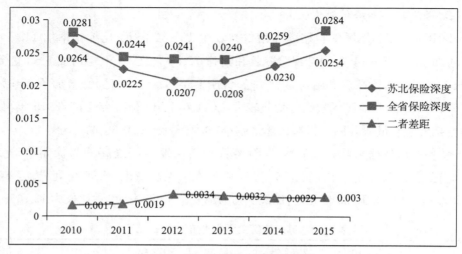

图 6‑11　苏北及全省保险深度

如图 6‑12 所示,苏北地区保险密度自 2010 年以来一直呈现出上升的态势,这表明近年来苏北地区保险的普及程度和保险业的发展水平在逐年上升。虽然自 2010 年以来,江苏省及苏北地区的保险密度都在不断上升,但苏北地区保险密度与江苏全省保险密度相比仍然存在着较大的差距,且这一差距在 2010 年至 2014 年逐年扩大。虽然 2015 年差距与 2014 年基本持平,但这表明与全省平均水平相比,苏北地区的保险普及程度及保险业的发展水平仍然是相对落后的,也同时说明,苏北地区保险业的发展还有很大的上升空间。

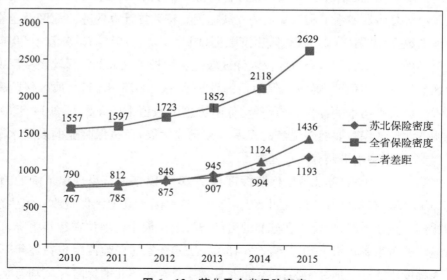

图 6‑12　苏北及全省保险密度

4.存在的问题及建议

2015 年,苏北地区保险业得到快速发展,机构实力不断增强。但从以上的分析中可以看出,苏北地区保险业发展在经济社会发展中的地位在逐渐下降,保险业对经济的贡献率也较低。苏北地区保险普及程度以及保险业的发展水平仍然相对落后。认识到苏北地区保险业发展水平与江苏省平均水平之间的差距,应当加大对苏北地区保险业发展的支持力度,增强苏北地区民众保险意识,提高保险在苏北地区普及程度的同时,更要注重保险业的自身完善发展,进而提高保险业对苏北地区经济社会发展的支持力度。

(三)证券业运营较为平稳,总体实力进一步增强

1. 证券业发展基本概况

2015 年,江苏省共有上市公司 276 家,新增了 22 家。2015 年全省上市公司的分布情况为:苏南 207 家,新增 18 家;苏中 42 家,新增 3 家;苏北 27 家,新增 4 家。从上市公司数量来看,苏北地区上市公司数量较少。2010 年以来,尽管苏北地区上市公司数量在逐年增长,但增长幅度远远小于江苏全省上市公司数量的增长幅度,且苏北上市公司数量占全省的比例较小,为 9.78%。2015 年,苏北共有证券营业部 112 家,占江苏省总数的 14.36%,比上年增加 15 家;期货营业部 14 家,占江苏省总数的 10.37%,比上年减少 3 家。2015 年苏北地区共有证券分公司 6 家,占全省数量的 9.09%,而江苏省共有 10 家期货公司,苏北地区 0 家。这些都说明苏北地区的证券业暂时无法与发展较好的地区相提并论。

尽管如此,在过去 6 年中,苏北地区证券业还是得到了较快的发展。自 2010 年以来,苏北地区排名前五的行业变化不大,主要为医药制造业、专用设备制造业、饮料制造业、普通机械制造业、交通运输辅助业以及综合类。苏北地区在过去六年中,证券行业得到了迅速发展,发展格局也更为合理均衡。2015 年苏北地区规模以上的工业总产值前十的行业中,市值排名前五名的行业都在内(见表 6-5),而且在苏北地区贷款余额中主要占比最大的就是制造业,这说明苏北的制造业发展势头很好,但是产值高、规模大并不代表发展结构合理,证券业对苏北地区企业的支持作用也仅局限于规模的扩大、资金的筹集,并不能提供内部结构性改进的建议,所以上市公司的运营质量也不能保证。

表 6-5 2014 年苏北地区规模以上工业总产值排名前十行业

序号	行 业	产值(亿元)	占工业总产值百分比(%)
1	化学原料和化学制品制造业	4497.8	12.74
2	农副食品加工业	2643.88	7.49
3	纺织业	2205.84	6.25
4	非金属矿物制品业	2176.98	6.16
5	黑色金属冶炼和压延加工业	2126.18	6.02

续　表

序号	行　　业	产值(亿元)	占工业总产值百分比(%)
6	电气机械和器材制造业	1986.60	5.26
7	计算机、通讯和其他电子设备制造业	1857.03	5.25
8	木材加工和木、竹、藤、棕、草制品业	1846.69	5.23
9	汽车制造业	1434.29	4.06
10	通用设备制造业	1285.79	3.64
总计		22061.08	62.47

数据来源：RESSET 数据库。

2. 存在的问题及建议

从以上的分析中，可以看出，近年来苏北地区证券业运营较为平稳，上市公司数量有所增加，证券和期货营业部有所增多，证券业发展基础不断稳固。但结合苏南、苏中、苏北三大区域经济总量在全省经济总量中的占比情况，"南重北轻"的现象较为突出——占全省经济 59.2% 的苏南，上市公司数量占到了 75%；而经济占比达到 23.62% 的苏北，上市公司数量却仅占 9.78%。基于此，应致力于继续加快推动苏北地区的证券市场建设，有效促进江苏省资本市场区域之间的协调发展，并继续鼓励证券期货公司去苏北设立营业网点，推动苏北地区证券市场的发展，缩小与苏南及苏中地区的差距。

三、金融视角下苏北地区重点行业发展状况

（一）房地产市场运行较为平稳，开发投资增速下降

2012 年以来，随着国家房地产调控政策的贯彻落实，江苏省房地产市场走势较为平稳，房价涨幅明显放缓，房地产贷款呈现出回落趋稳的态势，贷款质量总体良好。近六年来，苏北地区房地产投资额逐年上升；房地产投资增速 2010 年至 2011 年，增速较为平稳，变化不大，维持在 25% 左右，在 2012 年增速下降幅度较为明显，为 12.1%，2013 年增幅加大为 20.45%，2014 年增速又开始下降。2015 年苏北地区共实现房地产投资额 1689.55 亿元，比上年减少 83.05 亿元，下降了 4.69%，近六年来第一次出现了负增长。从数据可以看出，近两年苏北地区房地产投资增速有所放缓，房地产调控措施开始生效，2015 年，苏北地区房地产实现投资额占固定资产投资额比例达到 12.28%，比上年降低了 3.12 个百分点，房地产销售额有所下降。（见图 6 - 13）。

从具体城市数据来看，2015 年，徐州市房地产投资额最大，高达 470.22 亿元，占苏北地区比例超过 1/4，较上一年增长了 1.34 亿元，增长了 0.29%，增速大幅下降；其余依次为盐城市 367.68 亿元，宿迁市 362.53 亿元，淮安市 283.69 亿元，最低

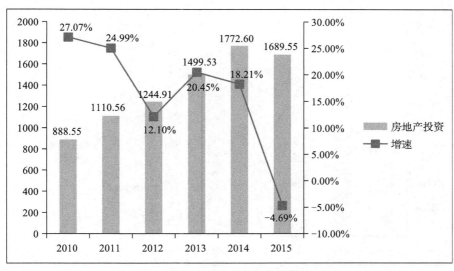

图 6 - 13 苏北地区房地产投资及增速(亿元)

的为连云港市 205.42 亿元,较上一年增长了 16.14 亿元,增长 8.53%。

(二)工业发展稳定加速,产业结构持续优化

通过执行《江苏省苏北地区工业发展纲要(2008—2012 年)》,苏北地区工业发展进入了快速增长的阶段。其中,制造业规模总量、结构水平实现明显上升,顺利拉开了苏北地区的新型工业化之路,内生动力得到显著提高。2015 年,苏北地区共实现工业增加值 6256.40 亿元,占江苏全省比重达 16.53%,较去年下降了近 5 个百分点。在总结上一阶段发展纲要实施成效的基础上,2013 年江苏省发展改革委发布了《江苏省苏北地区工业发展纲要(2013—2017 年)》,明确了今后五年苏北工业的发展目标和任务举措,并着重在产业布局优化、重大项目建设、南北产业转移、载体功能提升、可持续发展和促进产业转型等方面进行了部署,以进一步推进苏北地区新型工业化进程。

2015 年的苏北工业总产值达到 36326.49 亿元,比上年增加 3820.29 亿元,增速较上年减缓 1.29 个百分点(见图 6 - 14)。虽然总产值增幅下降了,但是苏北工业发展结构逐步优化。近年来,苏北地区充分利用自身特色资源及有利区位条件,积极推进工业结构调整,逐步推动产业向高级化方向发展,积极开展先进技术引进工作,有效推动高新技术产业发展。2015 年,苏北地区共实现高新技术产业产值 11358 亿元,占江苏省比重达 18.51%,"十二五"以来,苏北地区高新技术产业产值年均增长 51.6%,高于全省近 30 个百分点。区域新兴产业正在向规模化、高端化、集群化发展,形成了具有较强竞争力的产业链条。电子信息、工程机械装备、光伏与风电、节能环保、新材料、生物医药、新能源汽车、农副产品精深加工等优势产业迅速向价值链和技术链的高端迈进。

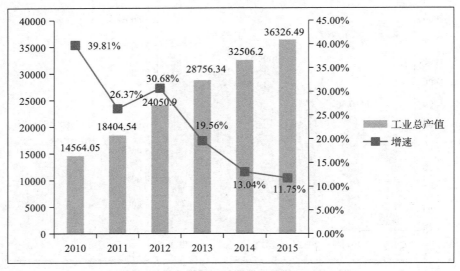

图6-14 苏北地区工业总产值及增速(亿元)

四、苏北地区金融发展展望

近年来,苏北地区经济发展速度较快,主要经济指标保持稳定增长,指标增幅持续高于全省平均水平。但是,当前苏北地区经济社会发展过程中还存在不少困难和问题。如中小企业资金筹集难,保持投资持续增长面临较大压力,金融发展水平仍低于全省平均水平等。2015年是"十二五"规划的最后一年,是奠定"十三五"基础的关键一年,苏北地区金融发展面临众多机遇。因此,应充分利用有利时机,加快苏北金融发展,深化金融机构改革,鼓励金融创新。为有效把握苏北地区金融发展机遇,促进苏北地区金融的健康、可持续发展,现提出以下建议:

(一)改善金融结构,建立多层次金融结构体系

加大财政支持力度,制定相应优惠政策,积极引导金融机构到苏北地区设立分支机构。针对中小企业融资难的问题,要积极促进中小金融机构的发展,鼓励金融机构到苏北地区设立分支机构,建立多层次竞争有序的金融组织体系。调整存量金融资源,强化金融创新,改善金融服务,积极构建与苏北地区经济发展相吻合的区域金融结构体系。

从农村金融体系的发展现状来看,影响农村经济发展的重要原因是资金短缺,农户弥补资金缺乏的渠道有限。贷款额度低,制约了苏北地区农村经济金融的发展。为有效解决苏北地区农村金融体系发展中所面临的问题,要充分发挥银行在农村金融体系中的作用,充分利用银行的资金优势,制定符合当地经济金融发展的信贷政策。通过政策导向,有力支持苏北地区农村经济金融的发展,以达到建立多层次金融结构体系的目标。

（二）鼓励发展直接融资方式，扩大资金来源渠道

苏北地区在直接融资方面，要充分利用三个市场，即股票市场、债券市场和票据市场，有效利用资本市场，大力发展直接融资，努力扩大利用外资。对具有一定规模的中小企业进行股份制改造，明确企业产权，有利于企业治理的改善和企业股权融资，通过企业运行机制的改善为企业的长期发展注入活力。积极开展风险投资资金，这将为苏北地区高科技产业的发展提供资金支持，在发展风险投资过程中，应保护好风险投资资金的退出收益。要着力解决苏北地区中小企业融资难的问题，就要根据苏北地区的金融发展现状，扩大资金来源渠道，有效解决发展中的资金瓶颈问题。

（三）建立健全社会信用体系，为金融部门扩大信贷创造条件

苏北地区要积极转变融资观念，优化信用环境，建立健全社会信用体系，积极引导优势企业利用良好的信用条件，带动相关企业和项目的融资，引导金融部门加大信贷投入。要增强公民信用意识，改善信用环境，促进苏北地区经济及金融的健康有序发展。建立高效、覆盖全面的信用信息系统，有力推动苏北地区金融生态环境的根本改善。

面临"十二五"的结束和"十三五"的开局，苏北地区金融发展面临众多机遇。要加快转变经济发展方式，抓住发展苏北金融的战略机遇期。以加快经济发展方式为主线，以科技创新为动力，以改善民生为根本目的，积极推进苏北地区金融发展水平，促进形成多元化、多层次的社会融资体系。要积极引导金融机构参与金融生态环境建设，支持金融产业健康发展，有效促进金融资本的形成。苏北地区金融发展要想从根本上实现突破，需要学习和提高的地方还有很多，应该不断创新技术，提高能力，为实现经济又好又快发展而不懈努力。

行　业　篇

第七章 江苏银行业发展分析

一、江苏省银行业发展现状分析

(一)银行业机构规模稳步增长,组织体系更趋完备

2015 年末,江苏省银行业金融机构资产总额达 13.5 万亿元,同比增长 11.6%。机构数量稳步增加,年末地方法人金融机构数量达 164 家,比年初新增 8 家。62 家农合机构改制工作圆满收官,6 家非银机构顺利筹建和开业,10 家台资银行落户江苏。总体盈利增长趋缓,全年银行业金融机构实现税后净利润 1450.3 亿元,比上年下降 4.51%。金融对实体经济支撑作用进一步增强,全年实现金融业增加值 5332.9 亿元,同比增长 15.7%,其中,银行业增加值在 70% 以上。

一方面,2015 年底,江苏各类金融机构营业网点数达到 13024 家,比 2014 年增加 338 家,增长速度与去年比较接近。其中,国有商业银行营业网点数为 4822 家,比 2014 年减少 17 家,在整个银行业金融机构营业网点数量中所占的比重达到 37.02%,比去年略有下降;同时,在农村金融机构中,随着农村金融改革的推进和深化,农村合作银行和农村信用社改制步伐明显加快,2015 年农村商业银行数量比上一年度增加 98 家,在整个银行业金融机构营业网点数量中所占的比重达到 24.05%;另外,2015 年股份制商业银行营业网点数量快速增加,比上一年度增加 109 家,在整个银行业金融机构营业网点数量中所占的比重达到 9.08%。

表 7 - 1 江苏银行业金融机构数量情况

	2011 年	2012 年	2013 年	2014 年	2015 年
机构数(家)	11661	12029	12330	12686	13024
#国有商业银行	4641	4768	4849	4839	4822
政策性银行	93	93	93	93	93
股份制商业银行	768	832	915	1074	1183
农村商业银行	1975	2692	2932	3034	3132
农村信用社	677	269	146	135	109
财务公司	7	9	11	12	13

续 表

	2011 年	2012 年	2013 年	2014 年	2015 年
信托投资公司	4	4	4	4	4
租赁公司	1	1	1	1	3

注:机构数为营业网点数。
数据来源:江苏统计年鉴。

另一方面,近年来江苏银行业金融机构从业人员数保持较快增长,2015 年底总职工人数已经达到 23.66 万人,比 2014 年增长 1.04 万人,增长率为 4.59%,低于去年同期的 4.93%。其中,国有商业银行职工人数最多,达到 10.35 万人,在整个银行业金融机构人员中的比例为 43.77%;其次是农村商业银行,职工人数达到 4.61 万人,在整个银行业金融机构人员中的比例为 19.47%;再次是股份制商业银行,职工人数达到 3.99 万人,在整个银行业金融机构人员中的比例为 16.88%;而其他类型的银行业金融机构职工人数明显较少。从增长速度来看,2015 年职工人数增长最快的银行业金融机构分别为股份制商业银行和农村商业银行,比上一年分别增加 2419 人和 2585 人,增长速度分别为 6.45% 和 5.95%。

表 7-2 江苏银行业金融机构人员情况

	2010 年	2011 年	2012 年	2013 年	2014 年	2015 年
职工人数(人)	179177	191572	204366	215558	226183	236576
♯国有商业银行	92892	96267	99346	100229	102718	103548
政策性银行	2126	2165	2254	2341	2333	2331
股份制商业银行	24390	27527	30973	34570	37513	39932
农村商业银行	15278	25937	36592	41065	43469	46054
农村信用社	13411	8694	3989	2293	2090	1682
财务公司	126	177	227	292	325	360
信托投资公司	222	242	285	336	400	428
租赁公司	78	93	112	121	118	228

数据来源:江苏统计年鉴。

(二)各项存款增长平稳,存款稳定性有所增强

2015 年末,全省金融机构本外币存款余额为 11.13 万亿元,同比增长 14.85%,增速比上年末提高 5 个百分点,比年初增加 14390.85 亿元,同比多增 2071.3 亿元。分币种看,人民币存款增加较多,全年新增人民币存款 14137.42 亿元,同比多增 6005.89 亿元;外汇存款大幅少增,全年新增外汇存款 7.6 亿美元,同比少增 70.5 亿美元,主要是因为在全球经济复苏缓慢的背景下,国内进出口企业盈利能力下降导致相应外汇存款减少。受存款偏离度考核等因素影响,金融机构存款"季末冲高、季初回落"的现象有所改善。2015 年 7 月、10 月,全省人民币存款月环比分别仅减少 840 亿元和 356 亿元,明显低于历史同期 1000 亿元以上的月环比降幅。中小银行存款稳定性有所提高。《存款保险条例》实施以来,全省银行业金融机构经营秩序正常,各项存款平稳增长,未出现中小银行机构存款搬家现象。2015 年,全省农村金融机构新增人民币存款 1877 亿元,同比多增 306 亿元;年末人民币存款余额同比增长 14.7%,高出总体存款增速 3.1 个百分点。

表 7 - 3　江苏银行金融机构存款年末余额(2015)

	本外币(亿元)	人民币(亿元)	外汇(亿美元)
各项存款	111329.86	107873.03	532.35
境内存款	111021.75	107608.77	525.59
住户存款	40951.02	40562.97	59.76
活期存款	12013.94	11808.15	31.69
定期及其他存款	28937.07	28754.81	28.07
非金融企业存款	41811.63	38933.34	443.25
活期存款	14314.50	13156.59	178.32
定期及其他存款	27497.13	25776.75	264.93
广义政府存款	20826.55	20743.38	12.81
财政性存款	1186.24	1186.24	
机关团体存款	19640.31	19557.14	12.81
非银行业金融机构存款	7432.56	7369.08	9.78
境外存款	308.11	264.26	6.75

数据来源:江苏统计年鉴。

表 7 - 4　历年金融机构存款(单位:亿元)

年　份	金融机构各项存款余额(本外币)	#储蓄存款	金融机构各项存款余额(人民币)	#储蓄存款
2010	60583.07	23533.13	58984.14	23334.48
2011	67638.75	26111.82	65723.56	25914.74
2012	78109.00	30285.44	75481.51	30057.19
2013	88302.07	34072.84	85604.08	33823.90

续　表

年　份	金融机构各项存款余额（本外币）	＃储蓄存款	金融机构各项存款余额（人民币）	＃储蓄存款
2014	96939.01	36847.53	93735.61	36580.59
2015	111329.86	40951.02	107873.03	40562.97

注:2015年人民银行调整金融报表项目及归属,取消储蓄存款,本表2015年数据为住户款。
数据来源:江苏统计年鉴。

（三）贷款增长有所加快,新增贷款创历史新高

2015年末,江苏省本外币贷款余额为8.12万亿元,同比增长12.0％,增速比上年末提高0.3个百分点。全年新增本外币贷款8679.7亿元,同比多增1097.9亿元。全年新增贷款较多主要受三方面因素影响:一是在稳增长力度加码、地方政府融资平台在建项目融资约束放松,以及住房政策频出利好的背景下,基础设施和房地产相关领域贷款增加较多。二是2015年以来,央行适时运用公开市场操作、中期借贷便利、降准等货币政策工具,保持了市场流动性充裕,商业银行信贷供给能力明显增强。三是在表外业务监管逐步规范的背景下,部分表外融资转入表内信贷,也推动了贷款的增长。

从币种结构看,人民币贷款增长较快,全年新增人民币贷款9293.67亿元,同比多增1557.53亿元,新增额创历史新高。受美联储加息以及人民币汇率预期变化等因素影响,经济主体倾向减少外币负债,外汇贷款全年减少较多。2015年末,全省金融机构外汇贷款余额为354.7亿美元,同比下降25.7％,增速创近三年新低,降幅比上年末扩大20.2个百分点。从期限结构看,短期贷款与票据融资此消彼长,中长期贷款维持高位增长。2015年,全省短期贷款保持低位增长,年末本外币短期贷款余额同比仅增长2.9％,比年初增加889.4亿元,同比多增294.9亿元。票据融资增长较快,年末票据融资余额增速高达47.9％,比年初增加1545.5亿元,同比多增420.5亿元。中长期贷款增长较多,年末全省本外币中长期贷款余额增速为17.7％,比年初增加5957.4亿元,同比多增382.6亿元。

表7-5　江苏银行金融机构贷款年末余额（2015）

	本外币（亿元）	人民币（亿元）	外汇（亿美元）
各项贷款	81169.72	78866.34	354.71
境内贷款	80919.37	78775.09	330.21
住户贷款	20202.56	20200.14	0.37
短期贷款	4809.79	4807.65	0.33

	本外币（亿元）	人民币（亿元）	外汇（亿美元）
消费贷款	1545.25	1543.11	0.33
经营贷款	3264.55	3264.55	
中长期贷款	15392.77	15392.49	0.04
消费贷款	13929.01	13928.73	0.04
经营贷款	1463.76	1463.76	
非金融企业及机关团体贷款	60713.91	58572.04	329.84
短期贷款	27484.87	25870.76	248.57
中长期贷款	27863.77	27352.23	78.78
票据融资	4772.74	4772.52	0.03
融资租赁	443.74	443.74	
各项垫款	148.78	132.80	2.46
非银行业金融机构贷款	2.90	2.90	
境外贷款	250.35	91.26	24.50

数据来源：江苏统计年鉴。

表 7-6　历年金融机构存款（单位：亿元）

年　份	金融机构各项贷款余额 （本外币）	金融机构各项贷款余额 （人民币）
2010	44180.21	42121.04
2011	50283.52	47868.30
2012	57652.84	54412.30
2013	64908.22	61836.53
2014	72490.02	69572.67
2015	81169.72	78866.34

注：2015 年人民银行调整金融报表项目及归属，取消储蓄存款，本表 2015 年数据为住户款。

数据来源：江苏统计年鉴。

从贷款投向看，基础设施贷款维持高位增长，制造业信贷投放继续缩减，房地产贷款增势平稳。2015 年，全省金融机构本外币基础设施行业贷款余额为 1.2 万亿元，同比增长 13.6%，全年新增 1420.9 亿元，同比多增 33.6 亿元。受产能过剩、企业盈利能力下降等因素制约，制造业贷款继续缩减。2015 年末，全省制造业本外币贷款余额为 1.6 万亿元，较年初下降 434.5 亿元。受保障房建设速度加快、新型城镇化建设力度加大和部分城市房地产市场升温等因素影响，房地产行业贷款持续稳定增长。2015 年末,全省金融机构本外币房地产贷款余额为 6080.13 亿元,同比增长 9.9%,增速比上年末下降 9.8 个百分点。2015 年,全省金融机构房地产贷款增加 3322.4 亿元,同比多增 896.5 亿元。

表 7 - 7   分行业金融机构本外币贷款年末余额（单位:亿元）

	2011 年	2012 年	2013 年	2014 年	2015 年
总计	48665.72	55900.17	62805.68	69262.46	76605.13
农、林、牧、渔业	584.54	915.00	1270.13	1500.84	1488.50
采矿业	53.19	62.65	105.39	100.46	107.36
制造业	13351.59	15821.34	16509.63	16275.43	15839.77
电力、热力、燃气及水生产和供应业	1538.19	1612.77	1655.21	1691.56	1994.42
建筑业	1769.66	2374.62	2766.82	3112.24	3418.13
批发和零售业	4454.30	5229.39	5875.73	5930.97	6049.68
交通运输、仓储和邮政业	3033.82	3377.03	3549.03	3824.00	3993.95
住宿和餐饮业	251.02	353.83	458.04	480.30	474.14
信息传输、软件和信息技术服务业	138.44	168.67	202.27	207.46	270.62
金融业	133.94	293.03	246.78	342.71	654.48
房地产业	3284.49	3749.14	4620.55	5531.26	6080.13
租赁和商务服务业	3834.58	4107.14	4707.19	6229.98	7630.99
科学研究和技术服务业	86.98	104.34	136.20	168.82	209.01
水利、环境和公共设施管理业	3683.33	3520.44	3956.03	5042.38	6005.49
居民服务、修理和其他服务业	171.69	150.84	158.45	174.54	156.97
教育	396.14	404.51	413.00	426.72	405.50
卫生和社会工作	253.50	349.60	409.74	507.90	590.84
文化、体育和娱乐业	108.84	204.90	267.78	351.26	434.79
公共管理、社会保障和社会组织	181.42	167.16	177.96	209.21	347.47

注:本表不含票据融资、非银行金融机构的委托贷款以及外资银行的数据。
数据来源:江苏统计年鉴。

从政策导向看,信贷结构更加侧重于调结构、惠民生。在调结构方面,金融机构对现代服务业、科技、文化等新兴领域的支持力度不断加大,2015 年末,全省服务业贷款余额占各行业贷款余额的 60.5%,占比较上年末提高 2.8 个百分点,高新技术企业贷款余额 3265 亿元,推动当年工业技改投资同比增长 25.6%,文化产业贷款余额 1184 亿元,同比增长 22.6%,高出全部贷款增速 10.6 个百分点。在扶持薄弱环节方面,人民银行南京分行充分发挥再贷款、再贴现的结构引导功能,在全国率先探索开展县域银行业金融机构新增存款更多用于当地贷款评价工作,积极引导金融机构加大对"三农"、小微企业的支持力度,2015 年末,全省金融机构本外币小微企业贷款(不含票据融资)余额为 1.88 万亿元,同比增长 11.4%,增速比上年末上升 1.2 个百分点,本外币涉农贷款余额为 2.6 万亿元,扣除连云港赣榆撤县建区的影响,同比增长 8.5%,增速比上年末上升 1.8 个百分点。

(四)存贷款利率明显下行

在贷款基准利率多次下调以及政府相关部门多措并举降低企业融资成本的背景下,金融机构存贷款利率明显下降。2015 年 12 月份,全省定期存款加权平均利率为 1.8803%,分别比 6 月份、9 月份下降 85.0 个基点和 30.8 个基点。一至四季度,全省金融机构新发放非金融企业及其他部门贷款加权平均利率分别为6.8040%、6.5147%、6.1025% 和 5.6756%,其中,12 月加权平均利率为 5.5620%,比上年同期下降 122.9 个基点。利率市场化改革深入推进,省、市两级利率定价自律机制陆续建立并有序运转,在存款挂牌利率管理、差别化住房信贷政策落实等方面发挥了重要作用。市场化产品发行量不断扩大,全省 48 家地方法人机构通过合格审慎评估,累计备案同业存单 1671 亿元,实际发行 2311 亿元;备案六额存单 399 亿元,实际发行 77 亿元。

(五)银行业机构改革稳步推进

农业发展银行江苏省分行新设立客户四部和扶贫金融事业部,分别开展水利、农村公路、扶贫等相关业务工作,政策性职能得到充分发挥。大型商业银行改革进一步深化,工商银行江苏省分行进一步完善信贷经营管理体制,加强新增贷款准入管理,落实亚健康贷款、大额信贷客户、担保圈贷款等重点领域风险管控责任,风险管理水平持续提升。农业银行江苏省分行出台《关于进一步提升三农服务竞争能力的意见》,进一步完善工作机制,明确组建"三农"服务团队、建立"三农"信息联络员机制等重点工作,持续深化江苏省内"三农金融事业部"改革。中国银行江苏省分行将法律与合规部门统一更名为"内控与法律合规部",辖内 11 家二级分行单设"内控与法律合规部",从组织架构上保障了工作独立性。普惠金融服务持续提升,辖内所有法人农商行均已实现小微企业转贷方式创新,2.36 万个金融便民到村服务点覆盖全省所有自然村,布放自助设备 14.2 万台,代理发行社保卡 745.8 万张,农村金融服务站占全省金融机构的 80% 以上。

(六)银行业资产质量总体稳定,不良资产处置力度加大

2015 年末,全省银行业金融机构不良贷款率为 1.49%,比年初上升 0.24 个百分点。随着信贷资产质量持续下行,商业银行普遍加大了对不良贷款集中核销和清收处置的力度。2015 年以来,江苏省银行业金融机构通过现金清收、以物抵债和核销等手段累计处置不良贷款总额达 1027.3 亿元,比上年增加 224.4 亿元。

（七）跨境人民币业务发展势头良好，服务涉外经济功能持续提升

2015 年，江苏省实行跨境人民币收付金额 8579.5 亿元，同比增长 21.8％。其中，经常项下收付金额 5369.4 亿元，同比增长 29.7％，资本项下收付金额 3210.1 亿元，同比增长 10.6％。跨境人民币业务创新试点持续推进。2015 年，昆山深化两岸产业合作试验区获准开展区内台资企业向台湾地区银行借入跨境人民币贷款业务试点，已签订借款协议 3.7 亿元。

（八）银行业风险抵御能力保持稳定

一是资本充足率保持稳定，截至 2015 年 9 月末，辖内法人银行业金融机构资本充足率 12.76％，同比下降 0.02 个百分点。二是拨备水平较为充分，截至 2015 年 9 月末，辖内法人银行业金融机构拨备覆盖率为 223.7％，同比下降 9.51 个百分点；贷款拨备率为 4.01％，同比上升 0.2 个百分点。三是流动性水平总体充足，截至 2015 年 9 月末，辖内法人银行业金融机构流动性比例为 61.39％，同比上升 3.94 个百分点。

二、江苏银行业多措并举推动小微企业金融服务提质增效

小微企业作为国民经济发展的生力军，在繁荣经济、吸纳就业、改善民生、促进创新等方面发挥着不可替代的作用，小微企业融资难、融资贵问题也一直牵动着社会各界的心弦。近年来，江苏银监局积极响应普惠金融服务的战略要求，认真贯彻国务院、银监会和省委省政府关于金融支持小微企业发展的多项决策和部署，开拓思路，勇于创新，多管齐下，综合施策，引导辖内银行业金融机构持续加大小微企业信贷投放和综合金融服务力度，努力打造小微企业金融服务工作的升级版。在辖内各银行业金融机构的不懈努力下，截至 2015 年 8 月末，全省用于小微企业的贷款（含小微型企业贷款、个体工商户及小微企业主贷款）余额达 2.31 万亿元，位居全国前列。江苏银行业小微企业专营机构建设深入推进，小微金融服务的普惠性不断提升，小微企业金融服务能力持续增强。江苏银监局系统和江苏银行业小微企业金融服务工作连续多次受到银监会表彰。

（一）强化监管引领，努力实现"三个不低于"目标

1. 加大窗口指导力度

江苏银监局出台了小微企业金融服务工作指导意见、强化基础管理要求等针对性制度，将小微企业金融服务推进工作予以日常监管。2014 年以来，针对辖内小微企业不良贷款快速上升、部分银行机构小微企业信贷业务有所收缩的情况，多次召开小微企业金融服务工作推进会议，强化统计监测和监管考核评价，通过监管会谈、走访调研和督查等多种形式，引导辖内银行机构积极践行社会责任，加大小微企业金融支持力度。经过多方不懈努力，江苏银行业较好地实现了小微企业贷款"三个不低于"的工作目标，截至 2015 年 8 月末，江苏银行业小微企业贷款同比

增长 12.06％,高于各项贷款增速 0.47 个百分点;小微企业贷款户数 78.81 万户,同比增加 8.63 万户;小微企业申贷获得率 90.20％,同比增加 1.74 个百分点。

2. 践行差异化监管政策

江苏银监局注重正向激励,在市场准入、专项金融债发行、风险资产权重及监管评级等方面继续落实对小微企业金融服务的差异化监管政策。在银监会的支持下,2014 年以来江苏有两家法人城市商业银行共获准发行 160 亿元小微企业专项金融债,其中,江苏银行已投放 90 亿元,长江商业银行已投放 10 亿元。同时,江苏银监局督促指导各银行机构制定完善小微企业业务尽职免责办法,切实放宽不良贷款容忍度,有效调动经营单位和信贷人员业务拓展的积极性。

3. 营造良好宣传氛围

以"小微企业金融服务宣传月"和"金融知识进万家"活动为契机,向社会各界宣传小微企业金融服务扶持政策和相关知识,得到了众多主流媒体的广泛关注和地方政府的高度评价。开展"江苏银行业降低小微企业融资成本"主题宣传活动,在改善小微企业金融服务、促进社会各界共同关注和支持小微企业发展等方面发挥了较好的示范效应和推动作用。以《江苏银监局简报——小企业金融服务专刊》为载体,加强对小微企业金融服务好经验、好做法和创新举措的宣传力度,同时加大了对新情况、新问题的反映力度。至 2015 年 9 月累计编发专刊 96 期,充分发挥了对小微企业金融服务的宣传引导作用。

(二)强化机构建设,构建专业化小微金融服务体系

1. 专营机构建设进一步深化

江苏银监局要求辖内银行机构结合自身战略规划和特色优势,确定差异化的市场定位,持续推进小企业金融服务专营机构和特色支行建设,并将做实、做专、做精专营机构作为完善"六项机制"建设、推进"四单"原则、提升服务层次的重要抓手。截至 2015 年 9 月末,全省银行业共设立小微专业支行 278 家,小微专业部门(中心)312 个,成立专业服务团队 1283 个;科技支行、文化支行等特色支行陆续设立,有效提升了小微金融服务的专业化水平。

2. 网点覆盖面进一步扩大

江苏银监局坚持普惠金融理念,持续推动银行机构向县域以下、小微企业集中和小微金融服务相对薄弱的地区合理延伸服务网点,支持和鼓励满足条件的银行批量化设置小微企业金融服务机构,增加对小微企业的有效金融供给。2014 年以来共批准设立小微支行 34 家、社区支行 134 家。截至 2015 年 9 月末,全省银行业金融机构在县域及以下网点超过 7300 家,平均每个县拥有 139 个金融网点,每个乡镇有 4 个以上网点。

3. 管理架构进一步优化

越来越多的银行机构根据小微企业贷款监管统计口径调整完善内部分工协作

机制,切实发挥小微企业金融服务牵头管理部门统筹规划和推进职能,集中力量提升小微企业金融服务精细化管理水平。

(三)加大信贷支持,降低小微企业融资成本

1. 加大信贷投入

在江苏银监局出台指导意见、落实差异化监管政策、开展考核评比、加强监测通报和约谈等举措的持续鞭策下,江苏银行业进一步强化责任意识,单列小微企业信贷计划,倾斜内部资源配置,努力加大小微企业金融支持力度。2009年至2013年,江苏银行业连续五年实现了小微企业贷款增量和增速"两个不低于"的目标,2014年也实现了小微企业贷款增速不低于全部贷款增速的目标。截至2015年8月末,江苏银行业小微企业贷款余额达到2.31万亿元,同比增加2489亿元,增幅高出各项贷款增幅0.47个百分点;小微企业贷款户数78.81万户,同比增加8.63万户;小微企业申贷获得率90.20%,同比增加1.74个百分点。江苏银行业着力增加信贷投放,不断扩大贷款覆盖面,提升贷款可获得性,一定程度上缓解了小微企业的融资困难,为支持江苏实体经济发展,打造小微企业金融服务升级版作出了重要贡献。

2. 创新还款方式

引导辖内银行机构推出转期贷、续接贷、过桥贷、循环贷等贷款品种,积极参与省金融办转贷创新试点,改变贷款到期必须"先还后贷"的传统模式,挤压社会不法金融活动的生存空间。在"先还后贷"的传统授信模式下,小微企业需在贷款到期前提前准备还贷资金,容易影响正常生产经营,妨碍资金连续使用需求,甚至引发资金链断裂。为减轻小微企业资金周转压力,提升信贷资金与企业生产经营需求的匹配度,根据银监会关于创新还款方式的文件精神,江苏银行业勇于探索、大胆实践,推出转期贷、续接贷、过桥贷、循环贷等创新还款方式的产品约130种,努力降低小微企业的倒贷成本。如江苏银行"转期贷"、南京银行"鑫转贷"、长江商业银行"展融通"、华夏银行南京分行"年审制贷款"等产品,广受小微企业的欢迎与好评。2015年上半年累计发放此类贷款1154亿元,6月末贷款余额689亿元,按资金平均周转15天、民间融资年化利率25%测算,全年为小微企业节约资金周转成本约12亿元。同时,江苏辖内各地市共创设了49家政府应急转贷基金,采取低价位、零收费的服务策略,垫付小微企业到期银行贷款的续贷本金,帮助小微企业解决临时性资金困难和应急需要。截至2015年6月末,已为4967户小微企业提供周转资金,办理转贷8120次,撬动银行发放小微企业贷款余额为637.07亿元,规范了社会融资行为,维护了正常的金融秩序。

3. 提升融资效率

小微企业金融服务需求存在短、小、频、急的特点,银行业金融机构以往粗放的业务扩张模式和传统的授信审批流程难以与之契合。江苏银行业持续推进小企业

金融服务专营机构建设,完善"六项机制",坚持"四单"原则,加深银行业务与"互联网＋"的融合,有效提升金融服务效率,压缩银行运营成本,最终实现让利小微企业,改善小微企业金融服务体验。截至 2015 年 6 月末,全省银行业共设立小微专业支行 278 家,小微专业部门(中心)312 个,成立专业服务团队 1283 个。越来越多的银行机构借助互联网技术打造小微授信全流程线上操作模式,通过网上银行、手机银行等渠道形成可移动的高效贷款管理系统,实现授信申请、审批、放款的全方位前移和有效风险管控,打破了物理网点局限性,提升了企业融资便捷度。如常熟农商行开发了 MCP 移动贷款平台,整合优化客户信息实地采集、后台线上即时审批、客户经理尽职管理等功能,目前该行已配备移动终端近 800 台,通过移动贷款平台累计发放贷款超过 2.8 万笔、金额超过 44.7 亿元,平均放款时间为 1—3 天,较以往减少 2 天,单人月放款量由 26 笔提升至 83 笔。江苏银行利用大数据时代信息优势,完善 IT 系统建设,整合分析各类采集信息,对符合条件的小微企业可瞬间放款,极大提高了授信审批效率。

4. 减少融资费用

江苏银行业深知不规范收费会对自身社会形象和服务实体经济产生不利影响,认真落实银监会"七不准"、"四公开"和关于小微企业服务收费"两禁两限"等收费管理的规范要求,在 2012 年主动减免小微企业收费近 1500 项、清退收费 5.95 亿元的基础上,2014 年以来又减免小微企业收费 925 项、清退收费 1756 万元。小微企业抗风险能力相对较差,银行为缓释信用风险,可能会要求小微企业追加抵押或专业担保,一定程度上增加了企业的融资成本。江苏银监局联合省经信委积极推动小微企业融资担保体系建设,增设政府性融资担保机构,在为小微企业增信、提升其获贷能力的同时降低担保费用;引导银行机构在加强风险管控的前提下发展无抵押担保的纯信用贷款,鼓励银行机构对符合一定标准的小微企业抵押贷款试行内部评估以降低相关费用。截至 2015 年 6 月末,全省共有法人融资性担保机构 289 家,在保余额 1435.8 亿元,在保户数 3.36 万户,平均放大倍率 2.9 倍;小微企业贷款中信用贷款占比(4.9%)较 2014 年末上升了 0.12 个百分点。

5. 减少融资信息成本

小微企业融资难,症结在于缺信息、缺信用。为破解银企信息不对称的难题,江苏银监局与税务部门建立了银税合作机制,推动辖内银行机构主动与税务、工商等部门建立信息对接渠道,多方获取企业信息并交叉验证,为小微企业融资提供便利。如江苏银行"税 e 融"业务通过与税务部门系统直连,为小微企业提供免担保授信,目前已累计向 2853 户企业发放纯信用贷款,金额合计 15.63 亿元;南京银行"鑫联税"、建设银行江苏省分行"税易贷"等产品也已顺利推广。同时,面向小微企业的增信手段也不断丰富,中信银行南京分行"POS 贷"、平安银行南京分行"贷贷平安"商务卡、常熟农商行"流水贷"等,根据经营商户 POS 交易情况或企业在本行交易结算量核定信用贷款额度;江南农商行推出知识产权质押贷款,扬中农商行与保险公司合作推出"应收账款+信用保险"质押贷款,盘活各种无形资产,为缺乏抵押物的小微企业融资开辟新途。此外,江苏银行业坚持线上线下有机结合,充分利用中小企业融资服务网、融资超市等平台纽带,深挖客户资源,及时捕捉有效融资需求。

(四)推动多方联合,汇聚全方位小微金融服务合力

1. 开展"银税互动"助力小微企业发展

江苏银监局与税务部门建立完善了银税合作工作机制,联合推广"小微企业税银互动服务平台",积极推动银税信息共享,为小微企业融资提供便利。目前,江苏银行、南京银行分别与省国税局签订合作协议,搭建国税网站申贷平台,为正常缴纳税费的小微客户提供无担保融资支持;辖内建设银行、民生银行及部分农村商业银行与税务部门合作,通过批量获取小微企业纳税信息,向诚信纳税小微客户推出特定融资产品;招商银行无锡分行与当地税务部门合作,由税务部门推荐优质纳税小微企业给银行,同时银行向税务部门提供纳税人账户信息防范偷逃税款,实现优质纳税企业的以信用换取贷款。

2. 对接政府奖补政策

引导银行机构充分利用政府各项奖补政策,同时联合省经信委积极推动小微企业融资担保体系建设。如江苏银行等 10 家银行机构与省科技厅合作,创设江苏省科技成果转化风险补偿专项资金贷款——"苏科贷",由省财政安排风险补偿专项资金 5 亿元,带动全省 60 余个市、县(区)设立地方风险补偿专项资金近 5.7 亿元,累计为 1600 多户科技型企业发放基准利率贷款超过 65 亿元。南京银行已发放文化类小微企业贷款 6 亿元,单户 500 万元以下贷款可获得南京市财政 20% 的贷款利息补贴。截至 2015 年 6 月末,全省共有融资性担保机构 289 家,在保余额 1435.8 亿元,在保户数 33551 户,平均放大倍率 2.9。

3. 依托平台纽带促进银企对接

江苏银监局和省经信委联合开发建设的"江苏省中小企业融资服务网"。自 2009 年 10 月上线以来,已累计受理 21067 户小微企业融资需求,成功为 6375 户企业发放贷款 351 亿元;省内各地先后开办了 8 家线下融资超市,进一步发挥了方便小微企业融资的桥梁作用。

(五)奉行民生为本,助力小微企业长远发展

1. 严格清退不合理收费

2014 年,江苏银监局深入开展了服务收费专项检查,对辖内 5 家被查机构实施行政处罚,责成 9 家机构清退不合理收费和违规收取的贷款保证金 5062 万元,责令 2 家机构停止部分收费业务。2015 年进一步开展了银行不规范服务收费清理督查工作,督促各机构切实纠正不规范服务收费行为,减并服务收费项目,降低

服务收费标准,有效减轻企业融资负担,服务实体经济发展。

2. 主动减费让利

在江苏银监局督导下,一些银行机构主动减免了部分正常服务收费,帮助小微企业降低成本。如中国建设银行江苏省分行下调了部分转账业务手续费,并承担小微企业信贷业务中发生的房屋抵押登记费;华夏银行南京分行 2014 年减免了小微企业上门收款服务费等 24 项收费。2012 年以来,辖内银行机构共减免收费项目 2567 个,其中小微企业收费项目减免占 57%。

3. 支持小微企业转型升级和发展壮大

江苏银监局督促辖内银行机构主动适应经济新常态发展要求,加大对战略性新兴产业、新型服务业、科技和文化等行业的金融支持力度。引导辖内银行机构为小微企业提供持续、系统的金融支持,通过整合贷款产品体系,实现对创业类、正常经营类、发展壮大类等不同生命周期小微企业客户的全覆盖。交通银行常州分行科技文化双轮驱动,助推科技和文化企业发展。2015 年 6 月末,该分行小微企业科技贷款客户 57 户,贷款余额 4.19 亿元;文化贷款客户 34 户,贷款余额 1 亿元。

三、江苏省银行业发展的新动态

(一)近 30 家银行力推直销银行血拼互联网“宝宝”

随着互联网金融时代的到来,各类互联网金融产品层出不穷,冲击着传统金融行业,尤其是银行业。对此,银行业积极创新应对。

互联网“宝宝”因其投资门槛低、收益率高成为关注焦点。但随着“直销银行”的横空出世,银行进入反攻模式。因提供的理财产品收益更高,安全性也比互联网企业更有优势,目前已有近 30 家银行推出了自己的直销银行。而昨日,这一阵营迎来一位重量级“会员”——工商银行成为首家推出直销银行的国有大行。

1. “直销银行”如火如荼,国有大行加入

2014 年,余额宝给传统银行带来冲击后,一些中小银行就试图在互联网上重新夺回自己的地盘,直销银行应运而生。素有“宇宙第一行”的工商银行成为国内第一家发布互联网金融品牌的商业银行。

工行此次发布了“融 e 购”电商平台、“融 e 联”即时通讯平台和“融 e 行”直销银行三大平台,以及支付、融资和投资理财三大产品线上一系列互联网金融产品等。

在此之前,已经有北京银行、民生银行、兴业银行、恒丰银行等 25 家中小银行开通了“直销银行”渠道。加上此次的工行,直销银行数量已达到 26 家。

此外,另有光大银行这几天正在举行直销银行品牌名称众筹活动,预计今年 6 月上线。还有消息称,四大行中,另外一家国有银行的直销银行业务于去年年中已

经启动,预计将于近期上线。

2. 直销银行能买啥?

直销银行的理财产品收益超互联网"宝宝"。银行加快布局直销银行的背后,是对互联网"宝宝"的反击。银率网数据显示,受市场资金面宽松影响,余额宝类理财产品收益率近期持续下滑,2015 年 3 月 20 日,互联网理财宝类产品平均 7 日年化收益率为 4.59%。而记者查询多家直销银行发现,部分货币基金和理财产品收益率完胜互联网"宝宝"。

兴业银行直销银行所售的两款货币基金,昨日显示的七日年化收益率分别 4.652%、4.682%。民生直销银行两款货币基金七日年化收益率分别为 4.735%、4.63%。与互联网宝宝类似,直销银行中售卖的货币基金大多支持随用随取。

直销银行中还可购买有一定资金门槛的理财产品。比如,恒丰直销银行平台"一贯"所售银票融资产品,起投金额 1000 元,年化收益率 5.5% 至 5.7%。兴业直销银行所售理财产品年化收益率也大多超过了 5.5%。渤海银行、宁波银行甚至有收益率超过 6% 的产品。

而与银行柜台相比,直销银行存款也有一定优势。一家股份制银行工作人员介绍,如果客户到柜面存定期存款,提前支取只能按活期结息,但多家直销银行可靠档结息。"假设在直销银行存了一年的定期,到 7 个月时提前支取,不够一年但超过了半年的固定期限,银行就按半年期的利率给客户结息。"

3. 存同质化趋势,产品服务需丰富

虽然直销银行发展如火如荼,但整体来看,提供的多是理财产品、货币基金、存款等业务,目前能提供的服务比较单一。有业内人士表示,直销银行最大的亮点在于打破了银行卡的归属限制。比如,此次工行推出的直销银行,即使没有工行账户的客户也可以通过手机号、他行账号等信息开户,购买工行理财、基金、保险等产品。

"银行卡的归属限制打破后,直销银行依靠的唯有产品和服务了,但现在有产品服务单一化、同质化的趋势。"一位银行业人士表示,各银行应根据自己的优势和特点,推出更加丰富的产品。

已有银行对此作出反应。比如恒丰银行就表示,随着股市回暖,其直销银行会提供一些权益类的投资产品。此外,恒丰还计划将贷款与直销联系起来,比如用户买了"一贯"平台上的封闭投资产品后,又有流动性的需求,通过审核后,可以为客户提供一定折扣率的贷款。

（资料来源:现代快报,2015 年 3 月 24 日）

（二）真实不良或改善，配置价值渐显现

1. 对真实不良的担忧是影响银行估值的主因

近年来银行股估值水平回落，主要原因是投资者对真实不良远高于报表不良的担忧，在真实不良感受模糊状况下，银行股渐渐被冷落。

2. 报表上的不良率：风险加速释放仍将上行

供给侧改革，淘汰落后产能，对工业企业冲击较大，工业企业盈利减弱加速释放不良贷款，推动银行报表不良率上升。根据我们的测算，假设不良贷款规模同比增长 30%—50%，贷款规模增速为 12%—13%，则预计 2016 年末商业银行不良率约在 1.94%—2.22%，较 2015 年末的 1.67% 上升 27—55BP。

3. 真实不良率：或因资产质量改善而回落

银行信贷风险集聚在房地产、工业企业、地方政府融资平台。当前银行资产质量正出现边际改善，真实不良有望下行。（1）在宽松货币环境以及政策支持下，房市加速去库存、释放房贷信用风险并缓解市场对真实不良率不断上升的担忧；（2）债务置换稳步推进，疏导地方债务"堰塞湖"，银行以短期利息损失，换取信用风险改善；（3）不良资产证券化有望重启，剥离去产能等暴露出的不良资产，为银行"减负"。

4. 投贷联动试点在即，打开盈利增长空间

政府工作报告首度明确提到 2016 年启动投贷联动试点，当前监管部门已在研究启动首批试点工作。预计首批试点的商业银行将很快公布。银行试点"股权＋债权"的联动投资模式，能够发挥银行在信用风险排查上的优势，挖掘优质企业的投资机会，提升银行盈利能力，同时，通过投资行为更有效地对企业进行风险管理，提升风险识别能力，降低不良贷款的形成几率。

5. 估值具有安全边际

当前上市银行板块平均估值水平在 1.02xPB，大行介乎 0.8—0.9xPB。市场预期的悲观面并不会实质兑现，因此具有安全边际。市场对银行不良的担忧是制约银行估值水平的主要因素之一。当前，银行资产质量边际改善，真实不良率或有下降，投贷联动试点在即，银行盈利能力将逐步得到恢复，预计银行估值水平将逐步回升。

6. 推荐三条主线

机构投资者当前对银行股的配置已到冰点，一旦真实不良回落得到验证，很可能出现较为可观的投资机会。我们推荐三条主线：（1）房贷占比高，充分受益于地产去库存带来的资产质量改善，推荐民生银行（房地产贷款占比 12.80%）、兴业银行（房地产贷款占比 12.07%）、北京银行（房地产贷款占比 11.32%）；（2）不良资产处置能力突出的招商银行（商业银行资产证券化领头羊）、交通银行（有望成为首批不良资产证券化试点）；（3）投贷联动试点，开启关注小微业务较好的宁波银行。

（资料来源：巨灵信息，2016 年 3 月 10 日）

（三）学习党代会精神，创新助力科技金融

交通银行盐城分行首创韩元融资。该笔业务创新点在于：这是国内银行业中首笔以韩元作为融资币种的融资业务，成为国内首创。同时，该笔业务项下的韩元融资资金来源于中国人民银行与韩国央行货币互换项下的拆借资金，由交通银行总行向中国人民银行拆入。这是中国人民银行对外签订货币互换协议以来，首次由商业银行使用国家央行间货币互换项下的资金，并投入民生领域支持实体经济，再次创下国内首笔。

此项业务的成功办理，在系统内和同业中都引起了较好的反响，提升了交通银行的市场地位，赢得了海内外银行的赞誉，实现了客户价值、银行价值和社会价值的共同提升，为交通银行首尔分行成为当地人民币清算行起到重要支撑，同时也为进一步服务在华韩资企业、促进中韩贸易发展打开了思路。

东风悦达起亚作为江苏省唯一的乘用车整车制造厂，也是盐城当地规模最大的外商投资企业，大大获益于这一业务创新。首先，通过韩元融资业务，间接实现了延期付汇；其次，在新增韩元作为融资币种后，东风悦达起亚对外币资金头寸的管理更加多元和灵活；第三，使用韩元作为付汇币种，使东风悦达起亚的境外供货商规避外汇头寸错配风险，从而提升东风悦达起亚在贸易交易中的议价能力；最后，由于韩元融资成本相对美元较低，在一定程度上也降低了财务成本。

江苏银行创新小企业转期贷业务，为优质小企业客户主动提供贷款到期后转期的融资服务，帮助企业延长信贷资金使用期限、提高资金使用效率。该业务是指针对正常经营的借款人，经江苏银行主动年审，为客户办理业务转期、重新确定贷款到期日的业务，其创新意义在于既保证了企业的正常生产经营，又帮助企业节省融资成本。截至2014年12月末，已累计为310户客户提供7.8亿转期贷款资金。

连云港某化纤有限公司成立于2007年，公司注册资本200万元，公司主营业务为尼龙丝生产及销售。随着客户发展的需要，自2010年5月起，江苏银行持续给予企业信贷支持。客户资产规模也由成立之初的190万元，发展至1510万元，并成为优质的小微企业客户。

临近去年的贷款到期日，企业开始筹集资金，准备归还200万元到期贷款。根据企业与江苏银行以往良好的合作记录，和企业当前的正常经营状况，该行业务人员主动上门，向企业推荐"小快灵·转期贷"业务。

通过"小快灵·转期贷"业务的成功办理，解决了公司的转贷难题。因企业当前订单量较大，原打算通过短期民间资金拆借的方式满足两次贷款间的暂时性资金周转。按当地民间融资成本日息3‰和平均资金调头时间20天计算，至少帮助企业节约12万元。企业成功转期，无须抽调生产经营所需的流动资金，促进了企业的持续正常生产。

南京银行创新远程银行服务。2014年12月南京银行创新的新成果——VTM

远程视频银行在科技支行成功亮相。前期,在 2014 年的第十届中国(南京)国际软件产品和信息服务博览会中 VTM 已崭露头角并取得了包括市政府领导在内的众多好评。此番在科技支行正式推出,实现了"科技服务金融、金融服务百姓"的创新理念。

VTM 作为新型自助服务设备,其简洁的交互设计和实时远程座席服务充分体现了智能创新的电子银行服务理念。智能的 VTM 防护仓能够自动识别舱内是否有客户在操作,从而自动将防护仓玻璃切换至透明或不透明状态,有效地保护了客户隐私。

VTM 远程视频银行(远程柜员机)为客户提供办理业务操作平台。业务屏上显示着各类按钮:申请银行卡、账户管理、VTM 转账汇款、个人理财、自助缴费、发票打印、风险评估、各类签约、信用卡交易和挂失等常用银行柜面业务,客户只需轻轻一点,即可选择相应功能。例如申请银行卡,只要点击"申请银行卡"按钮,凭二代身份证按照语音提示在两分钟内即可完成开卡。在办理业务过程中,客户如有疑问,远程视频系统将提供"面对面"的服务。在客户的授权下,远程柜员甚至可以帮助客户输入相关信息,从而极大地方便了客户的操作。

VTM 远程视频银行(远程柜员机)的另一个主要功能是可以完成远程"面签"和风险评估。如果想购买南京银行的理财产品,就可以通过远程柜员机直接办理风险评估,然后在远程柜员机上实现购买。远程柜员机也是目前南京银行除柜面以外唯一可以提供面签和首次风险评估的业务渠道。

南京银行将借助 VTM 上线的契机,不断创新服务客户的渠道和形式,将VTM 远程视频系统逐步引入网银、直销银行、手机银行客户端中,打造专属视频银行,为客户提供更多更方便快捷的服务,并成为大堂经理的好帮手,为支行柜面引导分流,减轻压力。

今后该系统将布放到社区银行,更多客户将可以通过 VTM 开通南京银行账户,亲身体验南京银行高科技化、高智能化的优质创新金融产品服务。

(四)主动出击,扶持科技人才

年初以来,存贷款基准利率多次降低,面对利率市场化带来的经营管理压力,各银行审时度势,主动作为,不断加大经营管理力度,支农支小,服务科技人才发展,全力支持实体经济发展。

1. 降低人才融资门槛

只要是各级政府及部门认定的人才,就可以申请总额度最高达 380 万元的贷款——江苏银行近日推出的"人才贷",大大降低了各类人才在江苏创业的融资门槛。

"人才贷"包括人才经营贷、人才消费贷以及人才信用卡在内的一揽子金融服务,主要面向各级政府、部门和省部属单位认定的人才,比如国家千人计划、万人计划入选者,省市科技企业家、省 333 工程培养对象、省双创计划专家、南京市 321、苏州姑苏人才、无锡 530、南京邮电大学 1311 人才计划等地方、部门单位人才计划入选者等,其最大的优势在于纯信用、利息低,并且期限灵活、随借随还。其中,以人才所在企业为主体的贷款最高可贷 300 万元并享受基准利率。消费贷甚至不需要创办企业就可以申请,最高额度为 50 万元,还可以申办最高额度为 30 万元的信用卡。

2. 全面服务科技型小企业

由于科技型中小企业存在业绩波动大、缺少有效抵押物、行业运行规律需要熟悉过程等特点,过去此类企业一直是商业银行传统金融服务的盲点或薄弱点。从事智能 LED 照明设备生产的南京市某企业负责人,对此就有深刻的感受。该公司生产的智能 LED 照明设备,能够和无线网络连接,并且具备自动识别光亮、识别人物动作等特点,得到了很多国外矿山企业的追捧,并在海外亚马逊等电商平台热销,海内外订单不断,发展路径清晰,势头强劲。

对此,交通银行致力于"与客户共同成长",要让科技企业在创业的不同阶段从研发、孵化、到上市都能得到及时的综合金融服务。从事尖端军工传感器研发生产的某科技型企业就是这样的典型,该企业的传感器已经应用在长征火箭、神舟飞船、国产新一代战机上。2011 年,该企业创立不久,尚不符合科技型企业授信条件,但考虑到企业自身具备核心优势,行业前景广阔,成长空间较大,交通银行对其持续保持关注,主动为其提供包括科技政策介绍、人才推介、销售撮合等服务,助力企业成长。

2013 年,公司快速发展,针对其轻资产的现状,为企业提供了"保贷通"产品,贷款 300 万元。2014 年,基于企业良好的发展势头,贷款额增加至 500 万元。2015 年,企业挂牌新三板后,有意向寻找民用领域的产业投资人,交行积极利用行内资源向其推介投资对象,真正做到了客户资源的整合。

发展科技金融符合创新的时代潮流,科技型企业是优质中小企业的一片蓝海,也应当成为银行业中小企业结构调整的战略方向,全面提升服务科技企业发展的综合水平,助力地方经济转型发展。

(资料来源:新华日报 2015 年 4 月 3 日)

(五) 担当社会责任,做最好的银行

为不断提升服务,江苏省各银行本着"为民服务,为地方经济服务"的办行宗旨和追求,推出了许多服务民生、服务小微、支持实体经济发展的新举措,涌现出一批有影响力的好事、大事。

宁波银行创新开展的一项感恩主题系列活动。该活动自 2012 年开始,已连续开展近三年,成功举办了近 251 场。该活动通过社区金融服务等"十个 100"工程(即举办 100 场金融讲座、放映 100 场电影、签约 100 名民间艺人、组织 100 次书屋漂流、推出 100 场公益演出、宣传 100 件文明新事、寻找 100 位幸福老人、举办 100 次邻里活动、寻找 100 张最美笑脸、评选 100 个幸福小区)将感恩活动深入推进;同时通过《金陵晚报》每周 4—5 次高频率、大篇幅报道,扩大了活动受众覆盖面;并且结合定期开展的"宁波银行 金融讲堂"普及金融知识、提示金融风险、宣传金融产品,进一步促进了金融知识的普及、公众金融素质的提升、金融产品服务透明度的提高。这一系列的活动为银行业金融机构树立了良好的社会形象。

中国银联江苏分公司打造银联首家便民服务站点。南京新街口地铁银联便民服务站成立于 2014 年 7 月 8 日,位于新街口地铁一、二号线换乘点,这里也是"中华第一商圈"环绕、南京人流量最为密集之处。服务站为广大市民及国内外游客提供全方位的银行卡用卡咨询服务,如介绍南京及周边地区用卡情况、推荐银联卡境内外优惠活动、开展金融 IC 卡及闪付应用体验、展示移动支付产品、宣传安全用卡常识等。此外,服务站还布放了自助设备,提供金融 IC 卡圈存充值、信用卡还款、话费充值、水电气缴费、票务预订等多种便民服务。中国银联南京地铁服务窗口不仅为广大持卡人带来了安全、便捷、优惠的支付体验,同时还提升了中国银行卡品牌的认知度,也推广和普及了创新支付产品,进一步推进了便民惠民的金融服务。

紫金农商行浦口支行为贫困户撑起一片蓝天。2015 年,是紫金农商银行浦口支行自 2007 年开办扶贫贴息贷款以来的第八个年头了。紫金农商行紧密结合"服务三农、服务中小、服务地方"的宗旨,积极按照国家惠民政策要求,克服零售业务金额小、户数多、耗时长的困难,为浦口区困难户发放扶贫贴息贷款。

扶贫贴息贷款是紫金农商行与浦口区扶贫基金会合作开发的典型的创新惠民贷款。银行根据区扶贫开发协会提供的名单逐户走访,落实贷款发放等工作,政府则针对银行发放的贷款对象提供一定程度的利息补贴,主要帮扶有志气、有劳力、有项目、有诚信的贫困户和低收入户,使其通过产业致富、就业致富、创业致富走上小康路。

一是每年年初主动加强与各镇、街扶贫基金分会的联系与协作,全面做好调查摸底工作,抓住春季种养殖的黄金时期,切实做到不误农时,及时发放春耕生产资金,做到早调查,早安排,早发放。二是规范流程,突出快字。发扬"背包下乡"的优良传统,在营业网点设立专柜、专人办理,主动上门服务,尽最大可能的简化手续将贷款发放到位,为扶贫贴息贷款开辟"绿色通道",上报扶贫贴息贷款材料时加盖"扶贫贴息"印章,优先上报,切实提高办贷效率。三是多措并举,突出"法"字。以往是对信誉较好的贫困户直接发放小额信用贷款,支持其创业致富,该行创新方法,采取分区域由借款人自愿组织进行互保方式或是对企业和大户提供信贷支持,为贫困户创造更多的就业岗位,促进贫困户通过就业脱贫,从而有力地带动了多个农户和低收入户脱贫致富,推进实现创业脱贫致富、产业脱贫致富和就业脱贫致富。

中国银行江苏省分行以"担当社会责任,做最好的银行"为己任,积极参与民生、惠民金融项目,近年来主要参与了包括拥军卡、银医项目等重点民生金融项目。

拥军卡项目:江苏省是人口大省,每年为部队输送大量的高素质优秀青年,但江苏地区的征兵工作一直处于补贴发放头绪过多、落实不力,对义务兵及其家属的服务保障不到位的状况。2014年起,经省人民政府征兵办公室、省民政厅、省教育厅共同协商,决定由省民政厅牵头,通过公开招标方式,选择合作金融机构,统一制作具有银行借记卡功能的"江苏省拥军卡"并发放给从本省入伍的青年,通过"一卡通"模式发放相应补助和经费。该行高度重视本次招标,迅速成立领导小组和工作小组,认真研究并细化服务方案,最终成功中标。

银医项目:为解决目前看病难、就医难问题,中国银行积极推进银医合作项目,截至目前,中国银行已在全国范围内与100多家重点医院开展银医合作,并获得卫生部医政司的充分肯定,成为居民健康卡试点的唯一合作银行。江苏省内,中国银行已与14家重点医院开展银医合作,包括解放军八一医院、解放军九七医院、南京市鼓楼医院等。拥军卡主附卡持卡客户可以在中行合作医院享受自助挂号、自助缴费、自助查询、自助退费等就医诊疗服务,可减少排队挂号、排队缴费的时间。除此以外,中国银行还推出"绿线挂号"功能,持卡客户可以通过中行网银、手机客户端、自助终端等渠道在全国几百家三甲医院、省内32家三甲医院享受预约挂号服务,提前预约专家或专科门诊。

建行江苏省分行积极贯彻落实省委创新驱动发展战略,对有核心技术和创新能力、具备成长潜力和良好发展前景的优质中型企业开展"发现之旅"活动;同时针对暂时面临融资困难或资金周转困难,但市场占有率稳定,具有较为先进的工艺设备和生产技术,具备较强研发能力和发展前景的企业开展"雪中送炭"活动。对两项活动确定的客户实行差别化信贷经营政策,由省分行组织行领导走访客户,在各类核准、信贷审批等方面开通"绿色"通道,及时满足客户融资需求。通过"发现之旅"、"雪中送炭"活动,银行既拓展了一批成长型、创新型客户,又帮助企业解决了发展中遇到的资金困难,支持企业挺过难关、做大做强。

(六) 金融安全,永远的主题

1. 重拳出击银行卡非法买卖

随着时代发展,薄薄一张银行卡已经逐步走入千家万户。近年来,银行物理网点的不断增多,也使得市民去办理银行卡的过程愈加便捷。银行卡也因此成为城乡居民使用最频繁的非现金支付工具。

使用银行卡的方便程度在不断提升,但随之而来的问题便是银行卡犯罪现象在日益增多。尤其是作为个人信用标志的银行卡和身份证被当作商品在网上倒卖,不仅助长了诈骗、洗钱、偷税漏税等非法活动,更侵害了金融消费者的合法权益,且严重搅乱了公平诚信的社会环境。被出售的银行卡一旦出现信用问题,最终都会追溯到核心账户,会导致个人信用受损,甚至承担连带责任。并非如大家想象的那么简单,并不是自己卡里金额没有损失便不会对自己造成影响。

人行南京分行重拳出击。2015 年 4 月 24 日,人民银行南京分行主办,江苏省支付清算服务协会,人民银行南京分行营业管理部、民生银行南京分行承办的"南京市开展整治银行卡网上非法买卖专项行动集中宣传活动"在宁举行。据介绍,本次集中宣传活动以"非法买卖银行卡、害人害己祸无穷"为宣传主题,旨在提高社会公众对非法买卖银行卡的违法性质和后果的认识,增强社会公众的风险防范意识。

此前,人民银行等六部委联合印发了《关于开展联合整治银行卡网上非法买卖专项行动的通知》。根据部署,人民银行南京分行与多部门联动,于 2015 年 1 月至 7 月,在全省开展联合整治银行卡网上非法买卖专项行动。通过专项行动,各部门查处一批非法买卖银行卡犯罪案件,有力震慑犯罪分子;清理网上非法买卖银行卡有害信息,维护持卡人合法权益;在规范银行卡申领程序、强化银行卡账户管理的同时,加强宣传教育,提高社会公众对非法买卖银行卡行为性质和后果的认识,营造良好的用卡环境。

交行江苏省分行参加了由人民银行南京分行举办的题为"整治银行卡网上非法买卖"主题宣传活动,并在活动现场布置了交通银行(601328,股吧)宣传展台,向市民宣传非法买卖银行卡的危害性及如何妥善保管好个人信息,联系方式及信用卡账单信息等相关知识。活动期间,交行江苏省分行行长助理曹宇青向人民银行介绍了近来该行业务发展及在整治银行卡网上非法买卖专项排查行动中的进展情况,人民银行南京分行对该行取得的成绩予以了充分肯定。

据了解,交通银行江苏省分行已经制定了《2015 年整治银行卡网上非法买卖专项排查行动实施方案》,对该行全辖 2014 年 1 月 1 日(含)后开展的个人借记卡和个人信用卡账户相关发卡、领用、账户验证工具领用、验证激活、挂失、补卡、销户等操作行为的规范性,以及个人银行卡账户相关各类金融信息管理、使用和信息泄露风险防范的有效性进行排查。

2. 电信诈骗防不胜防

江苏省见义勇为基金会日前下发通知,对打击治理"两盗一骗"事迹突出的见义勇为人员,将根据情况进行专项奖励,最高奖励 10 万元。其中,对银行员工拦截电信诈骗成功的,也认定为见义勇为,这一规定在全国尚属首次。

近日,交行江苏省分行南京下关支行成功堵截一起电信诈骗案件。多亏了交行工作人员机警、睿智的反应,在警方协助下及时保护了客户财产安全。

4 月 25 日下午 3:50 左右,一位客户(30 岁左右的女性)神色匆匆,手持一张交行借记卡来到交通银行南京下关支行网点大厅,要求将卡中四万元定期转为活期并汇出,大堂经理张骏指导客户填写单据过程中,发现客户所汇的账号是在外地,立马想到电信诈骗案件,就按照"三问两看一核对"的要求,对客户所汇款项的用途,对方信息等进行询问,但还没等将所有询问事项一一问完,就发现客户神色紧张地瞄了一眼手机,回答道:"这……不好说"。大堂经理这时发现客户的手机一直处于通话状态,顿时心生警觉。大堂经理张骏即向客户描述了电信诈骗的相关情形,大堂经理殷明立即将此事通知了网点的会计主管及行长。网点行长立即下楼组织,一方面立即联系了网点附近的二板桥派出所民警,另一方面让网点经验丰富的理财经理张丽稳住客户及诈骗分子,张丽将客户带进网点理财室,通过手势、耳语等方式指导客户稳住诈骗分子不让其发现,直到警察赶来。

二桥派出所警察迅速赶到交行网点,对客户进行了具体询问。经调查,客户称下午接到了一通电话,对方自称是上海浦东公安局,告知客户由于身份证信息被盗用,卷入了一场洗钱活动中,为证明该客户清白与此案无关,需将其账户内的钱转入北京一指定个人账户中,核查无误后,再退回客户账户。

在了解整个事件后,警方确认这是一起典型的电信诈骗案件,并对客户进行了现场教育,同时对电话另一端的诈骗分子进行了厉声斥责,诈骗分子顿时原形毕露,迅速挂断电话。客户也终于再无怀疑,对交行人员帮助其保住了财产表达了深深的谢意,警察对交行下关之后员工成功防范电信诈骗提出了表扬。

(资料来源:银行新闻,2015 年 3 月 10 日)

3."假银行"非法吸储

江苏南京市浦口区公安局近日公布的案情显示,当地一家"假银行"一手以高息利诱吸收公众存款,一手以更高的利息放贷赚取差价,骗取的"存款"达到 2 亿元之巨。

国家工商总局的全国企业信用信息公示系统显示,这家"假银行"的全称为"南京盟信农村经济信息专业合作社",成立于 2012 年 5 月 2 日。在被核准后的一年多时间里,这家原本只被允许"提供农业生产经营相关的经济信息咨询"、注册类型为"农民专业合作社"的咨询机构,却通过模仿银行向居民吸收"存款",使近 200 位"储户"受骗上当。

"假银行"地处南京浦口区的中心区域。工商资料显示,2013 年 4 月 23 日,浦口区工商局对其予以核准。其唯一的一处营业部,位于当地一中高档住宅小区的周边商铺中,面积约 100 平方米,距区政府不到 1 公里,距离所属工商所仅一个街区。

目前,该营业部已被公安经侦部门查封。中国人民银行一位分支行知情人士表示,经调查,一些模仿金融机构吸收存款的机构,涉嫌蓄意欺骗金融消费者,令普通储户难辨真伪。

例如,在"假银行"装修精致的营业大厅内,取号机、咨询台一应俱全,还仿照商业银行,设有 5 个内外隔离的办理柜台,挂有"创一流品质,建百年盟信"等标语。此外,由于地处近年开发建设力度较大的城区,其周边还有平安银行、民生银行、建设银行、江苏紫金农商银行等众多正规商业银行和政策性银行网点,"假银行"从外观看几乎"以假乱真"。

"假银行"采取高利息、高收益的"贴息存款"来吸引储户。据了解,其通过远高于其他银行规定的合法利息,引诱居民将钱存入后,再靠对外放贷赚取利润,实质是"先从事非法集资、再把钱投向民间借贷"。中国人民银行上海总部一位负责人指出,"这种假银行显然就是恶意的、有目的、有计划的欺骗行为。"针对此类事件,各方采取积极行动,严厉打击。

(资料来源:人民网,2015 年 2 月 4 日)

第八章　江苏证券业的发展分析

一、江苏证券业的发展现状分析

（一）经营机构情况

从证券经营机构的情况来看,截至 2015 年末,江苏省共有 6 家法人证券公司,分别是华泰证券、南京证券、国联证券、东海证券、东吴证券和华英证券。期货经纪公司数与前 3 年相比没有变化,依然是 10 家,分别是江苏东华期货、国联期货、创元期货、东海期货、新纪元期货、弘业期货、文峰期货、锦泰期货、南证期货、道通期货。但公司的营业部数量均有增加,证券公司营业部增加至 683 家,期货经纪公司营业部增加至 135 家。投资者开户数增加较明显,证券投资者开户数 1075 万户,新增 264 万户,期货投资者开户数为 242964 户,新增 19079 户,同比增加 32.6％和 8.5％。截至 2015 年底,江苏省证券经营机构证券交易量为 351317.58 亿元,同比增长 256％,期货经营机构代理交易量为 305574.82 亿元,同比增长 55.3％。

总体而言,相比于 2014 年,2015 年江苏证券公司以及期货公司数量没有变化,但营业部数以及投资者开户数都有明显增加。截至 2015 年末,6 家证券公司营业部数增加了 9.5％,证券投资者开户数增长了 32.6％;10 家期货经纪公司营业部数量下降了 8％,期货投资者开户数增长 8.5％。证券及期货经营机构代理交易量增长迅速,说明江苏证券业总体规模得到了提升,投资者的投资热情不断高涨。

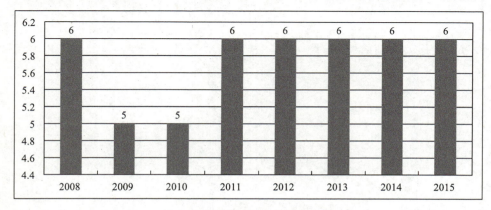

图 8-1　江苏省历年证券公司数

资料来源:江苏统计年鉴 2009—2016。

从图8-1和图8-2可以看出,自2008年以来江苏省证券公司数量变化并不大,2011年起始终保持在6家的规模。期货经纪公司数量变化也不大,2008年至2012年维持在11家的规模,2013年减少了1家,即东吴期货公司,2014年以后均维持在10家的规模。

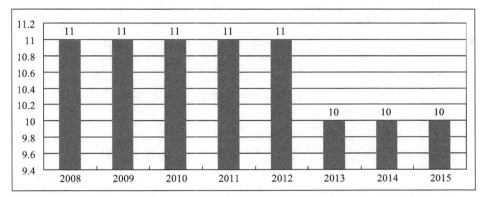

图8-2 江苏省历年期货经纪公司数

资料来源:江苏统计年鉴2009—2016。

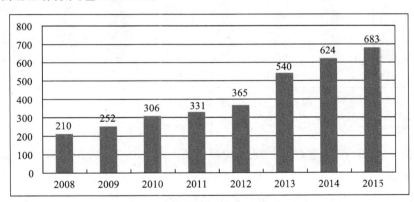

图8-3 江苏省历年证券营业部数

资料来源:江苏统计年鉴2009—2016。

从图8-3可以看出,截至2015年底,江苏省共有证券公司营业部683家,较2014年增加了59家,同比增长9.5%。

2008—2015年,全省净增加证券公司营业部473家,其中2013年和2014年增长最快,分别增加175家和84家,增幅分别为47.9%和15.6%。

从图8-4可以看出,截至2015年底,江苏共有期货经纪公司营业部数为135家,较2014年增加了10家,上升了8%。

2008—2015年,全省共增加期货经纪公司营业部103家,其中2009年和2010年增长最快,分别增加26家和16家,增幅分别为82.3%和27.6%。

从图8-5可以看出,截至2015年底,江苏省共有证券投资者开户数为1075万户,较2014年增加了264万户,增幅为32.6%。

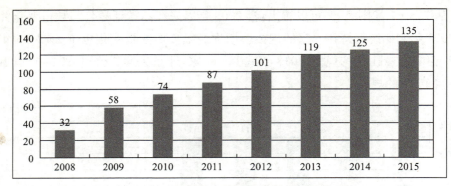

图8-4 江苏省历年期货经纪公司营业部数

资料来源:江苏统计年鉴2009—2016。

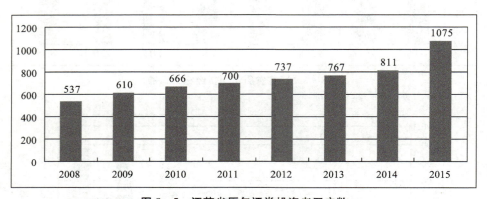

图8-5 江苏省历年证券投资者开户数

资料来源:江苏统计年鉴2009—2016。

2008—2015年,全省净增加证券投资者开户数538万户,2014年增长最快,增幅达到32.6%。

从图8-6可以看出,截至2015年底,江苏省共有期货投资者开户数为242964户,较2014年增加了19078户,增幅为8.5%。

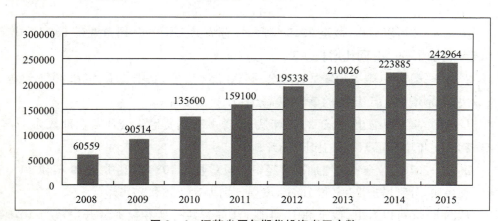

图8-6 江苏省历年期货投资者开户数

资料来源:江苏统计年鉴2009—2016。

2008—2015 年,全省共增加期货投资者开户数为 182405 户,2009 年和 2010
年增长最快,增幅分别达到 49.5% 和 49.8%。近两年增长速度有所下降。

以上是江苏省历年证券经营机构的一个纵向对比分析结果。那么从全国来
看,江苏省的证券经营机构发展处于什么样的一个位置呢?

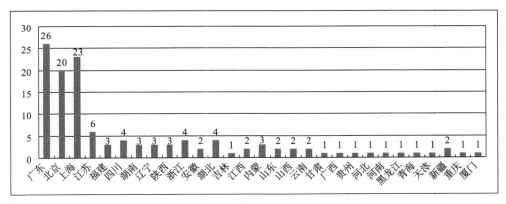

图 8-7 2015 年各省(市)证券公司数
资料来源:根据中国证券业协会数据整理。

截至 2015 年底,全国共有证券公司 125 家,从图 8-7 可以看出,江苏证券公
司总数占全国的 4.8%,在全国 31 个省市中排名第四,与排名第一的广东(26 家),
排名第二的上海(23 家),排名第三的北京(20 家)相比差距较大。

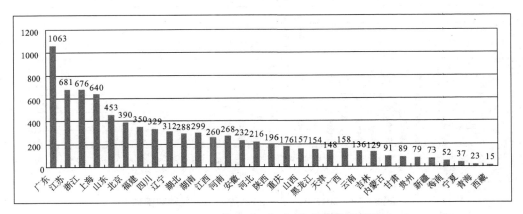

图 8-8 2015 年各省(市)证券公司营业部数
资料来源:中国证券业协会《证券行业发展报告 2016》。

从图 8-8 可以看出,截至 2015 年底,全国证券公司营业部共 8170 家,其中江
苏证券公司营业部 681 家,总数全国排名第二,占比 8.3%,与排名第一的广东省
1063 家的差距逐渐缩小。

从图 8-9 可以看出,截至 2015 年底,全国期货公司共 133 家,与同期基本持
平。江苏证券公司营业部总数排名第四,占比为 7.5%,与排名第一的上海 33 家,

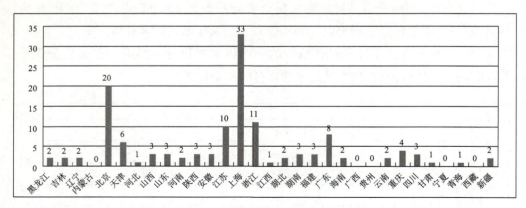

图 8－9　2015 年各省(市)期货经纪公司数

资料来源:根据中国期货业协会数据整理。

排名第二的北京 20 家相比较,相差较大。

从图 8－10 可以看出,截至 2015 年底,全国期货公司营业部共 1227 家,较 2014 年减少了 258 家,减幅为 1.76%。江苏期货经纪公司营业部总数(135 家)排名第二,占全国总数的 11%,与 2014 年相比,上升一个名次,占比上升不少,与排名第一的浙江 136 家,排名第二的上海 135 家,差距在缩小,原因是北京、上海等原来营业部数最多的几个地区 2015 年度都减少了数量。

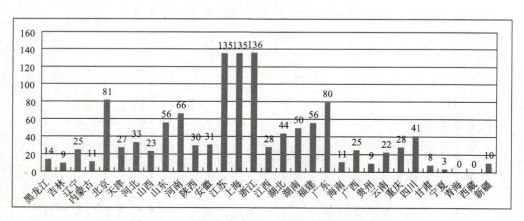

图 8－10　2015 年各省(市)期货经纪公司营业部数

资料来源:根据中国期货业协会数据整理。

表 8-1 是江苏省 6 家证券公司总资产规模、排名情况以及与 2014 年各项指标的对比。6 家公司的总资产规模较 2014 年都有所增加,从排名来看,6 家公司在全省的排名与 2014 年相比也没有发生变化。6 家证券公司除了华泰证券和东吴证券,其他均在全国的排名发生了改变,南京证券的排名有了进步,东海证券、国联证券和华英证券的排名均有滑坡。

表 8-1 2014—2015 年度江苏省证券公司总资产排名情况

公司	年份	华泰证券	东吴证券	南京证券
资产总额 （万元）	2015 年	32355030	7052344	4171309
	2014 年	20044260	5062153	2170712
省内排名	2015 年	1	2	3
	2014 年	1	2	3
全国排名	2015 年	5	21	35
	2014 年	5	21	46
	年份	东海证券	国联证券	华英证券
资产总额 （万元）	2015 年	3072379	2738994	108140
	2014 年	2151116	1685144	92402
省内排名	2105 年	4	5	6
	2014 年	4	5	6
全国排名	2015 年	53	58	111
	2014 年	47	55	105

资料来源：中国证券业协会 2014、2015 年度证券公司业绩排名数据。

表 8-2 是江苏省 6 家证券公司净资产的规模、排名情况以及与 2014 年各项指标的对比情况。全省 6 家证券公司 2014 年净资产均有所显著增加，其中华英证券增长相对慢一些。从排名来看，6 家公司中南京证券与东海证券在全省的排名发生了变化，由 2014 年度的第四位和第三位转变为 2015 年的第三位和第四位。从全国（125 家）排名来看，华泰证券前进了一名，南京证券和国联证券的排名略有上升，而东吴证券、东海证券和华英证券的排名略有下降。

表 8-2 2014—2015 年度江苏省证券公司净资产排名

公司	年份	华泰证券	东吴证券	南京证券
净资产额 （万元）	2015 年	7444532	1623876	922225
	2014 年	3708578	1380782	458405
省内排名	2015 年	1	2	3
	2014 年	1	2	4
全国排名	2015 年	4	22	40
	2014 年	5	17	52

续　表

	年份	东海证券	国联证券	华英证券
净资产额 （万元）	2015 年	814416	767012	88166
	2014 年	608608	407349	80110
省内排名	2015 年	4	5	6
	2014 年	3	5	6
全国排名	2015 年	47	50	106
	2014 年	41	55	101

资料来源:中国证券业协会 2014、2015 年度证券公司业绩排名数据。

表 8 - 3　2014—2015 年度江苏省证券公司营业收入排名

公司	年份	华泰证券	东吴证券	东海证券	南京证券	国联证券	华英证券
净资产额 （万元）	2015 年	2161138	628278	452550	286102	271177	32610
	2014 年	967465	274625	256673	133443	136102	21570
省内排名	2015 年	1	2	3	4	5	6
	2014 年	1	2	3	5	4	6
全国排名	2015 年	9	22	33	51	54	115
	2014 年	8	25	27	56	54	105

资料来源:中国证券业协会 2014、2015 年度证券公司业绩排名数据。

　　表 8 - 3 是江苏省 6 家证券公司的营业收入规模、排名情况以及与 2014 年各项指标的对比情况。6 家证券公司的营业收入较 2014 年均有明显的增长,其中华泰证券和东吴证券增长幅度最大,分别达到了 123%和 129%。从排名情况来看,6家证券公司中国联证券和南京证券在省内的排名发生了对调,在全国范围内来看,东吴证券、南京证券的收入排名均有上升,国联证券排名没有发生变化,而华泰证券、东海证券、华英证券的名次却略有下降。

表 8 - 4　2014—2015 年度江苏省证券公司净利润排名

公司	年份	华泰证券	东吴证券	东海证券	国联证券	南京证券	华英证券
净资产额 （万元）	2015 年	914522	265868	175821	138857	135783	8057
	2014 年	390087	87989	84380	61529	53264	4625
省内排名	2015 年	1	2	3	4	5	6
	2014 年	1	2	3	4	5	6

公司	年份	华泰证券	东吴证券	东海证券	国联证券	南京证券	华英证券
全国排名	2015 年	9	21	36	44	46	112
	2014 年	6	27	28	40	49	100

资料来源:中国证券业协会 2014、2015 年度证券公司业绩排名数据。

　　表 8-4 是江苏省 6 家证券公司的净利润规模、排名情况以及与 2014 年各项指标的对比情况。全省 6 家证券公司在 2014 年都表现出较快的增长 其中东吴证券的净利润增长幅度最大,达到 202%。从排名情况来看,6 家证券公司在省内的排名较 2014 年没有发生变化。但从全国范围内来比较,江苏省的 2 家证券公司在 2014 年度净利润的排名有前移,其中东吴证券上升较快,从 27 位上升到 21 位,剩余四家证券公司排名均略有下滑。

　　证券行业的另一块是期货交易。

　　表 8-5 反映的是,截至 2015 年底,江苏省 10 家期货经纪公司净资产规模、排名以及与 2014 年度的对比情况。在全国的 149 家期货经纪公司净资产规模排名中,仅有弘业期货居前 10 位;弘业期货的净资产增长最为迅速 全国的排名也由 13 位上升至 10 位;另外除弘业期货外的 9 家公司净资产较同期有所增加。从省内对比来看,规模差异比较大,排名第 9 名、第 10 名的文峰期货和东华期货的规模不及排名第一的弘业期货的 10%。在省内排名来看,与 2014 年相比较,道通期货的资产规模增幅较大,排名由第 6 名升为第 5 名,新纪元期货则由第 5 名降为第 6 名。

表 8-5　2014—2015 年度江苏省期货经纪公司净资产排名

	年份	弘业期货	国联期货	锦泰期货	东海期货	道通期货
资产净额（万元）	2015 年	156245.62	67744.7	66582.25	60512.7	19269.43
	2014 年	114398.95	67641.03	64292.47	57941.38	17519.57
省内排名	2015 年	1	2	3	4	5
	2014 年	1	2	3	4	6
全国排名	2015 年	10	35	37	45	96
	2014 年	13	25	31	39	86
	年份	新纪元期货	创元期货	南证期货	文峰期货	东华期货
资产净额（万元）	2015 年	18770.32	15242.81	14782.9	11077.96	9188.23
	2014 年	17622.74	15030.85	14251.29	10874.23	9565.40

续　表

	年份	新纪元期货	创元期货	南证期货	文峰期货	东华期货
省内排名	2015 年	6	7	8	9	10
	2014 年	5	7	8	9	10
全国排名	2015 年	97	107	109	126	135
	2014 年	82	94	97	117	123

资料来源:中国期货业协会网站。

表 8 - 6　2014—2015 年度江苏省期货经纪公司净利润排名

	年份	新纪元期货	弘业期货	锦泰期货	国联期货	东海期货
资产净额（万元）	2015 年	6738.79	5431.27	3444.31	3039.95	2522.05
	2014 年	2230.14	4359.15	2309.41	2217.33	2270.01
省内排名	2015 年	1	2	3	4	5
	2014 年	3	1	2	5	4
全国排名	2015 年	26	31	43	49	56
	2014 年	48	30	45	49	47
	年份	道通期货	创元期货	南证期货	东华期货	文峰期货
资产净额（万元）	2015 年	1749.86	591.32	531.61	240.82	203.73
	2014 年	1609.76	474.20	302.07	578.38	164.53
省内排名	2015 年	6	7	8	9	10
	2014 年	6	8	9	7	10
全国排名	2015 年	69	99	102	114	116
	2014 年	61	99	103	92	110

资料来源:中国期货业协会网站。

　　表 8-6 反映的是,截至 2015 年江苏省 10 家期货经纪公司收益能力、排名以及与 2014 年的对照情况。在全国的 149 家期货经纪公司净利润排名中,进入前 10 名的没有一家江苏期货公司,之前收益能力不错的弘业期货 2015 年度虽有所上升,但仍表现不佳;表现较好的有新纪元期货、锦泰期货,它们在全国的排名有所上升;除东华期货之外,其他期货净利润与同期相比均有所上升。从收益排名来看,省内排名新纪元期货、国联期货、创元期货、南证期货名次上升明显,其余不变或者下降。从全国范围来看,除了新纪元期货、锦泰期货、南证期货排名有所上升之外,其余 7 家公司的排名均有所下滑,其中东华期货下滑最为明显。

表 8-7　2014—2015 年度江苏省期货经纪公司分类评价结果

序号	公司名称	2014 年	2015 年	序号	公司名称	2014 年	2015 年
1	弘业期货	A	A	6	道通期货	BBB	BBB
2	国联期货	A	A	7	文峰期货	BB	BB
3	东海期货	A	A	8	创元期货	CCC	B
4	新纪元期货	BBB	BBB	9	东华期货	CCC	CCC
5	锦泰期货	BBB	BBB	10	南证期货	CC	CCC

资料来源:中国期货业协会网站。

表 8-7 是 2014—2015 年度中国期货业协会发布的江苏 10 家期货公司的分类评价结果。分类评价是证监会根据 2011 年 4 月发布的《期货公司分类监管规定》,以期货公司风险管理能力为基础,结合公司市场竞争力、培育和发展机构投资者状况、持续合规状况,来确定各期货公司的分类监管类别,是期货公司各期风险水平的反映。

表 8-7 反映江苏 10 家期货公司评价结果较同期都有所提升或不变,创元期货表现最佳,这说明江苏期货公司的风险管理水平均有提高。

(二)行业业务发展情况

1. 证券行业业务发展现状

2015 年江苏省内 6 家证券公司共实现营业收入 407.29 亿元,较 2014 年有大幅增长,全年实现净利润 221.32 亿元,6 家券商全部实现盈利。

表 8-8　江苏省内券商 2015 年各业务收入情况表

	经纪业务	投行业务	资管业务	投资与交易业务	其他业务	总收入
收入(亿元)	238.52	42.67	28.26	78.08	19.76	407.29
占总收入比重(%)	58.56%	10.48%	6.94%	19.17%	4.85%	100%

数据来源:券商财务报告。

表 8-8 为 2015 年江苏省内券商主营业务的收入情况及其构成。从收入构成来看,6 家公司 2015 年实现经纪业务收入 238.52 亿元,占比 58.56%;投行业务收入 42.67 亿元,占比 10.48%;资管业务收入 28.26 亿元,占比 6.94%;投资与交易业务收入 78.08 亿元,占比 19.17%。

表 8-9　江苏省内券商 2008—2015 年各业务收入情况比较(单位:亿元)

年份	经纪业务	投行业务	资管业务	投资与交易业务	总收入
2008 年	59.12	2.00	2.02	12.00	73.13
2009 年	98.03	7.40	2.11	21.93	129.51
2010 年	72.02	19.04	4.14	17.33	112.54

续　表

年份	经纪业务	投行业务	资管业务	投资与交易业务	总收入
2011 年	55.74	16.91	2.78	1.33	76.76
2012 年	39.71	10.50	1.83	28.86	80.90
2013 年	55.49	14.31	4.87	29.90	104.29
2014 年	114.40	27.59	18.13	42.11	214.53
2015 年	238.52	42.67	28.26	78.08	407.29

数据来源:券商财务报告。

　　表 8-9 和图 8-11 为 2008—2015 年券商各业务收入构成变化。总体来说,行业收入构成的特点是经纪业务、投行业务等传统业务收入 2009 年至 2012 年呈下降趋势,2013 年开始稳步上升,总体占比较高,2014 年已超过了 2009 年的水平,尤其经纪业务收入在 2015 年增幅较大。一直以来资产管理业务规模较小,但 2014 年、2015 年都有显著提高。投资与交易业务收入自 2009 年至 2011 年逐渐减小,但从 2012 年起增幅较大。

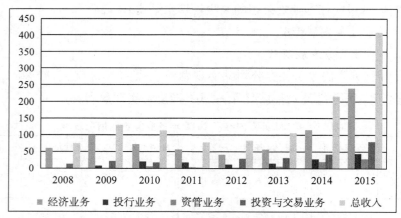

图 8-11　2008—2015 年江苏省内券商营业收入及其构成变化情况
数据来源:券商财务报告。

（1）经纪业务

　　经纪业务收入主要来自券商代理买卖证券的佣金,是证券公司主要的收入来源。影响经纪业务收入的影响因素主要为股指涨跌以及佣金率。2015 年,股票市场先扬后抑,呈现巨幅震荡行情,股票成交金额增长明显,根据沪深交易所统计数据,2015 年两市股基交易量 541.73 万亿元,较 2014 年同比增长 242.37%。随着股票市场交易量的大幅增长,证券公司代理买卖证券业务净收入实现显著提升,2015 年全国证券公司代理买卖业务净收入达 2690.96 亿元,同比增长 156.41%,其中江苏省内证券公司代理买卖业务净收入 184.24 亿元,同比增长 149.21%。

　　由于我国采取的是浮动佣金制,随着互联网证券业务的持续推广以及一人多户政策的开放等因素影响,券商经纪业务竞争更趋激烈,行业平均佣金率水平呈明显的下降趋势,市场化进程显著提速。2009 年全行业平均佣金率在 0 135％左右,2010 年 0.12％,2011 年 0.11％,2012 年 0.08％,2013 年下滑至 0.07％,2014 年0.081％,2015 年全行业平均佣金率水平为 0.058％,较 2014 年实现了 28％的降幅。

　　2009 年至 2012 年,江苏省内券商的经纪业务收入总体呈现下降趋势。由2009 年的 980340 万元持续降至 2012 年的 397109 万元。2015 年,随着互联网证券业务的持续推广、港股通业务顺利开展、一人多户政策放开等,我省券商积极推动证券经纪业务转型。围绕客户分类,持续积累客户资源,扩大客户资产规模,调整客户结构和业务结构,打造依托互联网渠道的多层次网络化综合理财服务体系。截至 2015 年末,江苏省证券公司实现经纪业务收入 238.52 亿元,同比增长 105.5％,进一步逆转 2009 年后持续下降的趋势。

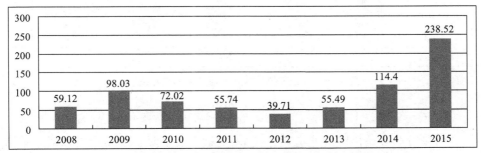

图 8－12　江苏省内券商 2008—2015 年经纪业务收入变化(亿元)

　　经纪业务的转型已经势在必行,伴随券商营业部开设的进一步加快,佣金率明显高于平均水平的地方性券商会受到更大的冲击。随着证券市场市场化进程的加快,券商经纪业务竞争更趋激烈,传统经纪业务模式也将面临实质性变革,因此在大力推进互联网证券业务创新的同时,需要不断推出新业务、拓展新的服务模式。

表 8－10　江苏省内券商代理交易金额情况比较①

	2015 年(单位:亿元)	2014 年(单位:亿元)
华泰证券	556518.7	195031.4
东吴证券	65029.4	21311.2
东海证券	33936.0	15994.5
南京证券	261.9	167.4
国联证券	30470.7	8303.2
总计	686216.7	240807.7

数据来源:券商财务报告。

---

① 　华英证券尚未开展证券经纪业务。

　　为了提高经纪业务收入,江苏省券商大力发展创新业务,如搭建互联网营销服务平台等,满足客户多元化理财服务需求。表 8 - 10 为 2014—2015 年江苏省内券商代理交易金额的数据,2015 年共实现代理交易金额 686216.7 亿元,同比增长185%,较 2014 年实现大幅增长。

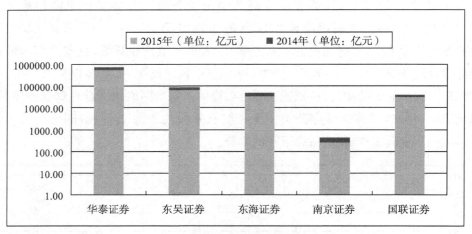

图 8 - 13　江苏省内券商代理交易额前后对比

　　(2) 投行业务

　　券商投行业务是传统的通道业务,收入贡献主要来源于股票承销和债券承销,包括 IPO、增发、配股、可转债、公司债等。2015 年国内经济运行下行压力持续加大,面临增长速度换挡、发展方式转变、经济结构调整与增长动力转换的新常态。上半年随着 IPO 的开闸和二级市场的亢奋,股权承销业务规模显著提升,较 2014年大幅增长;下半年受资本市场异常波动等因素影响,7 月 IPO 暂停直至 12 月重新开闸,同时再融资大幅受限;随着债券配套制度和市场基础设施建设的持续完善,债券发行门槛不断放宽,审批效率不断提高,债券发行量大幅增长,债券市场持续扩容;随着并购重组政策红利的修订发布,并购重组市场环境不断优化,并购重组市场交易数量与金额显著提升。2015 年,沪深交易所市场证券承销金额为32049.96 亿元,同比增长 280.98%。江苏省内券商大力推进股权业务、债券业务、并购重组与财务顾问业务、创新业务均衡发展,取得了不错成效,共实现收入 42.67亿元,同比增长 54.66%,占省内券商 2015 年总收入的 5.37%。

　　图 8 - 14 为 2008—2015 年江苏省内券商投行业务收入情况变化。自 2010 年起,江苏省券商投行收入呈现下降的趋势,这主要是由于这部分收入依赖于市场融资规模从而受制于监管层的发行节奏,特别是股权融资规模的变化。近几年来国内股权融资规模变化幅度较大,主要原因是监管层根据市场变化对股权融资进行了行政性控制。例如,2012 年国内股权融资(含 IPO、增发、配股)规模为 4470.60

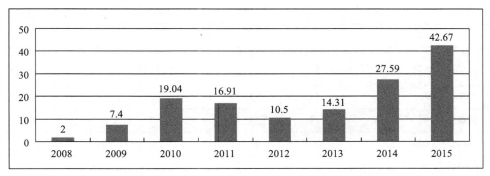

图 8 - 14　江苏省内券商 2008—2015 年投行业务收入变化(亿元)

亿元,较 2011 年的 6820.94 亿元下降了 34.46%,在 2010 年,这一数字为 9859.885 亿元。因股票承销费率(2.5%左右)较债券高出很多,股权融资承销收入是券商投行业务主要的收入来源,因此券商这部分收入在股权融资规模整体下降的背景下出现普遍下滑。

这一下降趋势自 2013 年以来有所改善,2014 年,券商大力巩固传统投行业务的同时,全力推进创新业务和综合金融业务,大胆创新,积极转型,实现业务收入大幅提升。进入 2015 年,江苏省券商在投行业务上突飞猛进,业务类型多元化,IPO、定向增发、并购重组、债券承销等各类业务全面开展,投行业务所占的结构比重增长了近一倍。表 8 - 11 为江苏券商股票、债券主承销家数、承销金额、净收入及排名情况。2015 年,新三板业务增长迅猛,新三板挂牌企业数量持续增长,券商新三板挂牌推荐、定增及做市业务量激增,随着新三板市场基础制度的愈发完善以及制度红利的加速释放,新三板审核流程持续改进,审核效率不断提升,市场流动性持续改善,新三板市场蕴藏巨大潜力。江苏省券商抓住市场机遇,适时调整业务结构,全面推进各项业务。截至 2015 年末,江苏券商共完成推荐挂牌项目 249 家,同比增长 223.4%。

表 8 - 11　2015 年江苏省内券商投行业务承销情况

	股票主承销					
	家数	全国排名	金额(亿元)	全国排名	净收入(万元)	全国排名
华泰证券	38.4	5	477.89	8	67896	8
东海证券	13.0	17	148.63	23	26007	23
东吴证券	10.0	25	108.62	28	16817	29
国联证券	6.5	35	56.58	42	13399	34
南京证券	2.0	54	65.30	35	2697	61

续　表

	债券主承销					
	家数	全国排名	金额 (亿元)	全国排名	净收入 (万元)	全国排名
东吴证券	24.8	14	294.52	19	29168	27
华泰证券	11.6	33	258.12	24	31249	26
国联证券	10.0	38	77.45	45	10684	45
东海证券	5.5	49	34.00	61	56217	12
南京证券	4.0	59	16.40	71	5091	56

数据来源:中国证券业协会2015年度证券公司业绩排名数据。

表 8‑12　2014—2015 年江苏省内券商新三板推荐项目情况

	2014 年推荐挂牌项目数量	2015 年推荐挂牌项目数量
东吴证券	37	105
南京证券	20	20
华泰证券	10	45
东海证券	6	49
国联证券	4	30

数据来源:券商财务报告。

（3）资管业务

券商资管业务发展多年,但在 2013 年以前规模一直较小,2014 年以来取得较大飞跃。目前资管业务收入主要来自两部分,一是券商发行的理财产品的管理费,包括为单一客户办理的定向资产管理业务、为多个客户办理的集合资产管理业务以及为客户办理特定目的的专项资产管理业务;二是银证合作的通道业务,即银行提供资金和项目,借券商通道代理发行定向理财产品,从而实现与银行资金对接。在推动证券公司资产管理业务发展过程中,除经济增长和居民可支配收入外,利率市场化、居民资产配置等都已成为新的重要经济因素。

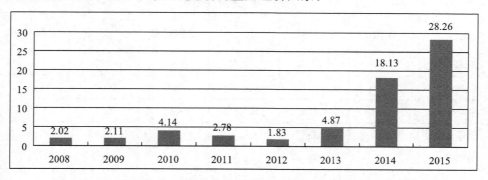

图 8‑15　江苏省内券商 2008—2015 年资产管理业务收入变化(亿元)

数据来源:券商财务报告。

　　2015 年,随着监管机构改革的持续推进,资产管理业务的深度与广度不断提升,券商资管与银行、信托、基金、保险等金融机构的合作不断深化,多元化竞争格局日渐形成。在制度创新和监管放松的重要契机下,券商资管迅猛发展,业务规模及业务收入均显著提升,截至报告期,券商资管业务规模达 11.89 万亿元,同比增长 49.56%。其中,江苏省内券商共实现资管业务收入 28.26 亿元,同比增加 55.87%,在省内券商总收入中的占比 6.94%。

　　券商集合理财产品与公募产品相比,具有规模小、投资门槛高等特点,属于券商主动管理产品,是非通道业务,主流的债券、混合型理财产品的管理费用多集中在 1—1.5% 左右,对券商资产管理业务的贡献作用较为明显。2012 年 10 月证监会发布了《证券公司客户资产管理业务管理办法》,主要的变化包括资管产品成立审批制改备案制、资管产品投资范围扩大,在一定程度上增加了券商自主权,有利于券商根据具体的市场情况快速推出相应资管产品。新政出台后券商资管产品增加十分明显。

　　自 2013 年集合资产管理计划由审批制改为备案制,以及投资范围扩大以来,券商集合资产管理计划呈爆发式增长。中国的资产管理业务进入“竞争、创新、混业经营”的大资管时代后,证券公司、期货公司、公募基金管理公司、私募基金、银行、保险公司和信托公司等金融机构间合作更加紧密。2015 年,监管机构放松管制,创新型业务和产品不断推出,证券公司资产管理业务规模继续迅速扩张。表 8-13 为 2014—2015 年江苏省券商受托管理资金规模及全国排名情况,截至 2015 年末,江苏省内券商受托管理金额总计 9688 亿元,同比增长 63.48%。

表 8-13　江苏省内券商受托管理资金规模及排名情况

	2015 年		2014 年	
	受托管理资金规模 (单位:亿元)	全国排名	受托管理资金规模 (单位:亿元)	全国排名
华泰证券	6144	3	3427	5
东吴证券	2050	17	1241	20
东海证券	1032	31	908	29
南京证券	264	60	186	61
国联证券	198	65	164	63
合计	9688		5926	

数据来源:券商财务报告。

　　2015 年国内货币政策适度宽松,社会资金大规模回流证券市场,随着资产管理行业监管政策进一步放松管制、鼓励行业创新、提升产品发行效率,资产管理行业面临较好的发展机遇。但由于资产管理行业准入门槛不断降低、行业竞争趋于激烈,加上 2015 年资本市场发生剧烈波动的极端行情,券商资产管理业务仍面临主动管理能力不强、市场环境变幻莫测的挑战。

(4) 投资与交易业务

投资与交易业务是以公司自有资金和依法筹集的资金进行权益性证券、固定收益证券、衍生工具及其他另类金融产品的投资交易。2015 年证券公司自营业务规模增加,收益大幅提升。截至 2015 年末,江苏省内券商共实现投资与交易业务收入 78.08 亿元,占省内券商 2015 年总收入的 19.17%。

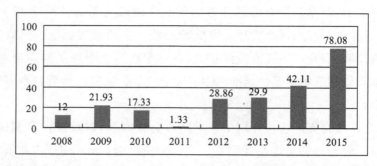

图 8‐16　江苏省内券商 2008—2015 年投资与交易业务收入变化(亿元)
数据来源:券商财务报告。

2015 年,世界经济复苏之路崎岖艰辛,国内宏观经济继续疲弱下行,经济结构调整压力依然较大,全年 GDP 同比增长 6.9%。在改革预期强烈、宏观流动性放松等因素影响下,股票市场涨幅明显,但市场波动幅度较大。债市方面,受国内宏观经济基本面疲弱、央行连续降息降准、货币政策宽松、市场资金面充裕等因素影响,债券市场利率整体呈下行走势,收益率曲线大幅下移,债券市场延续上涨行情。

2. 期货行业业务发展现状

目前,期货公司的创新业务虽增长迅速,但基数小、贡献度低,手续费收入仍是期货公司的主要收入来源。表 8‐14 为 2014—2015 年度江苏省内期货公司的手续费收入情况。

表 8‐14　2014—2015 年度江苏省内期货公司的手续费收入表(单位:万元)

序号	公司名称	2014 年	2015 年	序号	公司名称	2014 年	2015 年
1	弘业期货	16447.99	16500.92	6	创元期货	3882.31	4808.1
2	国联期货	9871.76	10975.57	7	南证期货	3784.42	4044.11
3	东海期货	9871.16	10969.71	8	道通期货	3757.02	2840.35
4	新纪元期货	8360.15	9367.18	9	东华期货	1891.97	2009.12
5	锦泰期货	5573.65	4954.93	10	文峰期货	1700.00	1575.85

数据来源:中国期货业协会网站。

图 8-17 可以看出,与 2014 年相比,2015 年度江苏期货公司的总体手续费收入是上升的,2014 年江苏期货手续费收入为 65140.43 万元,2015 年江苏期货手续费收入为 68045.84 万元,同比上升 4.5%。

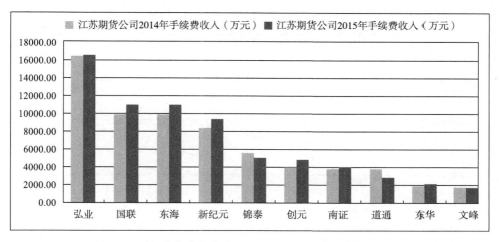

图 8-17　江苏省内期货公司 2014—2015 年手续费收入情况

数据来源:中国期货业协会网站。

(二) 从业人员情况

截至 2015 年末,江苏省共有证券从业人员 10908 人,比上一年度同期增加 16.15%;期货从业人员有 2279 人,比上一年度同期下降 7.66%。

表 8-15　2008—2015 江苏省证券业从业人员人数(人)

	2008 年	2009 年	2010 年	2011 年	2012 年	2013 年	2011 年	2015 年
证券从业人员数(人)	4676	6543	9278	11381	11280	9333	9391	10908
期货从业人员数(人)	1001	1336	1821	2199	2336	2636	2468	2279

数据来源:江苏统计年鉴 2013—2016。

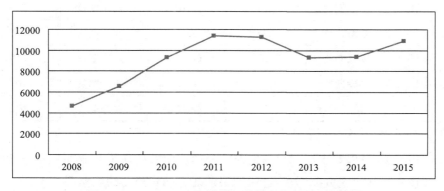

图 8-18　2008—2015 江苏证券从业人员的变化趋势

数据来源:江苏统计年鉴 2013—2016。

表 8-15 为 2008—2015 年江苏省证券及期货从业人员数,图 8-18、8-19 进一步分析了江苏省 8 年间证券从业人员的变化趋势。

从图 8-18 可以看出,经过 2007 年的牛市以后,虽然我国股票市场一直处于调整阶段,但江苏的证券从业人员数量却稳步增加,而且有加快增长的态势。但是近三年来,由于整个证券市场比较萎靡,证券从业人员数少于 2012 年,但 2013—2015 年逐年小幅增加。

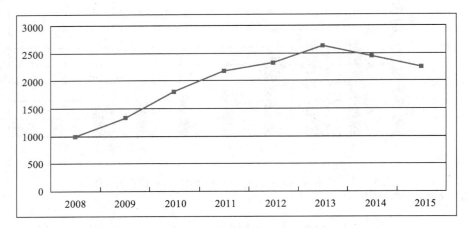

图 8-19　2003—2015 江苏期货从业人员的变化趋势
数据来源:江苏统计年鉴 2013—2016。

近十年来,我国商品期货和股指期货市场的发展迅速,江苏省期货市场从 2003 年到现在也呈现出较快增长态势。从图 8-19 可以看出,从 2007 年开始,江苏省期货从业人员数量增长幅度明显加大,2010 年一年的增加数超过了 2003—2007 五年总的增加数,2013 年达到历史最高,2014 年、2015 年有所下降,说明虽然证券市场近年有些萎靡,但人们对期货市场的关注度呈高涨态势。

表 8-16　2015 年度江苏省各期货公司的从业人员数

公司编号	公司名称	从业人数	公司编号	公司名称	从业人数
G01081	弘业期货	637	G01077	创元期货	140
G01078	东海期货	343	G01126	南证期货	135
G01075	国联期货	295	G01074	东华期货	119
G01083	锦泰期货	172	G01162	道通期货	102
G01079	新纪元期货	170	G01082	文峰期货	78

数据来源:中国期货业协会网站。

从表 8-16 可以看出江苏目前的期货公司从业人员除了弘业期货超过 500 人之外,其余公司从业人员都不多,这说明目前江苏期货公司的规模都不大。

（四）市场发展情况

1. 直接融资保持快速均衡发展

（1）证券市场

截至 2015 年末,全省共有境内上市公司 276 家,较 2014 年增加 22 家。在上海、深圳证券交易所筹集资金 1213.98 亿元,比上年增加 512.53 亿元,增幅达 73.08%。江苏企业境内上市公司总股本 2153.45 亿股,比上年增长 34.88%;省内上市公司市价总值 36720.48 亿元,增长 87.05%。江苏省内 276 家上市公司占全国上市公司总数 2827 的 9.76%,省内上市公司总市值 36720.48 亿元,占全国上市公司总市值的 6.91%。

表 8-17　2008—2015 年江苏省股票市场发展状况

	2008 年	2009 年	2010 年	2011 年	2012 年	2013 年	2014 年	2015 年
上市公司家数(境内)	117	128	169	214	236	235	254	276
上市公司总股本(亿股)	563.6	658.5	899.01	1136.7	1250.6	1379.8	1596.5	2153.5
上市公司总市值(亿元)	3419.8	8874.4	13867.6	10514.5	11394.3	12787.2	19631.0	36720.5
交易所筹集资金(亿元)	97.2	270.7	791.8	670.2	343.6	283.6	701.5	1214.0
其中:首发融资	85.5	92.6	470.7	476.9	135.1	0	93.0	108
再融资	11.7	178.1	321.1	193.3	208.5	258.6	608.5	1071.3
证券营业部	210	252	306	346	365	540	624	683
证券经营机构股票交易额(亿元)	37331.9	72659.7	76897.2	59694.5	41877.2	62452.2	98654.9	351317.6

数据来源:江苏省统计年鉴 2009—2016。

2015 年,江苏省内上市公司主要通过配股、增发以及发行公司债等方式再融资。截至 2015 年末,江苏省内上市公司通过配股方式从境内资本市场募集资金 9.93 亿元;通过增发途径从境内资本市场募集资金 1061.31 亿元,较 2014 年实现大幅增长。通过发行公司债募集资金 35.05 亿元,比 2013 年减少 34.26%。表 8-17 为 2008—2014 年江苏省股票市场相关指标变动情况。

2015 年,全省证券经营机构共完成股票交易额 351317.58 亿元,较 2014 年净增长 252662.67 亿元,增幅达 256.11%,打破了自 2010 年以来持续下降的趋势,远超 2009 年的水平。

从营业部数量来看,江苏省内共有证券营业部 683 家,较 2014 年增加了 59 家,占全国营业部数量 8170 家的 8.36%,超过了浙江省,全国排名第 2。

（2）期货市场

截至 2015 年末,江苏省内有期货公司 10 家,期货营业部 135 个,期货经营机构全年完成代理交易额 305574.82 亿元,比上年上升了 55.3%。随着公司扩充营业部的数量,扩大了市场规模,期货投资者的投资量在明显增加,民众参与的积极性高。

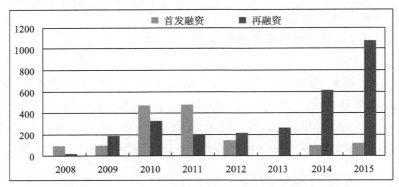

图 8‑20 2008—2015 年江苏省内上市公司股票融资情况

数据来源：江苏统计年鉴 2013—2016。

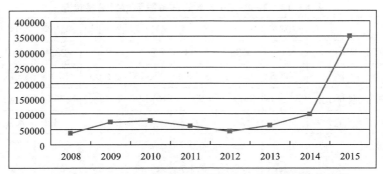

图 8‑21 2008—2015 年江苏省内证券经营机构股票交易额

数据来源：江苏统计年鉴 2013—2016。

表 8‑18 江苏省内期货公司营业部数量及期货交易额

	2008 年	2009 年	2010 年	2011 年	2012 年	2013 年	2014 年	2015 年
期货公司营业部数	53	58	74	87	101	119	125	135
期货经营机构代理交易额(亿元)	54109.5	91637.4	215753.2	178479.6	197158.9	212668.0	196768.3	305574.8

数据来源:江苏省统计年鉴 2009—2016。

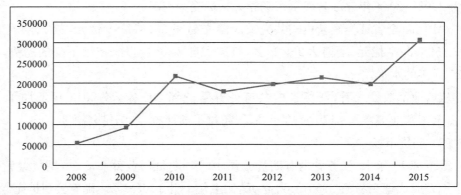

图 8‑22 2008—2015 年江苏省内期货经营机构代理交易额

数据来源:江苏省统计年鉴 2009—2016。

2.证券期货行业创新步伐加快

2015年随着市场化改革的逐步推进,以互联网金融等新业态的出现为契机,江苏省证券业步入了创新发展的加速期,新的业务、新的产品如雨后春笋不断涌现,行业已逐渐从传统的交易通道转向以创新为核心的资本中介。随着互联网金融模式的发展,江苏省内各券商积极拓展互联网模式,搭建互联网营销服务平台,不断地为券商经纪业务发展打开更广阔的空间。通过网上开户、在线理财等信息技术手段拓展金融服务渠道,实现线上和线下双向布局。以华泰证券为例,2015年华泰证券上线了新一代移动理财服务终端"涨乐财富通",加强客户体验,整合了后台数据,进一步加强移动终端布局,为客户提供全方位的综合理财管理服务。

2014年以来新三板扩容至全国、交易结算系统上线、做市商制度落地以及做市商扩容等大事件无不成为多层次资本市场发展建设的亮点。2015年全年,新三板企业数量、融资规模、并购数量等都实现了迅猛增长。截至2015年12月末,新三板挂牌公司为5129家,是2014年末的3.26倍,总市值达2.46万亿元,较2014年末4591亿元的总市值增长4.35倍。2014年,全国新增新三板挂牌公司931家。江苏省新三板挂牌公司近几年增长迅猛,截至2015年12月30日,共有新三板挂牌公司651家,总数在全国各省市中位居第三,仅次于北京、广东。

2015年,江苏地区的期货公司创新业务步伐也进一步加快:一是场外期货业务规模越来越大;二是开发投资产品拓展资管业务;三是利用互联网,将期货工具和互联网的工具等结合起来,开拓与其他行业的融合。

2015年江苏资本市场发展环境更加优化。上市公司治理和回报水平进一步提升,证券期货业的风险防控能力进一步提高。在2015年全国证券公司和期货公司分类评价中,江苏各证券期货公司的评价结果均实现了稳中有进。

二、江苏证券业近年来的发展趋势

(一)行业竞争日益加剧

目前,我国经济正处于结构调整、转型升级与全面深化改革的关键时期,经济发展新常态为资本市场改革发展提供了坚实基础和广阔空间,资本市场在整个经济中的地位将持续提升,资本市场将成为国民经济稳增长、调结构的重要力量。2016年是"十三五"开局之年,也是推进供给侧结构性改革的攻坚之年,更是资本市场改革攻坚关键年。随着金融市场化改革和资本市场放松管制的进一步深化、多层次资本市场体系和政策法规制度体系的更趋健全完善以及金融基础功能的日益完善,证券行业将迎来快速发展的新的历史阶段。

随着券商五大基础功能的日益完善,券商业务范围不断扩大,产品种类持续丰富,业务发展呈现全方位发展格局,行业竞争日益加剧。在证券经纪业务领域,随着券商分支机构管理的放开、非现场开户业务的发展、互联网证券的持续推广及一人多户政策的放开,业务市场化程度显著加速,券商佣金率进一步下滑,经纪业务收入占比或呈下降趋势。在投资银行业务领域,随着新股发行制度的持续完善与注册制改革的实质性推进、债券市场配套制度与市场基础设施建设的不断优化、并购重组监管制度的调整完善以及混合所有制改革等国家战略的不断推进,券商投资银行业务将受益于市场整体扩容趋势,业绩确定性提升。在资产管理业务领域,随着资产管理业务牌照的逐步放开以及行业准入门槛的大幅降低,业务范围不断拓展,券商资产管理业务的广度与深度将不断提升,与其他金融机构的合作将不断深化,在制度创新和监管放松的重要契机下,券商资产管理业务规模和收入或将持续增长。在证券投资业务领域,随着上证 50 和中证 500 股指期货以及上证 50ETF 期权合约的推出,自营业务投资范围进一步放开,未来期货及衍生品合约的稳妥发展与择机推出将进一步丰富投资交易策略和风险管理手段,满足投资者多样化产品设计与资产配置需求,拓宽券商业务发展空间。

(二)互联网布局提速

2015 年,证券行业积极推进"互联网＋"战略,一方面,多项支持政策出台,互联网证券面临良好的发展环境;另一方面,证券公司继续推进传统业务的互联网改造,通过线上投资顾问、账户体系、组织构架、跨界合作等多维创新加快互联网证券尤其是移动证券的发展步伐。截至 2015 年末,江苏券商共有 6 家公司获得中国证券业协会批准的互联网证券业务试点资格,其中包括华泰证券(2014 年 9 月 19 日获批)、东海证券(2014 年 11 月 24 日获批)、南京证券(2014 年 12 月 26 日获批)、东吴证券(2015 年 3 月 3 日获批)、国联证券(2015 年 3 月 3 日获批)。

作为业内最早全面推进互联网布局的券商,江苏省华泰证券是这场变革的最大受益者之一。早于 2013 年便启动"足不出户,万三开户"的华泰证券,在行业领先的移动互联网服务平台助力下,其经纪业务持续保持行业龙头地位。2015 年,"涨乐财富通"下载量 932.52 万,日均活跃用户数 180.12 万。自"涨乐财富通"上线以来,累计下载量 1101.7 万。"涨乐财富通"移动终端客户开户数 238.82 万,占华泰证券全部开户数的 89.97％。2015 年,东吴证券获得互联网证券业务试点资格并在行业内率先实施单向视频开户创新方案,"秀财"一站式移动理财 APP 完成开发并正式上线,银行二维码开户等渠道有效铺开,率先推出具有投资分享功能与在线交流功能的"五牛组合"社交投资平台,互联网金融业务取得了较好的成果。

未来几年,互联网金融将不断推动证券业向更加注重客户体验、以客户为中心转变,弱化网点功能、加速金融脱媒,逐渐改变金融业、证券业的传统边界和竞争格局。与此同时,各券商经纪业务同质化较强,低佣金的互联网开户带来佣金率的持续下滑。证券业必须顺应互联网时代的发展趋势,积极主动地应用信息技术、借助互联网,对传统经纪业务模式和服务方式进行创新。

（三）券商积极推进国际业务

2014 年 4 月 10 日,中国证券监督管理委员会和香港证券及期货事务监察委员会发布《中国证券监督管理委员会香港证券及期货事务监察委员会联合公告》,决定原则批准上海证券交易所、香港联合交易所有限公司、中国证券登记结算有限责任公司、香港中央结算有限公司开展沪港股票市场交易互联互通机制试点。

联合公告发布以来,江苏省内五家券商华泰证券、南京证券、东吴证券、东海证券和国联证券获得首批港股通业务资格。2015 年,沪港通运行平稳有序,相关制度逐步细化,全年累计成交额近 2.28 万亿元,深港通准备工作稳步推进,各项制度设计进一步优化和完善。省内各家券商也顺利开展港股通业务,截至 2015 年末,华泰证券港股通累积交易量人民币 467.41 亿元,市场占比为 7.29%。国联证券港股通业务开户数为 6125 户,港股通业务产生的交易量为 14.77 亿元,佣金收入为 102 万元。

随着沪港通的开通,资本市场及证券行业双向开放水平进一步提升,未来将有更多外资证券公司进入中国资本市场,券商国际业务布局将进一步加速,这对券商在资本、技术、经营和人才等方面提出了更高的要求。

三、江苏省证券业发展中存在的问题

（一）规模跟江苏经济发展不相匹配

江苏省 2015 年 GDP 达到了 7.01 万亿元,仅次于广东省,在全国非名第二,比上一年增长 7.7%,超过全国平均增幅 6.9%。江苏整体经济发展非常迅速,自 2000 年以来 GDP 一直保持 10% 以上的增长率,其中 2005 年 GDP 的增长率达到了 22.4%,远远超过全国增长水平,从 2007 年开始一直处于全国第二的位置。衡量一个国家或地区的证券业发展水平是否跟其总体经济发展相匹配,还有一个很重要的指标是证券化率,就该国家或地区的股票市值与其 GDP 的比率。

表 8－19　2008—2014 江苏证券化率指标变化情况

	2009 年	2010 年	2011 年	2012 年	2013 年	2014 年	2015 年
上市公司市值（亿元）	8874.40	13824.31	10514.50	11394.27	12787.24	19630.99	36720.48
GDP（亿元）	34457.30	41425.48	49110.27	54058.22	59161.75	65088.32	70116.38
证券化率	25.75%	33.37%	21.41%	21.08%	21.61%	30.16%	52.37%

数据来源:江苏统计年鉴 2009—2016。

中国上市公司市值管理研究中心发布的《2015 年 A 股市值年度报告》数据显示,2015 年我国 GDP 为 68.91 万亿元,以 52.96 万亿元的 A 股股票市值计算,我国证券化率达到 76.85% 创历史最高水平。而表 8－19 的结果显示,江苏省近七年的证券化率在稳步增长,但总体水平较全国而言还是有一定差距。

（二）各地区发展不平衡

表 8 - 20 是江苏证券公司及期货经纪公司分布情况表,从表 8 - 20 可以看出,江苏省证券业发展表现出很不平衡的发展态势——"南重北轻"。证券公司 6 家全部集中在苏南地区,而且主要在四个城市:南京、无锡、苏州以及常州。期货经纪公司 10 家:8 家在苏南,苏中、苏北各只有 1 家。另外,到 2015 年底,全省 235 家上市公司的分布也明显呈现出"南重北轻"的现象:苏南 178 家,苏中 36 家,苏北 21 家。

表 8 - 20 2015 年江苏证券公司及期货经纪公司分布及 GDP 对照情况

	南京	无锡	苏州	常州	南通	徐州
证券公司数(家)	2	2	1	1	0	0
期货经纪公司数(家)	5	1	1	1	1	1
GDP(亿元)	9720.77	8518.26	14504.07	5273.15	6148.40	5319.88

数据来源:2016江苏省统计年鉴。

（三）业务同质化现象突出,导致行业内竞争过度

从业务情况的分析来看,近年来江苏省证券公司的业务收入增长非常迅速,但仍表现出业务同质化现象比较突出,业务和产品的金融创新性不足。目前券商的客户关系管理系统缺乏客户长期价值实现和客户细分,基本都是围绕产品、服务和业务构建的,相同的产品和同质化的服务造就各证券公司客户关系管理系统雷同,过多的竞争者在同一市场上,导致价格战越打越激烈,很难形成独立的竞争力。目前江苏券商的业务主要集中在经纪业务和自营业务上,其他创新产品,如集合理财产品、国债逆回购、股指期货和融资融券业务比重很小。在竞争的方式上基本都把力量花在经纪营销上,对投资咨询和投资顾问业务的投入和开展深度不够,竞争手段主要靠非理性的佣金价格战。这种状况的发生和持续蔓延已经严重影响了江苏区域内证券公司的发展。

四、江苏证券业发展的展望

（一）市场规模不断壮大

到 2015 年 12 月 31 日为止,江苏证券市场上市企业达到 276 家,但从长远发展角度来看,其未来仍将有更多的公司与企业上市。到 2015 年底在江苏股权交易中心挂牌企业已达 684 家,这为民营中小企业融资提供了较好的融资通道,江苏区域性股权市场的发展已迈开了坚实的步伐。另外,从近年来看江苏证券市场从业人员的数量逐年增加,从证券、期货经营机构代理交易量也可以看出,江苏投资者的投资量也在逐年增加。

（二）多层次资本市场已初步形成

从全国来看,首先我国已有主板市场,中小板市场,创业板市场,新三板市场,

H 股、红筹股市场,最近又开通了沪港通交易市场。第二,债券市场,公司债、企业债得到了长足的发展。第三,投资基金市场得到了迅速发展,公募基金规模不断扩大,私募基金也异军突起,而且阳光私募也逐步公开化和合法化。从江苏来看,除了 2013 年江苏股权交易中心正式揭牌成立,为民营中小企业融资提供了较好的融资通道,另外创投基金、产业投资基金也发展很快,最近股权众筹、P2P 等互联网借贷也很火热;期货、期权市场也在平稳发展。商品期货交易已经比较成熟,近几年又推出了金融期货,近期有可能推出其他金融期货品种,如股指期权等。未来江苏资本市场必将形成多层次、全方位的证券市场体系。

(三)产品创新能力将进一步提升

目前证券市场品种主要集中在股票(A、B 股)、债券上,未来市场随意创新机制的完善,与股票和债券相关的新品种及其衍生产品将不断丰富市场,资产证券化品种也将以各种形式出现。中小企业板、创业板为投资者选择投资品种增加了更多的选择性。同时,地方股权交易市场、互联网金融平台也将推出更多创新产品,服务省内企业,满足投资者的多元化需求。

(四)证券市场将进一步规范

2014 年是互联网与证券业务深度融合的一年,证监会批准从事互联网证券业务试点的证券公司达到 55 家。对于传统业务而言,无论其优点还是缺点跟互联网融合以后都能得以"放大"。2015 年来,监管层明显加大了对互联网证券业务的监管。证券业协会 2015 年 3 月 13 日修订发布《证券公司网上证券信息系统技术指引》。《指引》对证券公司网上证券信息系统在安全性、系统性、可用性方面提出多项要求,并对各项服务提出了具体要求,有力促进了行业规范经营、有序竞争局面的形成和证券市场持续健康的发展。

附表 1:

2008—2015 年江苏省证券市场情况变动表

项目 年份	证券公司数 (家)	证券营业 部数(家)	证券投资者 开户数(万户)	证券从业人 员数(人)	上市公司数 (家)
2008 年	6	210	537	4676	117
2009 年	5	252	610	6543	128
2010 年	5	306	666	9278	169
2011 年	6	331	700	11381	214
2012 年	6	365	737	11280	236
2013 年	6	540	767	9333	235
2014 年	6	624	811	9391	254
2015 年	6	683	1075	10908	276

附表 2：

2008—2015 年江苏省期货市场情况变动表

年份 ＼ 项目	期货经纪公司数(家)	期货营业部数(家)	期货投资者开户数(户)	期货从业人员数(人)
2008 年	11	32	60559	1001
2009 年	11	58	90514	1336
2010 年	11	74	135600	1821
2011 年	11	87	159100	2199
2012 年	11	101	195338	2336
2013 年	10	119	210026	2636
2014 年	10	125	223885	2468
2015 年	10	135	242964	2279

第九章　江苏保险业发展分析

一、江苏保险业的发展现状分析

（一）国内比较

2015 年江苏省保险公司原保险保费收入 1989.92 亿元,占全国保险市场份额的 8.19%,位列全国第二(广东省排名第一,原保费收入 2166.82 亿元)。2015 年江苏省保险深度为 2.84%,比 2014 年增加了 0.25 个百分点,同期全国平均保险深度为 3.59%,表 9-1 和图 9-1 反映了近年来江苏保险深度的变化。2015 年江苏省保险密度为 2495 元,比 2014 年增加了 380 元,同期全国平均保险密度为 1766.49 元,表 9-1 和图 9-2 反映了近年来保险密度的变化。

表 9-1　2006—2015 年江苏保险深度和密度表

年份	保险密度（元/人）	保险深度（%）
2006	2.31	657
2007	2.22	747
2008	2.50	999
2009	2.63	1162
2010	2.81	1478
2011	2.44	1519
2012	2.41	1643
2013	2.42	1821
2014	2.59	2115
2015	2.84	2495

数据来源：江苏保险年鉴、江苏保监局、国家统计局网站。

（二）市场主体

截至 2015 年底,江苏共有保险公司 94 家,其中财险公司 39 家,寿险公司 55 家,保险分支机构 631 余家,位居全国前列。江苏保险法人机构共 5 家,分别为紫金财险、乐爱金财险、利安人寿、东吴人寿和国联人寿。保险专业中介法人机构

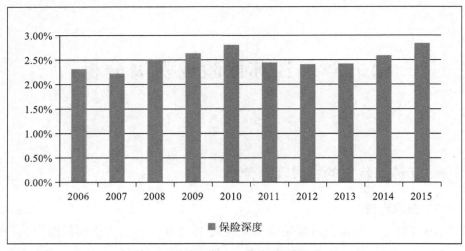

图 9‐1 2006—2015 年江苏保险深度图

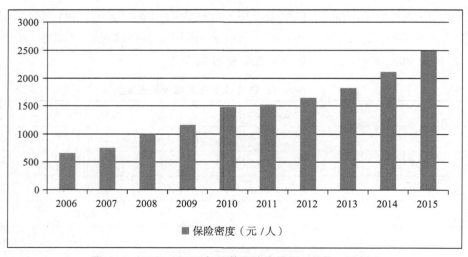

图 9‐2 2006—2015 年江苏保险密度图（单位：元/人）

146 家。保险从业人员约 29.8 万人。

（三）保费规模

如表 9‐2、表 9‐3 和图 9‐3 所示，2015 年江苏省保险公司原保险保费收入 1989.92 亿元，同比增长 18.18％。其中，财产保险业务原保费收入 672.19 亿元，同比增长 10.87％；人身保险业务（包括人寿保险、健康保险、意外伤害险）原保险保费收入 1317.72 亿元，同比增长 22.30％。人身保险中，人寿保险业务原保险保费收入为 1083.92 亿元，同比增长 18.24％；健康保险业务原保险保费收入 179.58 亿元，同比增长 59.95％；意外伤害保险原保险保费收入 54.22 亿元，同比增长 11.85％。

表 9‒2　2015 年保险业原保险保费收入及同比变化表（单位：亿元）

		2015 年	2014 年	同比增长
总保费		1989.92	1683.76	18.18%
财产保险		672.19	606.29	10.87%
人身保险	人寿保险	1083.92	916.72	18.24%
	健康保险	179.58	112.27	59.95%
	意外伤害保险	54.22	48.47	11.85%
	小计	1317.72	1077.47	22.30%

数据来源：江苏统计年鉴，江苏保监局。

表 9‒3　2006—2015 年江苏保险业原保费收入表（单位：亿元）

年份	财产保险	人身保险	总保费	总保费司比增长率
2006	120.42	382.41	502.83	1c.98%
2007	157.10	419.54	576.64	1c.68%
2008	181.11	594.29	775.40	3c.47%
2009	228.39	679.34	907.73	17.07%
2010	311.91	850.76	1162.67	2c.09%
2011	379.92	820.10	1200.02	3.21%
2012	440.92	860.36	1301.28	8.44%
2013	518.61	927.47	1446.08	1c.13%
2014	606.29	1077.47	1683.76	16.44%
2015	672.19	1317.72	1989.92	18.18%

数据来源：江苏保监局。

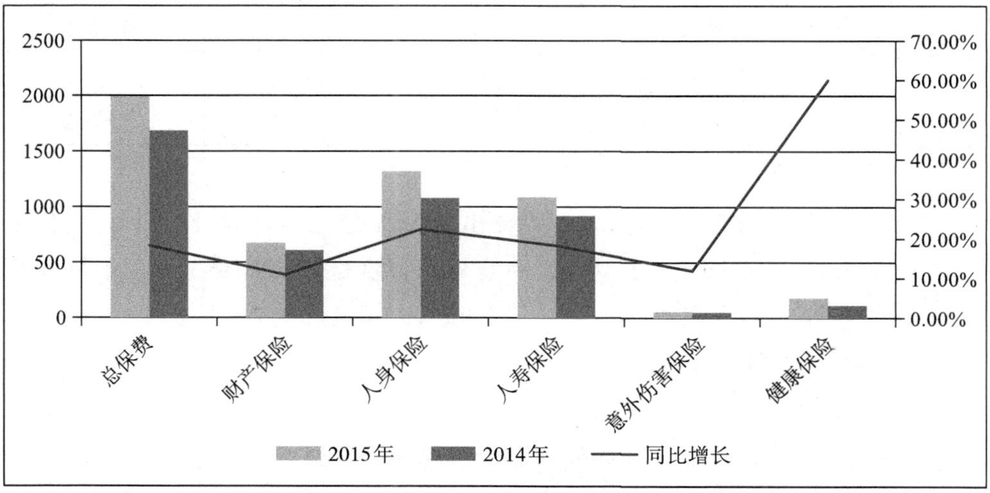

图 9‒3　2015 年保险公司保费收入及同比变化图（单位：亿元）

图 9-4 显示,总保费增长率自 2011 年以来一直呈现加快增长态势,2015 年继续保持提速状态。

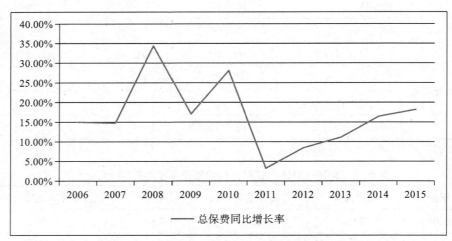

图 9-4　2006—2015 年江苏保险业原保费同比增长率统计图

(四)赔付支出

表 9-4 显示,2015 年全省保险公司赔付支出 732.59 亿元,同比增加 18.78%。其中财产保险赔付支出 403.04 亿元,同比增长 19.84%;人身保险给付支出 329.56 亿元,同比增长 17.50%。

表 9-4　2015 年保险公司赔付支出及同比变化表(单位:亿元)

		2015 年	2014 年	同比增长率
总赔付		732.59	616.78	18.78%
财产保险		403.04	336.30	19.84%
人身保险	人寿保险	268.21	231.87	15.67%
	健康保险	46.09	35.16	31.08%
	意外伤害保险	15.26	13.45	13.48%
	小计	329.56	280.48	17.50%

数据来源:江苏保监局。

在人身保险给付支出中,人寿保险支出 268.21 亿元,同比增长 15.67%;健康给付支出 46.09 亿元,同比增长 31.08%;意外伤害险给付支出 15.26 亿元,同比增长 13.48%。图 9-5 直观地反映了 2015 年保险公司赔付支出及同比变化。

(五)保险市场结构

1.险种结构

如表 9-5 所示,2015 年江苏省保险公司原保险保费收入 1989.92 亿元,其中财产保险原保险保费收入 672.19 亿元,同比增长 10.87%,在所有原保险保费中占

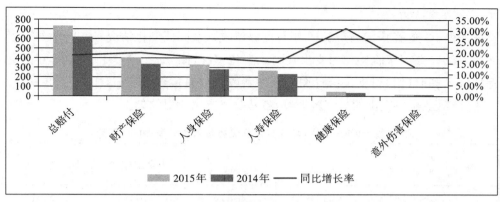

图 9-5　2015 年保险公司赔付支出及同比变化图（单位：亿元）

比 33.78%；人身保险业务（包括人寿保险、健康保险、意外保险）原保险保费收入 1317.72 亿元，同比增长 22.30%，在所有原保险保费中占比 66.22%。在人身保险中，人寿保险保费收入 1083.92 亿元，占人身保险保费收入的 82.26%，同比增长 18.24%；健康保险保费收入 179.58 亿元，占人身保险保费收入的 13.63%，同比增长 59.95%；意外伤害保险保费收入 54.22 亿元，占人身保险保费收入的 4.11%，同比增长 11.85%。

在财产保险中，机动车辆保险保费收入 531.15 亿元，占财产保险保费收入的 79.02%，同比增长 14.06%；企业财产保险保费收入 41.85 亿元，占财产保险保费收入的 6.23%，同比增长 0.89%；责任保险保费收入 28.72 亿元，占财产保险保费中占比 4.27%，同比增长 21.85%。

表 9-5　2015 年江苏保险公司的险种结构及同比变化表（单位：亿元）

类别	险种	2015 年保费收入	占比	2015 年同比增长率	2014 年保费收入	占比
人身保险	人寿保险	1083.92	82.26%	18.24%	916.72	85.08%
	健康保险	179.58	13.63%	59.95%	112.27	10.42%
	意外伤害保险	54.22	4.11%	11.85%	48.47	4.49%
	小计	1317.72	100%	22.30%	1077.47	100%
财产保险	机动车辆保险	531.15	79.02%	14.06%	465.69	76.81%
	企业财产保险	41.85	6.23%	0.89%	41.48	6.84%
	责任保险	28.72	4.27%	21.85%	23.57	3.89%
	其他	70.47	10.48%	−6.72%	75.55	12.46%
	小计	672.19	100%	10.87%	606.29	100%
总计		1989.92	—	18.18%	1683.76	—

数据来源：江苏保监局。

2.月度结构

表9-6显示了2014—2015年月度保费收入及同比变化情况,表9-7显示了2014—2015年月度保险赔付支出及同比变化情况,图9-6是2014—2015年月度保费收入和赔(给)付支出统计图。从保费收入的月度数据看,1月、6月、9月、12月为波峰;从赔付支出的月度数据看,各月赔付支出相对均匀。

表9-6 2014—2015年江苏月度保费收入统计表(单位:亿元)

月份	2015年月度保费收入	占全国比例	2014年月度保费收入	占全国比例	同比增长率
1	337.26	8.42%	297.76	8.84%	13.27%
2	231.13	11.68%	176.08	10.51%	31.27%
3	201.76	8.27%	172.94	8.83%	16.66%
4	123.79	7.74%	110.54	8.12%	11.99%
5	132.46	8.07%	113.85	8.11%	16.35%
6	162.92	8.00%	131.45	7.63%	23.94%
7	131.61	7.83%	103.57	7.71%	27.07%
8	126.51	7.61%	119.55	8.37%	5.82%
9	146.45	7.35%	133.79	7.99%	9.46%
10	122.88	7.37%	99.22	7.26%	23.85%
11	126.45	7.48%	103.56	7.33%	22.10%
12	146.70	7.78%	121.46	7.99%	20.78%

数据来源:江苏保监局,中国保监会。

表9-7 2014—2015年江苏月度赔(给)付支出及同比变化表(单位:亿元)

月份	2015年月度赔(给)付支出	占全国比例	2014年月度赔(给)付支出	占全国比例	同比增长率
1	65.80	8.28%	69.62	8.84%	−5.49%
2	86.22	11.59%	53.58	10.51%	60.92%
3	60.48	7.83%	54.22	8.83%	11.55%
4	52.38	7.99%	44.56	8.12%	17.55%
5	51.01	8.36%	43.56	8.11%	17.10%
6	54.96	8.76%	46.72	7.63%	17.64%
7	57.12	8.36%	47.35	7.71%	20.63%
8	57.42	8.57%	44.64	8.37%	28.63%

续　表

月份	2015年月度赔(给)付支出	占全国比例	2014年月度赔(给)付支出	占全国比例	同比增长率
9	59.84	8.51%	49.42	7.99%	21.08%
10	55.05	8.23%	44.37	7.26%	24.07%
11	61.85	7.80%	51.29	7.33%	20.59%
12	70.46	7.41%	67.45	7.99%	4.46%

数据来源:江苏保监局,中国保监会。

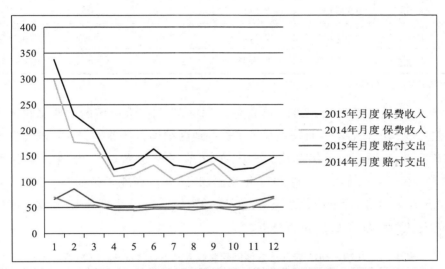

图 9 - 6　2014—2015 年月度保费收入和赔(给)付支出统计图(单位:亿元)

3. 地区结构

表 9 - 8 显示了 2015 年江苏各地区保费收入情况,收入排名位居全省前三的地区分别是苏州、南京、无锡,各自保费收入占全省保费收入比例是 18.51%、18.50%和 10.96%。

表 9 - 8　2015 年江苏各地区保费收入及同比变化表(单位:百万元)

保费收入排名	地区	2015年各地区保费收入	2015年各地区保费收入占比	2014年各地区保费收入	2014年各地区保费收入占比	2015年同比增长率
1	苏州	36827.65	18.51%	31177.35	18.52%	18.12%
2	南京	36803.77	18.50%	31152.79	18.50%	18.14%
3	无锡	21815.56	10.96%	19130.17	11.36%	14.04%
4	南通	17932.29	9.01%	15410.89	9.15%	16.36%
5	常州	15968.84	8.02%	13685.68	8.13%	16.68%

续　表

保费收入排名	地区	2015年各地区保费收入	2015年各地区保费收入占比	2014年各地区保费收入	2014年各地区保费收入占比	2015年同比增长率
6	徐州	12997.75	6.53%	10428.73	6.19%	24.63%
7	扬州	11155.63	5.61%	8779.87	5.21%	27.06%
8	盐城	10448.44	5.25%	8748.80	5.20%	19.43%
9	泰州	9858.46	4.95%	8473.28	5.03%	16.35%
10	镇江	7913.40	3.14%	6772.08	4.02%	16.85%
11	淮安	6249.63	3.14%	5732.99	3.40%	9.01%
12	连云港	6215.61	3.12%	4952.09	2.94%	25.51%
13	宿迁	4804.54	2.41%	3931.60	2.34%	22.20%

数据来源:江苏保监局。

表9-9显示了2010—2015年苏南、苏中和苏北三大区域的保费总收入状况和各自占比情况,图9-7直观地显示了这一地区结构。从苏南、苏中、苏北三大地区的份额结构看,2015年苏南、苏中、苏北地区的保费收入份额占比分别为59.97%、19.57%、20.46%。与2014年相比,2015年苏南地区保费收入占比大约下降了0.56个百分点,而苏中地区保费占比大约增加了0.17个百分点,苏北地区保费收入占比大约增加了0.39个百分点。

表9-9　2010—2015年江苏各地区保费收入及占比情况表(单位:百万元)

年份	江苏省	苏南		苏中		苏北	
	总量	总量	占比	总量	占比	总量	占比
2010	116267.36	65985.73	56.75%	26756.40	23.01%	23525.23	20.23%
2011	120002.39	69127.40	57.61%	26699.25	22.25%	24175.73	20.15%
2012	130128.05	77971.77	59.92%	26894.47	20.67%	25261.81	19.41%
2013	144607.78	87227.54	60.32%	29204.75	20.20%	28175.49	19.48%
2014	160506.35	101918.07	60.53%	32664.04	19.40%	33794.21	20.07%
2015	198991.5	119329.23	59.97%	38946.38	19.57%	40715.97	20.46%

数据来源:江苏保监局。

(六)江苏保险业发展综述

1. 保费收入继续领先,投资规模明显增加

2015年,江苏保费收入达到1989.92亿元,位列全国第二,江苏保费收入增速为18.18%,明显高于江苏GDP的增速,发展态势良好。截至2015年底,江苏保险

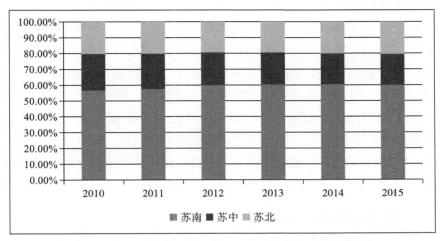

图 9 - 7　2010—2015 年江苏三大地区保费收入占比统计图

资金投资规模达 1898.54 亿元,位居全国第三,仅次于上海和北京,有力地支持了江苏地方经济发展。相比 2014 年,投资规模增加了近 500 亿元。

2. 市场总体运行良好,发展不平衡有所扩大

2015 年,在宏观经济形势较为严峻的情况下,保险业总体运行情况良好。江苏全年保费收入同比增长 18.18%,高于 2014 年的 16.44% 的增速。在江苏保险总体运行良好的同时,也应当看到发展过程中的不平衡性。

从险种上看,2015 年财产保险业务原保险保费收入 672.19 亿元,同比增长 10.87%,增速比上一年度有所放缓;而人身保险业务原保险保费收入 1317.72 亿元,同比增长 22.30%。财产保险与人身保险之间保费收入差距明显,且比上一年度有所扩大。

从区域上看,苏南地区无论从保费收入总量还是保险密度来看明显高于苏中和苏北地区。2015 年苏中保费收入占全省保费收入总和的 19.57% 左右,与上一年度基本持平。苏南地区保费收入占比增高到 59.97%,比上一年度下降了大约 0.56 个百分点,苏北地区保费收入占比增加到 20.46%,上升了 0.39 个百分点,各地区保费收入占比基本与 2014 年持平。

3. 投资规模继续扩大,支持地方经济得力

江苏保险业在服务地方经济方面成效显著。据统计,2015 年保险资金在江苏投资余额 1898.54 亿元,涉及保障房、城乡一体化建设、基础设施建设等一批重大项目。其中,投资江苏省内主体发行的债券余额 605.8 亿元,投资江苏基础设施余额 560 亿元,投资不动产余额 447 亿元,未上市企业股权投资余额 129.1 亿元,投资其他金融资产余额 126.4 亿元,投资项目资产支持计划 30 亿元。

4. 社会宣传卓有成效,信息公开持续推进

2015 年,江苏保监局根据《中国保监会政府信息公开办法》确定的主动公开信

息范围,通过网站、新闻通气会、报纸、广播、电视等平台公开保险信息,取得了良好的社会效果。公开信息主要包括:下发《江苏保监局关于深入开展保险公众宣传教育工作的通知》,加大保险知识公众宣传力度,提高了社会公众保险知识水平、保险消费能力和保险维权技能,夯实行业发展基础。全年共落实行政许可结果 1146 件,包括行政许可项目的设立依据、受理单位、受理流程、申请材料等内容。全年公开报道监管动态类新闻 69 篇,内容包括贯彻落实保险新"国十条"、保险消费者权益保护、寿险满期给付风险防范、责任保险推动等监管工作。全年发布行政处罚信息 83 件(含对有关责任人员的行政处罚),公开了辖区内部分保险机构违规经营等方面所存在的问题。

二、江苏财产保险发展状况

(一)江苏财产保险基本情况

1. 保费收入及盈利状况

(1)全省财产保险市场保费规模及增长。如表 9-10 所示,2015 年财产保险业务实现原保险保费收入 672.19 亿元,同比增长 10.87%,增幅较去年同期下降了6.04 个百分点。财产保险业务原保费收入占总保费收入的比例有所下降,截至2015 年末达到 33.78%,较 2014 年下降了 2.23 个百分点。图 9-8 直观地反映了近十年来江苏财产保险保费收入增长情况。

表 9-10　2006—2015 年江苏财产保险原保费收入情况表(单位:亿元)

年份	财产保险保费收入	总保费收入	财产保险保费收入占比	财产保险保费收入同比增长率
2006	120.42	502.83	23.95%	28.60%
2007	157.10	576.64	27.24%	30.46%
2008	181.11	775.40	23.36%	15.28%
2009	228.39	907.73	25.16%	26.11%
2010	311.91	1162.67	26.83%	36.57%
2011	379.93	1200.02	31.66%	21.80%
2012	440.92	1301.28	33.88%	16.06%
2013	518.61	1446.08	35.86%	17.62%
2014	606.29	1683.76	36.01%	16.91%
2015	672.19	1989.92	33.78%	10.87%

数据来源:江苏统计年鉴,江苏保监局。

(2)各地区财产保险市场保费规模及增长。如表 9-11 所示,从财产保险保费规模来看,总量前三位的地区分别是苏州、南京、无锡,它占全省财产保险保费比重

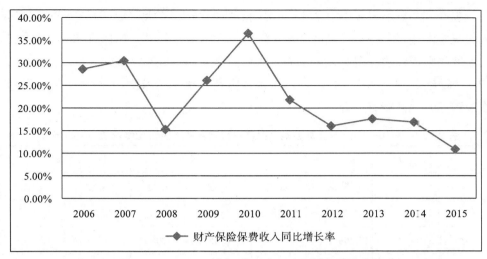

图 9 - 8　2006—2015 年江苏财产保险保费收入增长情况

均超过 10%。其中,苏州占比 23.74%,南京占比 17.02%,无锡占比 12.04%。规模后三位的地区分别是连云港、淮安、宿迁,它们占全省财产保险保费收入的比重分别为 2.97%、2.92%、2.89%。从保费增长速度上看,盐城、泰州和淮安呈快速增长势头,增速位列前三名,分别达到 21.88%、18.36% 和 18.05%。

表 9 - 11　2015 年江苏各地区财产保险保费规模及增长(单位:万元)

2015 年保费收入排名	地区	2015 年财产保险保费收入	2015 年占全省比例	2014 年财产保险保费收入	2014 年占全省比例	2015 年保费同比增速	2015 年财产保险保费增速排名
1	苏州	1595609.59	23.74%	1431157.44	23.60%	11.49%	9
2	南京	1143852.83	17.02%	1107229.24	18.26%	3.31%	13
3	无锡	809294.18	12.04%	741752.06	12.23%	9.11%	12
4	南通	545042.25	8.11%	487708.03	8.04%	11.76%	8
5	常州	513965.84	7.65%	465582.92	7.68%	10.39%	11
6	徐州	412212.19	6.13%	365327.78	6.03%	12.83%	6
7	扬州	304223.03	4.53%	274264.80	4.52%	10.92%	10
8	盐城	302772.46	4.50%	248424.57	4.10%	21.88%	1
9	泰州	281850.13	4.19%	238120.84	3.93%	18.36%	2
10	镇江	222442.58	3.31%	197978.08	3.27%	12.36%	7
11	连云港	199948.86	2.97%	173626.14	2.86%	15.16%	5
12	淮安	196143.27	2.92%	166146.37	2.74%	18.05%	3
13	宿迁	194576.88	2.89%	165624.11	2.73%	17.48%	4

数据来源:江苏保监局。

表 9 - 12 显示了 2010—2015 年苏南、苏中和苏北三大区域的财产保险保费收入状况及占比,图 9 - 9 直观地显示了保费收入的地区差异。2015 年苏南、苏中、苏北地区的财产保险保费收入分别占全省财产保险保费总收入的 63.75％、16.83％、19.42％;与 2014 年相比,2015 年苏中地区保费占比基本未变,苏南地区略有下降,苏中和苏北地区略有上升。

表 9 - 12　2010—2015 年江苏各地区财产保险保费收入及占比情况表(单位:万元)

年度	江苏	苏南		苏中		苏北	
	总量	总量	占比	总量	占比	总量	占比
2010	3119064.97	2064065.06	66.18％	472676.26	15.15％	582323.70	18.67％
2011	3799287.68	2526608.58	66.50％	571959.42	15.05％	700719.70	18.44％
2012	4409248.47	2915955.80	66.13％	683743.04	15.51％	809549.60	18.36％
2013	5186081.38	3391532.44	65.40％	833914.05	16.08％	960634.89	18.52％
2014	6062942.38	3943699.70	65.05％	1000093.70	16.50％	1119148.97	18.46％
2015	6721934.09	4285165.02	63.75％	1131115.41	16.83％	1305653.66	19.42％

数据来源:江苏保监局。

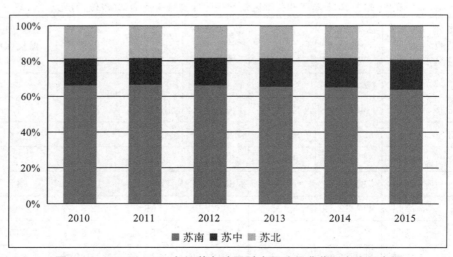

图 9 - 9　2010—2015 年江苏各地区财产保险保费收入占比示意图

(3) 财险市场份额及盈利。2015 年江苏财险市场上人保股份、太保财险、平安财险三家的原保费收入位列前三,市场份额占比总和为 70.92％。全省财产险公司累计承保盈利 17.48 亿元,承保利润排名全国第 4。与 2014 年同期相比,承保利润减少 4.21 亿元。

2. 赔款支出

2015 年,江苏财产保险业务累计赔款支出为 403.04 亿元,同比增长 19.84%。其中,机动车辆保险赔款支出为 315.95 亿元,同比增长 14.05%。表 9-13 和图 9-10 显示了月度赔款与月度保费收入的变化情况,表 9-14 显示了 2011—2015 年江苏各地区保险赔付情况。

表 9-13　2015 年江苏财产保险月度赔款与原保险保费收入情况表(单位:万元)

月份	赔款支付	原保费收入
1	315825.29	748536.35
2	389529.49	421204.98
3	270483.98	590989.63
4	301815.42	557232.77
5	310621.63	536081.41
6	322822.57	557894.16
7	348641.99	515641.57
8	319286.89	506172.26
9	341323.83	581420.37
10	300200.97	492700.89
11	353437.71	533997.77
12	456370.81	680061.93
合计	4030360.58	6721934.09

数据来源:江苏保监局。

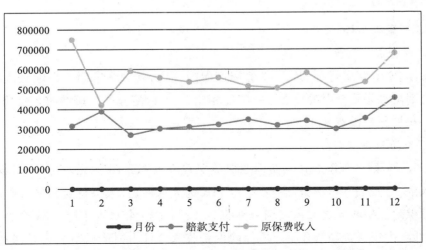

图 9-10　2015 年江苏财产保险公司月度赔款与原保险保费收入图(单位:万元)

表 9-14　2011—2015 年江苏各地区财产保险赔付情况表(单位:万元)

地区 ＼ 年份	2011	2012	2013	2014	2015
南京	318399.46	466672.88	547444.51	620768.57	705375.87
无锡	231863.92	313541.30	439750.43	422168.44	599829.40
徐州	106320.19	144477.11	170795.86	200815.44	207035.04
常州	146544.78	192636.14	236967.63	261653.89	343917.60
苏州	407052.42	551200.51	719551.45	781085.51	916618.54
南通	125127.18	169957.76	230254.05	261238.20	312574.00
连云港	52969.04	70054.43	87227.99	93582.44	97708.64
淮安	51967.63	63953.77	77163.48	99385.84	113148.02
盐城	86382.07	90623.64	113974.05	140676.92	165384.27
扬州	73998.09	124241.85	133870.15	144228.67	167224.41
镇江	59812.67	72553.66	87031.22	109225.09	134379.11
泰州	79294.05	86749.28	111929.57	138243.90	165050.19
宿迁	45183.90	54166.13	76307.72	89947.93	102115.49
合计	1784915.40	2400828.46	3032268.11	3363020.84	4030360.58

数据来源:江苏保监局。

(二) 竞争态势

1. 经营主体数量

截至 2015 年底,江苏共有 43 家财产保险公司,其中 2 家财产保险法人机构,即紫金财险和乐爱金财险。和上一年度相比,财产保险公司数量增加 3 家,财产保险法人机构数量没有变化。

2. 市场份额

2015 年,财产保险公司共实现原保险保费收入 672.19 亿元,占保险市场原保费收入的 33.78%。市场份额前三名的公司为人保股份、太保财险和平安财险,它们的原保险保费收入之和占市场总额的 70.92%,较上年同期下降 0.51 个百分点。国寿财险、中华联合和紫金财险原保险保费收入合计占财产保险公司原保费收入比例为 11%,外资公司原保险保费收入的市场收入的市场份额为 1.7%,较上年同期增长 0.42 个百分点。图 9-11 直观地反映了这一市场结构。

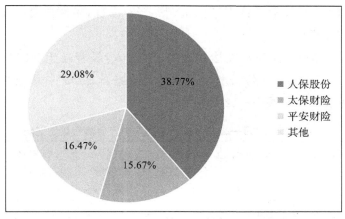

图 9-11　2015 年江苏财产保险原保费收入市场份额统计图

3. 市场集中度

市场集中度(Concentration Ratio,简称 CR)是衡量行业垄断程度的常用指标,它用一定区域内保险市场上前若干家保险公司的保费收入之和占该地区整个保险市场保费收入总和的比重来测算。此处以江苏前三家财产保险公司保费收入占全省财产保险保费收入总和,作为衡量江苏省财产保险市场集中度的指标。如表 9-15 所示,近年来江苏财险市场集中度呈上升趋势,垄断程度高于全国平均水平。

表 9-15　2006—2015 年江苏财产保险市场集中度

年份	江苏市场份额前三	江苏集中度(CR3)	全国集中度(CR3)
2006	人保股份、中华联合、太保财险	66.84%	36.11%
2007	人保股份、太保财险、中华联合	60.02%	33.97%
2008	人保股份、太保财险、中华联合	59.51%	33.86%
2009	人保股份、太保财险、中华联合	64.24%	34.21%
2010	人保股份、太保财险、平安财险	67.28%	36.45%
2011	人保股份、太保财险、平安财险	67.93%	66.60%
2012	人保股份、太保财险、平安财险	69.04%	65.35%
2013	人保股份、太保财险、平安财险	70.14%	64.80%
2014	人保股份、太保财险、平安财险	71.43%	64.70%
2015	人保股份、太保财险、平安财险	70.92%	64.00%

（三）江苏财产保险发展水平

1. 保险密度

保险密度指按照某地区常住人口计算的人均保费,它与保费收入总量从不同角度反映了保险的规模程度,也体现了一个国家或地区保险普及程度。财产保险市场的保险密度反映了该地区财产保险产品普及程度,是衡量财产保险市场发展情况的一项重要指标。

2015 年,江苏财产保险密度达到 842.77 元/人,显著高于全国财产保险密度 581.61 元/人。江苏财产保险密度较上一年度增加了 10.65%,增速与全国平均增速相当。详见表 9-16,图 9-12 和图 9-13。

表 9-16　2006—2015 年江苏及全国财产保险密度情况表

年份	江苏人口数量(亿人)	江苏财产保险密度(元/人)	江苏财产保险密度增速	全国人口数量(亿人)	全国财产保险密度(元/人)	全国财产保险密度增速
2006	0.7656	157.30	27.17%	13.14	114.80	22.05%
2007	0.7723	203.42	29.32%	13.21	151.20	31.71%
2008	0.7762	233.33	14.70%	13.28	175.90	16.34%
2009	0.7810	292.43	25.33%	13.35	215.40	22.46%
2010	0.7869	396.38	35.55%	13.41	290.70	34.96%
2011	0.7899	480.97	21.34%	13.47	342.70	17.89%
2012	0.7920	556.72	15.75%	13.54	393.70	14.88%
2013	0.7939	653.24	17.34%	13.61	456.66	15.99%
2014	0.7960	761.67	16.60%	13.68	526.56	15.31%
2015	0.7976	842.77	10.65%	13.75	581.61	10.46%

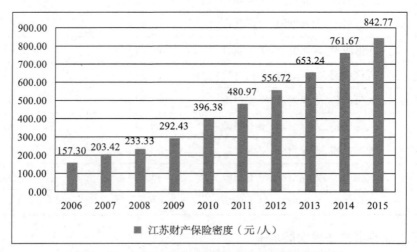

图 9-12　2006—2015 年江苏财产保险密度(元/人)

图 9‑13　2006—2015 年全国财产保险密度（单位：元/人）

2. 保险深度

保险深度是指某地保费收入占该地区国内生产总值（GDP）之比，反映了该地保险业在整个国民经济中的地位。保险深度取决于该地区经济总体发展水平和保险业的发展程度。2015 年，江苏财产保险深度继续稳步增长，达到 0.9587%，略低于 1.1603% 的全国平均财产保险深度。详见表 9‑17 和图 9‑14。

表 9‑17　2006—2015 年江苏财产保险深度与全国财产保险深度对比

年份	江苏 GDP 总量（亿元）	江苏财产保险保费收入（亿元）	江苏财产保险保险深度（%）	全国 GDP 总量（亿元）	全国财产保险保费收入（亿元）	全国财产保险保险深度（%）
2006	21742.05	120.42	0.5539	219439	1509.43	0.6879%
2007	26018.48	157.10	0.6038	270232	1997.74	0.7393%
2008	30982.98	181.11	0.5845	319516	2336.71	0.7313%
2009	34457.30	228.39	0.6628	349081	2875.83	0.8238%
2010	41425.48	311.91	0.7529	413030	3895.64	0.9432%
2011	49110.27	379.93	0.7736	489301	4617.82	0.9438%
2012	54058.22	440.92	0.8156	540367	5330.93	0.9865%
2013	59753.37	518.61	0.8679	595244	6212.26	1.0436%
2014	65088.32	606.29	0.9315	643974	7203.38	1.1186%
2015	70116.68	672.19	0.9587	689052	7994.97	1.1603%

数据来源：江苏统计年鉴、中国统计年鉴、江苏保监局、中国保监会、中国统计局网站。

图 9‑14　2006—2015 年江苏财产保险深度统计图

（四）江苏财产保险各险种发展情况

2015 年,江苏省财产保险市场总体表现不俗,保费收入实现较快增长。其中家庭财产保险保费增长迅猛,但企业财产保险保费增速下降明显。江苏全年机动车辆保险保费收入 531.15 亿元,同比上涨 14.06％,占财产保险保费总收入的79.02％,继续在财产保险市场占据主导地位。企业财产保险保费收入 41.85 亿元,占总保费收入的 6.22％,同比上涨 0.89％。而家庭财产保险保费收入为 4.33 亿元,同比上升 71.15％,它占财产保险总保费的比例 0.64％,总量较小。表 9‑18 列出了近年来财产保险三大险种保费收入的变化情况。

表 9‑18　2006—2015 年江苏财产保险险种保费收入及同比变化表(单位:亿元)

年份	机动车辆保险		企业财产保险		家庭财产保险	
	保费收入	同比增速	保费收入	同比增速	保费收入	同比增速
2006	87.71	36.20％	15.16	8.99％	1.01	1.00％
2007	118.25	34.82％	18.04	19.00％	1.25	23.76％
2008	133.26	12.69％	20.90	15.85％	1.30	4.00％
2009	173.56	30.24％	22.26	6.51％	1.41	8.46％
2010	236.92	36.51％	28.22	26.77％	1.62	14.89％
2011	285.03	20.31％	33.66	19.28％	1.89	16.67％
2012	328.91	15.39％	36.71	9.06％	2.36	24.87％
2013	393.49	19.63％	39.77	8.34％	2.65	12.29％
2014	465.69	18.35％	41.48	4.30％	2.53	－4.53％
2015	531.15	14.06％	41.85	0.89％	4.33	71.15％

数据来源:江苏统计年鉴。

另外,2015 年江苏财险市场上农业保险、科技保险和责任保险都有较好的发展。

1. 农业保险

江苏创新涉农保险产品,扩大保险覆盖面积,积极推进目标价格保险、天气指数保险、农作物产量保险等新型农险品种。全省开办农业保险险种 43 个,保费收入和农险基金 28.6 亿元(不含农机保险和渔船保险保费),提供约 699 亿元风险保障,支付赔款 14.57 亿元,338 万户次农民从中受益。开展农险费率定价工作,对各险种的盈亏平衡点费率开展测算,提出精算厘定费率的建议,进一步优化农业保险产品。

2. 科技保险

2015 年 5 月,江苏保监局和省经济和信息化委,省财政厅联合下发了《关于开展江苏省重大装备(首台套)保险试点工作的通知》,建立省级财政保费补偿机制,引导科技保险为创新战略保价护航。全省首台(套)保险试点逐步形成"高低搭配、互为补充"的良好运行态势。2015 年,共为全省 27 台首台(套)重大技术装备提供 633 亿元风险保障,签单保费达 1690 万元。2015 年,科技保险共承保全省 2900 多家次高科技企业,提供风险保障 1800 亿元。

3. 责任保险

发展责任保险辅助社会管理,一是出台《江苏省医疗纠纷处理条例》,推动医疗责任保险在医疗纠纷处理中发挥更加重要的作用。南通启东市开展"医责险+"新机制试点,通过引入保险经纪公司作为专业第四方,发挥矛盾缓冲作用,防范化解医疗纠纷升级,自 2014 年 8 月试点以来,参与试点的医疗机构医闹次数、出警次数、赔款金额同比下降一半。二是扩大环境责任保险试点覆盖面,全省已有 11 个直辖市启动环责县(区)统保试点,2962 家次企业接受专业的环境风险评估,发现问题 14000 条,排查较大风险隐患 2000 多个。三是积极推动食品安全责任险。保险公司积极参加全省餐饮业食品责任保险招标工作,12 家公司组成共保体,在江苏国际餐饮博览会期间进行广泛宣传。全省已有 4 家餐饮集团企业(23 家单位)签订投保协议,签约保费 5.1 万元。

三、江苏人身保险发展状况

(一)江苏人身保险基本情况

1. 保费收入

2015 年全省人身保险业务实现原保险保费收入 1317.72 亿元,同比保费增加近 240 亿元,同比增长率 22.30%,增速较上年同期增长 6.13 个百分点。人身保险业务原保费收入占总保费收入的比例升高,截至 2015 年末达到 66.22%,较 2014 年上升了 2.23 个百分点。详见表 9-19 和图 9-15。

表 9－19　2006—2015 年江苏人身保险原保费收入情况表（单位：亿元）

年份	人身保险保费收入	总保费收入	人身保险保费收入占总保费收入比	人身保险保费收入增长率
2006	382.41	502.83	76.05%	11.27%
2007	419.54	576.64	72.76%	9.71%
2008	594.29	775.40	76.64%	41.65%
2009	679.34	907.73	74.84%	14.31%
2010	850.76	1162.67	73.17%	25.23%
2011	820.10	1200.02	68.34%	−3.60%
2012	860.36	1301.28	66.11%	4.91%
2013	927.47	1446.08	64.67%	7.80%
2014	1077.47	1683.76	63.99%	16.17%
2015	1317.72	1989.92	66.22%	22.30%

数据来源：国家统计局。

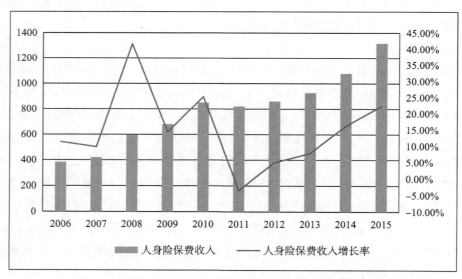

图 9－15　2006—2015 年江苏人身保险保费及增长率统计图

　　表 9－20 显示,2015 年江苏人身保费规模总量前三位的地区是南京、苏州、无锡,占全省人身保险保费比均超过 10%。其中,南京占比 19.25%,苏州占比 15.84%,无锡占比 10.41%。规模后三位的淮安、连云港、宿迁,占全省人身保险保费收入的比重均不超过 4%,分别为淮安 3.25%,连云港 3.20%,宿迁 2.17%。后三位地区保费总额度占前三位地区保费总额度的 18.95%,江苏省人身保险地区不平衡现象依然明显,原因在于江苏省各地区经济发展水平、居民人均收入差距、人口分布等存在较大差距。

从保费增长速度上来看,全省各地区平均增速为21.99%。扬州、连云港和徐州呈快速增长势头,增速位列前三名,分别达到34.39%,31.09%和30.99%。

表9-20　2014—2015年江苏各地区人身保险保费及增长统计表(单位:亿元)

保费收入排名	地区	人身保险保费收入(2015年)	占全省比例(2015年)	人身保险保费收入(2014年)	占全省比例(2014年)	人身保费同比增速	人身保险保费增速排名
1	南京	253.65	19.25%	200.81	18.64%	26.31%	4
2	苏州	208.72	15.84%	168.66	15.65%	23.75%	6
3	无锡	137.22	10.41%	117.13	10.87%	17.15%	11
4	南通	124.83	9.47%	105.34	9.78%	18.50%	9
5	常州	108.29	8.22%	90.30	8.38%	19.92%	7
6	徐州	88.76	6.74%	67.76	6.29%	30.99%	3
7	扬州	81.13	6.16%	60.37	5.60%	34.39%	1
8	盐城	74.21	5.63%	62.65	5.81%	18.45%	10
9	泰州	70.40	5.34%	60.92	5.65%	15.56%	12
10	镇江	56.89	4.32%	47.92	4.45%	18.72%	8
11	淮安	42.89	3.25%	40.72	3.78%	5.33%	13
12	连云港	42.16	3.20%	32.16	2.98%	31.09%	2
13	宿迁	28.59	2.17%	22.75	2.11%	25.67%	5

数据来源:江苏统计年鉴。

2. 给付支出

如表9-21所示,2015年江苏人身保险给付支出总金额为329.56亿元,同比增长17.50%。其中人寿保险给付支出268.21亿元,是人身保险给付的主体,占人身保险给付总额的81.38%,给付支出同比增加15.67%。健康险给付支出46.09亿元,占人身保险给付总额的13.99%,给付支出同比增加31.09%。意外伤害保险给付支出15.26亿元,占人身保险给付总额的4.63%,给付支出同比增长13.46%。表9-22给出了2015年江苏各地区分险种保费收入和给付情况。

表9-21　2006—2015年江苏人身保险总给付支出及增速(单位:亿元)

年份	人寿保险		健康保险		意外伤害保险		人身保险	
	给付金额	给付增速	给付额度	给付增速	给付金额	给付增速	给付金额	给付增速
2006	64.36	20.95%	12.42	37.39%	3.70	12.46%	80.48	22.80%
2007	89.16	38.53%	7.86	−36.71%	4.57	23.51%	101.59	26.23%

年份	人寿保险		健康保险		意外伤害保险		人身保险	
	给付金额	给付增速	给付额度	给付增速	给付金额	给付增速	给付金额	给付增速
2008	129.54	45.29％	11.12	41.48％	5.37	17.51％	146.03	43.74％
2009	124.89	－3.59％	15.31	37.68％	5.92	10.24％	146.12	0.06％
2010	92.38	26.03％	17.99	17.50％	7.01	18.41％	117.38	－19.67％
2011	108.95	17.94％	28.60	58.98％	8.36	19.26％	145.91	24.31％
2012	119.03	9.25％	17.85	－37.59％	10.02	19.86％	146.90	0.68％
2013	188.62	58.46％	24.00	34.45％	11.88	18.56％	223.80	52.34％
2014	231.87	22.93％	35.16	46.50％	13.45	13.21％	280.48	25.33％
2015	268.21	15.67％	46.09	31.09％	15.26	13.46％	329.56	17.50％

数据来源：江苏统计年鉴。

表 9－22　2015 年江苏人身保险分地区分险种保费收入与给付情况表（单位：万元）

地区	人寿保险		健康险		意外伤害保险		人身保险	
	保费收入	赔付支出	保费收入	赔付支出	保费收入	赔付支出	保费收入	赔付支出
南京	1970652.50	405729.37	459002.01	94071.67	106870.07	23189.16	2536524.58	522990.2
无锡	1133012.05	297961.33	184346.59	41415.21	54903.10	19016.24	1372261.74	358392.78
徐州	753766.09	199843.38	106058.40	33511.54	27738.36	6556.88	887562.85	239911.8
常州	894963.04	192070.65	152068.52	36420.21	35886.53	12246.08	1082918.09	240736.94
苏州	1659469.55	313833.93	312007.48	79338.48	115678.76	30888.79	2087155.79	424061.2
南通	1042193.54	352077.10	154927.90	41779.98	51064.86	19251.63	1248186.3	413108.72
连云港	358997.55	81980.74	49230.51	12414.52	13384.02	3843.33	421612.08	98238.59
淮安	362922.32	91230.88	46093.08	20483.32	19804.51	4020.69	428819.91	115734.89
盐城	633726.69	164354.50	82883.02	33416.24	25461.46	7170.95	742071.17	204941.68
扬州	703799.57	195238.69	79309.07	23004.07	28231.52	7833.45	811340.16	226076.21
镇江	494836.11	131654.03	51770.28	12085.89	22291.68	6768.60	568898.07	150508.51
泰州	596896.62	207401.83	81009.26	19870.21	26090.01	8087.54	703995.89	235359.58
宿迁	234007.77	48736.72	37092.03	13050.16	14777.60	3721.05	285877.4	65507.93

数据来源：江苏统计年鉴。

(二)江苏人身保险市场竞争态势

1.经营主体数量

截至 2015 年底,省内人身保险市场共有人身保险公司 55 家,法人机构 3 家,分别是利安人寿、东吴人寿和国联人寿。55 家公司中含中资 35 家,外资 20 家。较上一年度,中资新增国联人寿江苏分公司和前海人寿江苏分公司。

2.市场结构

2015 年,江苏人身保险公司共实现原保险保费收入 1317.72 亿元,占保险市场原保费收入的 66.22%。在各人身保险公司中,国寿股份、太保寿险、平安寿险原保险保费收入在江苏市场上位列前三。此处以江苏前三家人身保险公司保费收入占全省人身保险保费收入总和,作为衡量江苏省人身保险市场集中度的指标。

表 9-23　2006—2015 年全国人身保险市场集中度

年份	市场份额前三(从高到低)	集中度(CR3)
2006	国寿股份、平安寿险、太保寿险	71.6%
2007	国寿股份、平安寿险、太保寿险	56.0%
2008	国寿股份、平安寿险、太保寿险	53.1%
2009	国寿股份、平安寿险、太保寿险	50.8%
2010	国寿股份、平安寿险、新华人寿	55.8%
2011	国寿股份、平安寿险、新华人寿	55.7%
2012	国寿股份、太保寿险、平安寿险	58.9%
2013	国寿股份、平安寿险、新华人寿	53.7%
2014	国寿股份、平安寿险、新华人寿	48.5%
2015	国寿股份、平安寿险、新华人寿	43.2%

数据来源:中国统计年鉴。

表 9-24　2006—2015 年江苏人身保险市场集中度

年份	市场份额前三(从高到低)	集中度(CR3)
2006	中国人寿、平安寿险、太保寿险	34.6%
2007	国寿股份、太保寿险、平安寿险	74.2%
2008	国寿股份、太保寿险、平安寿险	57.4%
2009	国寿股份、平安寿险、太保寿险	55.8%
2010	国寿股份、平安寿险、太保寿险	59.6%
2011	国寿股份、太保寿险、平安寿险	57.8%
2012	国寿股份、太保寿险、平安寿险	58.9%

年份	市场份额前三(从高到低)	集中度(CR3)
2013	国寿股份、太保寿险、平安寿险	57.1%
2014	国寿股份、太保寿险、平安寿险	50.8%
2015	国寿股份、太保寿险、平安寿险	46.24%

数据来源:江苏统计年鉴。

从表9-24可以看出,2006—2015年江苏人身保险市场集中度逐渐下降,从2006年的84.6%下降到2015年的46.24%,这说明江苏人身保险市场竞争日趋激烈。尽管如此,2015年江苏人身保险市场的集中度仍高于全国平均水平,江苏人身保险市场集中度仍有进一步下降的可能。近九年来,国寿股份、太保寿险和平安寿险市场份额在江苏市场上一直稳居前三位,这与全国市场上份额前三家排名有所区别(参见表9-23)。

(三)江苏人身保险发展水平

1.保险密度

人身保险的保险密度反映了该地区人身保险的普及程度,是衡量人身保险市场发展情况的一项重要指标。2015年,江苏省人身保险密度达到1652.11元/人,显著高于全国人身保险密度1184.55元/人,增加了22.05%。江苏人身保险密度增速提高了6.18个百分点,增速略低于全国平均增速。原因之一在于江苏人身保险保险密度已领先全国,保费收入基数较大。具体数据请见表9-25和图9-16。

表9-25　江苏及全国人身保险密度统计表

年份	江苏人口数量(亿人)	江苏人身保险保险密度(元/人)	江苏人身保险保险密度增速	全国人口数量(亿人)	全国人身保险保险密度(元/人)	全国人身保险保险密度增速
2006	0.7656	499.49	10.16%	13.14	277.40	22.05%
2007	0.7723	543.23	8.76%	13.21	381.38	37.48%
2008	0.7762	765.64	40.94%	13.28	560.81	47.05%
2009	0.7810	869.83	13.61%	13.35	618.84	10.35%
2010	0.7869	1081.15	24.29%	13.41	792.87	28.12%
2011	0.7899	1038.23	−3.97%	13.47	721.71	−8.97%
2012	0.7920	1086.31	4.63%	13.54	750.15	3.94%
2013	0.7939	1168.25	7.54%	13.61	808.96	7.84%
2014	0.7960	1353.61	15.87%	13.68	952.59	17.75%
2015	0.7976	1652.11	22.05%	13.75	1184.55	24.35%

数据来源:江苏统计年鉴,江苏保险网,中国保监会,国家统计局。

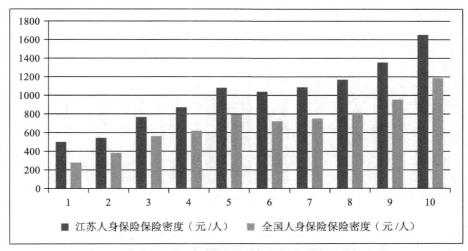

图 9-16 2006—2015 年全国及江苏人身保险保险密度统计图(单位:元/人)

2. 保险深度

保险深度是指某地区保费收入占该地国内生产总值(GDP)之比,反映了保险业在该地区国民经济中的地位。保险深度取决于该地区经济总体发展水平和保险业的发展程度。如表 9-26 和图 9-17 所示,2015 年江苏人身保险深度相比 2014年小幅上升,达到 1.88%,但仍低于 2.36% 的全国平均水平。

表 9-26 2006—2015 年江苏及全国人身保险市场保费及保险深度统计表

年份	江苏 GDP (亿元)	江苏人身保险保费 (亿元)	江苏保险深度	全国 GDP (亿元)	全国人身保险保费收入 (亿元)	全国保险深度
2006	21742.05	382.41	1.76%	219439	3645.00	1.66%
2007	26018.48	419.54	1.61%	270232	5038.02	1.86%
2008	30982.98	594.29	1.92%	319516	7447.53	2.33%
2009	34457.30	679.34	1.97%	349081	8261.47	2.37%
2010	41425.48	850.76	2.05%	413030	10632.33	2.57%
2011	49110.27	820.10	1.67%	489301	9721.43	1.99%
2012	54058.22	860.36	1.59%	540367	10157.00	1.88%
2013	59753.37	927.46	1.55%	595244	11009.98	1.85%
2014	65088.32	1077.47	1.66%	643974	13031.43	2.02%
2015	70116.38	1317.72	1.88%	689052	16287.55	2.36%

数据来源:江苏统计年鉴,中国统计年鉴。

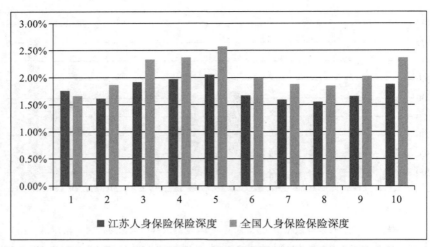

图 9‑17　2006—2015 年江苏及全国人身保险深度统计图

　　江苏人身保险保险深度低于全国水平的原因之一在于江苏 GDP 体量巨大。从另一方面也反映了江苏人均的人身风险保障水平落后于经济增长。据统计，2015 年江苏城市居民可支配收入为 37173 元，农村居民家庭人均收入为 16257 元，全省人均储蓄余额为 42915.60 元。2015 年，江苏人身保险密度为 1652.11 元/人，仅占人均储蓄余额的 3.85%，江苏人身保险市场发展空间巨大。

（四）江苏人身保险各险种规模及增长情况

　　表 9‑27 显示，2015 年江苏意外伤害保险保费收入 54.22 亿元，在人身保险保费中占比 4.11%，较 2014 年下降 0.39 个百分点；健康保险保费收入 179.58 亿元，在人身保险保费中占比 13.63%，较 2014 年上升 3.21 个百分点；人寿保险保费收入 1083.92 亿元，在总保费中占比 82.26%，较 2014 年下降 2.82 个百分点。图 9‑18直观地反映了 2015 年江苏人身保险险种结构。近年来人寿保险始终是人身保险的主要组成部分，但人寿保险保费收入占比呈逐年递减的趋势，意外伤害保险保费收入占比相对稳定，而健康保险则呈缓慢增加趋势。随着收入水平的提高，消费者健康需求和风险规避需求的增加，保险意识日渐提高，人身保险发展空间较大。

表 9‑27　2006—2015 年江苏人身保险分险种保费收入情况表(单位:亿元)

年份	意外伤害保险保费收入	意外伤害保险保费收入占比	健康保险保费收入	健康保险保费收入占比	人寿保险保费收入	人寿保险保费收入占比
2006	12.55	3.28%	32.03	8.38%	337.83	88.34%
2007	15.85	3.78%	28.08	6.69%	375.61	89.53%
2008	18.31	3.08%	47.79	8.04%	528.19	88.88%

年份	意外伤害保险保费收入	意外伤害保险保费收入占比	健康保险保费收入	健康保险保费收入占比	人寿保险保费收入	人寿保险保费收入占比
2009	20.40	3.00％	39.45	5.81％	619.49	91.19％
2010	25.96	3.05％	44.39	5.22％	780.41	91.73％
2011	31.08	3.79％	47.93	5.84％	741.09	90.37％
2012	35.20	4.09％	59.29	6.89％	765.87	89.02％
2013	41.88	4.52％	76.41	8.24％	809.17	87.25％
2014	48.47	4.50％	112.27	10.42％	916.72	85.08％
2015	54.22	4.11％	179.58	13.63％	1083.92	82.26％

数据来源:江苏保监局。

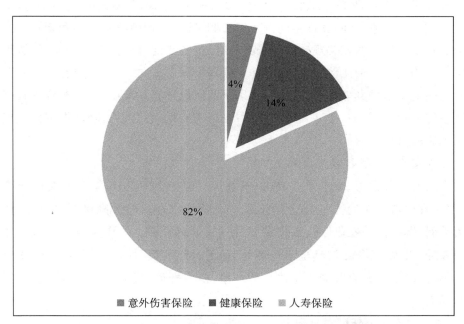

图 9‑18　2015 年江苏人身保险各险种占比示意图

四、江苏保险业监管与改革

2015 年江苏保险监管的现代化建设稳步推进,行业市场化改革促进创新成绩斐然,不仅让经营风险得到有效治理,也让行业整体实力显著增强,对社会经济的发展发挥了更大作用,保险业的社会地位和形象得以提升。

(一)制度化建设继续推进

2015 年,江苏保监局认真落实中国保监会各项监管制度,并结合江苏实际情

况出台了若干地方性行业法规和规章制度。2015年江苏保险监管与改革的制度建设包括以下几个方面:

1. 完善城乡居民基本养老保险制度

2015年,江苏省办公厅出台《关于进一步完善城乡居民基本养老保险制度的意见》,完善江苏省城乡居民基本养老保险制度:一是扩大参保范围,凡具有江苏省户籍,年满16周岁(不含在校学生),非国家机关和事业单位工作人员及不属于职工基本养老保险制度覆盖范围的城乡居民,均可以在户籍地参加城乡居民基本养老保险;二是提高缴费标准,将个人缴费标准设为每年100元、300元、400元、500元、600元、700元、800元、900元、1000元、1500元、2000元、2500元12个档次,相较于以前有所提高;三是建立终身个人账户,年满60周岁即可按月领取养老保险,养老金待遇由基础养老金和个人账户养老金两部分构成,支付终身。

2. 医保支付政策向基层倾斜

2015年江苏医改进入深水区,坚持医疗、医药、医保联动改革,整体推进、重点突破。在医保改革方面,江苏省明确了城镇职工医保、城镇居民医保和新农合参保对象实行基层首诊的相关规定,医保支付政策进一步向基层倾斜,拉开不同级别定点医疗机构间的报销比例差距,引导建立合理的就医流向。主要包括三个层面:一是对按规范从基层办理转诊的,实行差别化的医保结算政策;二是对符合下转指征转至基层治疗、康复的,提高其报销比例;三是未按程序就医的,降低报销比例或不予报销医药费用。

3. 部署2015年全省农业保险工作

省政府办公厅于2015年5月25日发文,要求做好2015年全省农业保险工作,切实发挥农业保险各项功能作用,进一步优化农业保险体制机制,扩大农业保险覆盖面,继续推动农业保险工作持续、协同、创新发展。工作主要内容包括加强组织领导、巩固运营模式、健全市场体系、完善补贴政策、加强防损减灾、强化保险监管等,促进全省农业保险工作再上新水平,奋力开创"迈上新台阶、建设新江苏"的新局面。

(二)监管与创新同时进行

2015年江苏保险监管及改革工作以科学发展为主题,更加注重维护基层群众的利益,着力解决涉及养老、医疗、农业等民生问题,推行新险种、扩大风险保障范围,综合治理行业顽疾,切实维护行业健康发展。

1. 引导保险资金服务社会发展

截至2015年末,江苏省保险资金投资余额1898.54亿元,涉及保障房、城乡一体化建设、基础设施建设等一批重大项目。保险业共承办全省93个基本医保统筹区中75个统筹区的大病保险项目,统筹区覆盖率达81%,服务人口4853万人,赔付金额超过8亿元。

2. 医疗责任保险的"启东模式"

2014年启东市建立医疗纠纷第三方调节机制,新机制在2015年顺利运行。"启东模式"的特点主要有:一是政府推动,多部门联动建立医疗纠纷综合处理工程;二是市场运作,建立医疗行业风险社会化分担机制;三是人民调解,有效预防和化解医疗纠纷,确保社会公信力;四是中介参与,多方协调维护整体机制长效运行。"启东模式"体现出了地方政府高度重视、机制模式定位准确、保险产品因地制宜、第三方运作专业规范、各方受益积极性高等特点,体现出了模式、制度、产品、服务等方面的创新,让政府从具体的社会管理事务中解脱出来,也使保险公司找到了控制理赔风险的全新体制。

3. 推动特色生猪价格指数保险

生猪养殖是重要的农业产业,直接关系民生,维持生猪产业平稳发展、保护养殖者和消费者利益,政府具有责无旁贷的义务。为稳定生猪市场,降低养殖者的市场风险,江苏省于2014年底推出生猪价格指数保险,规定如果生猪出栏当月猪粮比价平均值低于5.8∶1,投保者就能按照保险合同约定获得赔偿,赔偿比例系数依据价格波动情况而定。生猪价格指数保险的出现,使养殖者可以得到保底收益的保障,大大提高了养殖者的积极性。江苏生猪价格指数保险的创新开办,有助于实现在大灾发生时的及时赔付、充足赔付,保护了养殖户的利益和养殖、投保积极性,受到了相关政府和监管部门的高度肯定,对发挥创新优势、助力市场准入、实现业务新突破,提升风险综合管控水平将起到积极作用。

互联网金融篇

第十章　江苏省互联网金融发展现状分析

　　2015 年是"互联网＋"元年,在政府、协会以及企业积极推动下,江苏互联网金融呈现出爆发式发展。创新是永恒不变的主旋律,是一个产业长盛不衰的动力源泉。

一、政策指导

　　2015 年 3 月 5 日上午十二届全国人大三次会议上,李克强总理在政府工作报告中首次提出"互联网＋"行动计划。李克强总理在政府工作报告中提出,制定"互联网＋"行动计划,推动移动互联网、云计算、大数据、物联网等与现代制造业结合,促进电子商务、工业互联网和互联网金融健康发展,引导互联网企业拓展国际市场。

　　2015 年 4 月 8 日,江苏省人民政府印发了《省政府关于加快互联网平台经济发展的指导意见》,提出互联网平台经济(以下简称平台经济)是基于互联网、云计算等新一代信息技术的新型经济形态,明确了互联网经济发展的总体思路和目标,促进互联网在各行各业深入应用、良性互动;同时聚焦发展重点,如工业、农业、金融、政务、文化、民生等;做强关键性产业,提升新一代信息技术产业、培育壮大互联网服务业;促进产业集聚,建设特色园区、完善公共服务;培育龙头企业·推进并购重组、鼓励跨界做强;扩大市场拉动,促进信息消费、增加政府采购;强化人才支撑,引进优秀人才、培养领军人才;加大财税金融支持,落实财税政策,专项聚焦支持,加强金融扶持;优化发展环境,提升网络基础,构建诚信体系,营造文化氛围,保障信息安全。这些措施促进了江苏省互联网经济的进一步发展,对于做强做大现代服务业,推动产业持续创新和经济转型升级,加快构建现代产业体系,促进经济发展迈上新台阶,具有重要意义。

　　为鼓励金融创新,促进互联网金融健康发展,明确监管责任,规范市场秩序,经党中央、国务院同意,中国人民银行等十部委于 2015 年 7 月 18 日印发了《关于促进互联网金融健康发展的指导意见》。《指导意见》中定义互联网金融是传统金融机构与互联网企业(以下统称从业机构)利用互联网技术和信息通信技术实现资金融通、支付、投资和信息中介服务的新型金融业务模式。《指导意见》按照"鼓励创新、防范风险、趋利避害、健康发展"的总体要求,提出了一系列鼓励创新、支持互联网金融稳步发展的政策措施,积极鼓励互联网金融平台、产品和服务创新,鼓励从业机构相互合作,拓宽从业机构融资渠道,坚持简政放权和落实、完善财税政策,推动信用基础设施建设和配套服务体系建设。《指导意见》按照"依法监管、适度监管、分类监管、协同监管、创新监管"的原则,确立了互联网支付、网络借贷、股权众筹融资、互联网基金销售、互联网保险、互联网信托和互联网消费金融等互联网金融主要业态的监管职责分工,落实了监管责任,明确了业务边界。《指导意见》坚持以市场为导向发展互联网金融,遵循服务好实体经济、服从宏观调控和维护金融稳定的总体目标,切实保障消费者合法权益,维护公平竞争的市场秩序,在互联网行业管理,客户资金第三方存管制度,信息披露、风险提示和合格投资者制度,消费者权益保护,网络与信息安全,反洗钱和防范金融犯罪,加强互联网金融行业自律以及监管协调与数据统计监测等方面提出了具体要求。

为深入贯彻党的十八大、十八届三中四中五中全会和习近平总书记系列重要讲话特别是视察江苏时的重要讲话精神,认真落实省委、省政府关于加快推进金融改革创新的意见(苏发〔2014〕17号),结合中国人民银行等十部委关于促进互联网金融健康发展的指导意见(银发〔2015〕221号),大力发展新型金融组织和新兴金融业态,促进江苏省互联网金融持续健康发展,2015年11月9日,江苏省人民政府印发《省政府关于促进互联网金融健康发展的意见》,提出发展互联网金融,有利于拓宽小微企业融资渠道,促进大众创业、万众创新,有利于丰富地方金融业态,提高金融服务水平,有利于满足公众金融消费需求,增加居民财产性收入。江苏省发展互联网金融具备良好的基础,城镇光纤覆盖率、网民人数、电子信息产品制造业、物联网产业、电子商务等位居全国前列;中小企业数量众多,金融服务需求日益多元;金融改革创新能力强,金融生态环境好。各地、各有关部门和单位要认真研究和把握互联网经济发展规律,运用互联网思维,立足江苏省具备的优势、条件和基础,找准发展互联网金融的着力点和创新点,推动江苏省互联网金融改革创新走在全国前列。

二、江苏省互联网普及应用基础

截至2015年12月底,江苏省网民规模为4416万人,与2014年相比增长142万人,增长了3.3个百分点。江苏省互联网普及率为55.5%,比去年增长了1.7个百分点,比全国平均水平(50.3%)高5.2个百分点。苏南、苏中、苏北三大地区对比来看,苏南地区经济发展状况最好,互联网普及率达到60.8%,显著高于其他两个地区;13地市对比来看,九地市的互联网普及率高于全国平均水平,人均GDP居江苏省前三位的苏州、常州、南京三地,互联网普及率均在60%以上,占据前三甲的位置。

截至2015年12月底,江苏省手机网民规模为4067万人,比去年同期增长327万人,增加了8.7个百分点,增速显著高于整体网民增速;手机网民在网民中所占比例为92.1%,比去年同期增长了4.6个百分点,比全国平均水平高出2个百分点。随着大屏智能手机的普及、网络覆盖能力的提升、上网资费的下降、移动互联网使用场景的不断丰富，手机不断挤占其他个人上网设备的使用，台式电脑、平板电脑的使用率不断下降。

工业和信息化部《通信行业统计月报》显示，截至 2015 年 12 月底，江苏省光缆线路总长度为 251.2 万公里，位居全国第一。其中，长途光缆线路长度为 3.9 万公里，本地网中继光缆线路长度为 94.9 万公里，接入网光缆线路长度为 152.4 万公里。江苏省互联网省际出口带宽为 13590G，位居全国第二，同比增长 50.8%；江苏省互联网宽带接入端口总数为 3572 万个，位居全国第二；江苏省移动电话基站数为 32.5 万个，位居全国第三；江苏省 IPv4 地址数量 1602 万个，占全国 IPv4 地址总数的 4.76%，居全国第五位；江苏省域名总数达 1303497 个，占全国域名总数的 4.2%，居全国第八位。其中 CN 域名数为 464561 个，占 CN 域名总数的 2.8%；备案网站总数达 38.3 万个，备案网站主体达 31.4 万个；江苏省固定互联网宽带接入用户总数达 2183.1 万户，4M 以上用户占 97.8%，其中速率在 4M—8M 的宽带用户占比为 18.3%，速率在 8M—20M 的宽带用户占比为 39.2%，速率在 20M 以上的宽带用户占比为 40.2%；共颁发增值电信业务经营许可证 2643 个，获得许可证的增值电信企业有 2033 家。

2015 年，江苏省推进城乡光纤网络建设和无线城市建设，构建 3G/4G、LTE、Wi-Fi 无线高速宽带网，在全国率先实现热点区域全覆盖。截至 2015 年 12 月底，江苏手机网民中，通过 3G/4G 上网的比例为 87.4%；整体网民中，95.2% 的人在最近半年内曾通过 Wi-Fi 无线网络接入互联网，比全国平均水平高出 3.4 个百分点。基础设施建设的提升，为广大网民随时随地接触互联网提供了有力保障。

与 2014 年同期对比来看：基础类应用中，即时通信、搜索引擎使用率基本持平，网民在使用深度和用户体验上有较大突破，网络新闻方面，用户的个性化、精准化推荐成为现实，用户使用率提升了 6.3 个百分点；娱乐类应用中，网络音乐、网络视频的使用率呈不断增长趋势，与去年同期相比分别增长了 1.8、3.9 个百分点，网络游戏与去年同期相比下降了 2.4 个百分点；商务交易类和金融类应用中，网络购物、网上支付、网上银行、旅行预订、团购、互联网理财等应用的使用率均有不同程度的上升，其中网络购物、旅行预订和团购的上升幅度在 4 个百分点左右，网上支付、网上银行和互联网理财的上升幅度都在 6 个百分点以上；随着手机端沟通交流工具的逐渐增多，博客/个人空间、电子邮件、论坛/BBS 等应用的使用率不断下降，与全国整体趋势一致。江苏省发展互联网金融具备良好的基础，城镇光纤覆盖率、网民人数、电子信息产品制造业、物联网产业、电子商务等位于全国前列；中小企业数量众多，金融服务需求日益多元；金融改革创新能力强，金融生态环境好。

江苏省是长三角地区商业贸易活跃的省份，在实体经济的带动下，随着网民规模的不断扩大，经营业态日趋丰富，江苏省呈现大型电商平台成长迅速、跨境电商平台发展势头良好、中小市场主体发展迅速的良好态势,网络交易集聚效应逐步显现。苏宁云商、途牛网、同程网等大型电商平台企业交易额逐步提升,竞争力不断增强;苏宁易购、金鹰商贸的"金鹰购"、苏果"e万家"等跨境电商平台发展势头良好;龙潭跨境电子商务产业园正式运营,跨境电商已成为外贸新的增长点;据阿里巴巴集团统计,2015年全国范围内符合标准的780个淘宝村中,江苏省占了127个,在2014年基础上翻了两番以上。进一步加快江苏省电子商务的发展,应贯彻实施国务院《关于积极推进"互联网+"行动的指导意见》,推动电子商务与制造业、服务业、农业等产业的融合,加快培育移动电子商务、O2O模式等新兴业态,加快在线支付、物流配送、信息化基础设施等配套服务体系建设,促进新形势下江苏省平台经济的健康快速发展,提供新的空间和有效支撑。

三、江苏互联网金融发展现状概述

(一)互联网第三方支付

2015年中国第三方互联网支付交易规模达118674.5亿元,同比增长46.9%,增速有所放缓。主要原因是由于移动互联网的快速发展,使用户行为向移动端迁移,加上各互联网巨头、传统机构纷纷布局移动互联网领域,加快用户的转移速度,用户习惯不断在移动端养成,互联网支付用户的平台使用黏性下降。2015年支付宝用户移动端支付占比已超过半数,达到65%的比例,PC端的用户黏性不断下降,

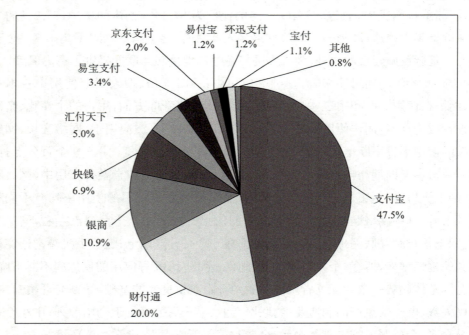

图10-1 2015年中国十大第三方支付平台

资料来源:艾瑞咨询。

表 10－1　江苏省第三方支付牌照公司列表（截至 2015 年 12 月）

序号	许可证编号	公司名称	地　址	互联网支付	预付卡发行受理	业务范围	发证批次及日期	有效期至
1	Z2003932000016	南京市市民卡有限公司	南京经济技术开发区新港大道 82 号		√	江苏	第二批 2011/08/31	2016/08/28
2	Z2004632000017	江苏瑞祥商务有限公司	江苏省镇江市中山东路 423 号八楼		√	江苏	第三批 2011/12/22	2016/12/21
3	Z2010832000012	南京苏宁易付宝网络科技有限公司	南京市玄武区玄武大道 699－19 号 5 幢	√		全国		
4	Z2010932000011	双乾网络服务（苏州）有限公司	苏州工业园区星湖街 326 号创意产业园内 15－301 单元	√		全国		
5	Z2012632000010	江苏省电子商务服务中心有限责任公司	南京市虎踞北路 10 号 6 幢	√	√	互联网支付（全国）,预付卡发行与受理（江苏省）	第四批 2012/06/27	2017/06/26
6	Z2014032000012	常州市爱心消费经纪服务有限公司	常州市钟楼区广化街 8 号		√	江苏		
7	Z2014132000011	江苏大众书局商务服务有限公司	南京市六合区雄州街道棠城西路 148 号（金牛湖管委会内）		√	江苏		
8	Z2014232000010	南京万商商务服务有限公司	南京市秦淮区雨花路 47 号		√	江苏		
9	Z2014332000019	江苏鸿兴达邮政商务资讯有限公司	南京市中山路 362 号		√	江苏		

续 表

序号	许可证编号	公司名称	地 址	互联网支付	预付卡发行受理	业务范围	发证批次及日期	有效期至
10	Z201443200018	江苏旅通商务有限公司	常州市新北区汉江路 1 号		√	江苏		
11	Z201453200017	无锡市民卡有限公司	无锡蠡园开发区 06 - 4 地块写字楼（滴翠路 100 号）B 栋 10 楼		√	江苏		
12	Z201463200016	苏州市城市信息化建设有限公司	苏州市平江区干将东路 566 号		√	江苏		
13	Z202033200016	江苏飞银商务智能科技有限公司	无锡市滨湖区湖滨路 3 号		√	江苏		
14	Z202173200010	南京会购信息科技有限责任公司	南京市白下区光华东街 6 号		√	江苏	第六批 2013/01/06	2018/01/06
15	Z202183200019	江苏金禧智能卡管理有限公司	无锡市清扬路 91 - 99（单号）- 5023		√	江苏		
16	Z202293200016	艾登瑞德（中国）有限公司	无锡新区龙山路 4 号旺庄科技创业中心 C 幢 1003 室二号房			江苏省、上海市、北京市、四川省	第七批 2013/07/06	2018/07/05

互联网交易规模增速有所放缓;2015 年财付通金融战略升级,将移动支付与互联网支付相结合,为用户进行全方位的支付理财服务,并取得了较为不错的成绩,2015 年市场份额占 20%。

值得注意的是,在年度报告中,除了支付宝、财付通等支付巨头长期占据市场份额前两位,一些独立的第三方支付企业发展势头也不容小觑。宝付在本次年度报告中脱颖而出,以 1.1% 的占比,挤进 2015 年中国第三方互联网支付交易规模前十的位置,成为年度排行榜中的新锐。

企业要获得更大的客户基础和数据支撑、货币流量,就要掌握客户的支付方式,推出具有影响力的第三方支付平台就显得至关重要,江苏省企业也及时把握这一良机,致力于第三方支付工具的创新和开发,截至 2015 年底,央行在全国发放的第三方支付牌照有 270 个,除去 3 家机构因违规被注销牌照,市场上现存有效支付牌照仅 267 张。其中江苏省入围者有 16 家,占全国 5.95%。

目前,第三方支付牌照的资质有网络支付、预付卡的发行与受理、银行卡收单、货币汇兑、互联网支付、移动电话支付、固定电话支付、数字电视支付。而江苏省已经取得预付卡发行与受理牌照 16 家,互联网支付牌照仅 3 家,业务范围较窄,业务覆盖范围也几乎都限于省内。所有的相关企业都在省会南京或者苏锡常镇等苏南地市,地域差别极其明显。

(二) P2P 网络借贷

P2P 网络借贷(P2P 是英文 peer to peer 的缩写,所以也称点对点借贷)是目前应用范围较广的一种互联网金融模式,起源于英国,随后发展到美国、德国和其他国家,针对个体与个体之间,大大降低了旧有借贷模式的门槛,提供给消费者更为宽广的借贷途径,一定程度上解决了小微企业融资难的问题。在现有的互联网金融的主要业态中,P2P 借贷行业的整体情况显得最为复杂,同时也是各个业态中发展的最为迅速和繁荣的领域。

根据网贷之家联合盈灿咨询发布的《中国 P2P 网贷行业 2015 年 12 月月报》显示,截至 2015 年 12 月底,网贷行业运营平台达到了 2595 家,相比 2014 年底增长了 1020 家,绝对增量超过去年再创历史新高,全年累计成交量达到 9323.04 亿元,历史累计成交量达到了 13652.21 亿元。由于监管细则征求意见稿已经落地,预计 2016 年网贷行业运营平台不会大幅度增长。

2015 年 12 月 P2P 网贷行业整体成交量达到了 1337.48 亿元,环比 11 月上升了 0.47%,伴随着政策利好的支持,网贷人气进一步的攀升,越来越多的投资者将 P2P 网贷作为个人资产配置的一部分,P2P 网贷行业成交量在 2015 年出现了强劲的增长。由于 12 月网贷成交量再创历史新高,虽然增长幅度有限,但是 P2P 网贷行业贷款余额亦随之同步走高。12 月 P2P 网贷行业贷款余额已增至 4394.61 亿元,12 月网贷行业贷款余额环比 11 月增加 9.72%,同比 2014 年底增长了 324.19%。

表 10-2　2015 年江苏省网贷平台概况一览

月份	成交量(亿元)	月环比增长	运营平台数量	月环比增长	当月问题平台数量	累计问题平台数量	贷款余额(亿元)	综合利率	平均借款期限(月)	当月投资人数(万)	当月借款人数(万)
1	15.91	1%	93	3%	6	37	37.69	20.63%	4.41	2.2	0.21
2	14.7	-8%	93	0%	4	41	39.54	21.04%	4.45	2.19	0.18
3	20.25	38%	100	8%	2	43	43.44	19.4%	4.99	2.31	0.2
4	23.32	15%	105	5%	2	45	46.15	20.91%	4.98	2.03	0.19
5	19.63	-16%	117	11%	2	47	47.6	19.1%	4.86	1.99	0.2
6	19.59	0%	12	8%	5	52	54.62	20.29%	4.21	1.88	0.21
7	21.35	9%	124	-2%	9	61	62.34	17.36%	5.17	1.89	0.21
8	26.84	26%	125	1%	8	69	74.65	16.54%	4.77	2.27	0.24
9	28.76	7%	131	5%	3	72	84.04	15.55%	5.43	2.42	0.24
10	27.19	-5%	140	7%	2	74	94.76	15.02%	5.54	2.75	0.26
11	27.28	0%	145	4%	7	81	98.52	13.99%	6.04	3.01	0.27
12	26.91 亿元	-1%	142	-2%	13	94	100.15	13.42%	5.28	3.1	0.27

数据来源:网贷之家。

2015 年新上线的网贷平台超 1500 家(含问题平台),这些平台平均注册资金约为 3885 万元,相对于 2014 年的 2784 万元,增长了 1000 多万元。2015 年新上线平台的注册资金多数介于 1000 万元—5000 万元,占比高达 50%,注册资金介于 5000 万元—1 亿元的占比达到 15%,相比 2014 年有所提高。

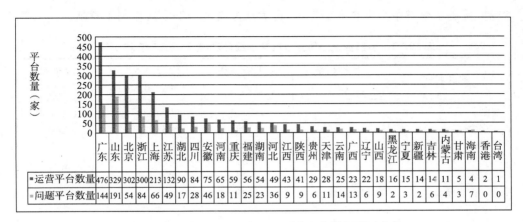

图 10-2　2015 年全国各省市运营平台及问题平台数

资料来源:网贷之家和盈灿咨询《2015 年 P2P 网贷行业年报简报》。

同时,国内 10 月份正常运营的网贷平台数增加到了 2520 家,问题平台数达到了 1078 家,其中,江苏省正常运营网贷平台数有 134 家,占全国平台数的 12.4%,问题平台数 63 家,占全国问题平台数的 5.8%,问题平台数与总平台数的比例为 31.98%,其他省市问题平台数与总平台数的比例分别为:广东省 28.09%,浙江省 29.69%,北京 17.34%,上海 27.67%,可以看出,江苏省相较于其他四个省市问题平台数比例偏高。

从上述数据可以看出,江苏省的网贷成交量在不断增长,说明发展趋势良好,然而可以看到,相比于其他省市,江苏省在成交总量和贷款余额都偏低,并且问题平台数相对偏多,但是随着江苏省各项政策的普及和深入执行,政府监管力度逐渐加大,同时配合江苏省互联网金融协会的引导和监督,江苏省的网贷行业逐渐向更好的方向发展。

(三)网络小额贷款

网络小额贷款是指互联网企业通过其控制的小额贷款公司,利用互联网向客户提供的小额贷款。借贷双方通过网络小额贷款平台,完成借贷工作的申请、借贷资料的整理提交高效完成整个借贷过程,大大加快了中小型企业的融资效率,真正解决了中小企业融资的痛点,即融资小、散、频、急等。网络小额贷款相较于个人网络借贷具有更高的安全性,公司本身兼具小额贷款提供者与贷款平台两个角色,能为消费者提供更可靠的资金证明。

截至 2015 年末,全国共有小额贷款公司 8910 家,贷款余额 9412 亿元,2015 年人民币贷款减少 20 亿元。

江苏省小微企业众多,是带动省内经济发展的中坚力量;然而小微企业融资难日渐突出,成为阻碍企业发展的主要症结。为了缓解并逐步解决这一问题,江苏省很多机构纷纷推出了各具特色的针对小微企业的基于债权、基于全信用等的借贷产品,推动了全省中小微企业的发展,也为江苏省的经济发展作出了贡献。

表 10 - 3　小额贷款公司分地区情况统计表(截至 2015 年 12 月末)

地区名称	机构数量 (家)	从业人员数 (人)	实业资本 (亿元)	贷款余额 (亿元)
全国	8910	117344	8459.29	9411.51
北京市	85	1189	133.99	134.80
天津市	110	1455	130.07	135.63
河北省	480	6454	271.62	281.47
山西省	327	4180	205.26	199.07
内蒙古自治区	428	4205	303.75	312.65
辽宁省	597	6014	384.31	335.49
吉林省	442	4113	108.89	78.93
黑龙江省	261	2448	132.74	120.82
上海市	121	1812	182.10	217.24
江苏省	636	6253	896.23	1060.75
浙江省	336	3915	660.84	791.63
安徽省	458	5468	376.35	424.75
福建省	120	1957	264.05	300.30
江西省	220	2859	232.94	263.94
山东省	339	4722	435.41	481.62
河南省	316	4759	218.52	228.49
湖北省	283	4876	328.76	347.28
湖南省	128	1903	101.22	107.65
广东省	427	9822	616.92	640.21
广西壮族自治区	318	4691	254.60	417.50
海南省	46	638	47.10	51.43
重庆市	253	6023	598.40	842.34
四川省	352	7187	585.91	663.22
贵州省	289	3208	89.04	84.68
云南省	390	4655	186.76	189.79
西藏自治区	12	115	8.10	6.38
陕西省	272	3047	247.31	245.28
甘肃省	350	3745	147.83	122.96
青海省	76	875	48.67	48.67
宁夏回族自治区	160	2101	81.52	77.58
新疆维吾尔自治区	278	2655	180.12	198.97

(四)互联网众筹

2015 年是我国互联网众筹快速发展和积极变革的一年,随着平台数量的大幅增加以及电商巨头、科技媒体、传统金融机构的强势发力,行业整体规模急剧扩大,格局也发生重大变化。

2015 年被认为是"众筹元年",阿里、百度、京东、36 氪、奇虎 360 等互联网企业也纷纷涉足。2015 年 9 月,国务院发布"关于加快构建大众创业万众创新支撑平台的指导意见",支持众创、众包、众扶、众筹的持续健康发展。"指导意见"强调,汇众资促发展,通过互联网平台向社会募集资金,更灵活高效满足产品开发、企业成长和个人创业的融资需求,有效增加传统金融体系服务小微企业和创业者的新功能,拓展创业创新投融资新渠道。

中关村众筹联盟和融 360 大数据研究院 1 月 12 日联合发布《2016 中国互联网众筹行业发展趋势报告》。数据显示,截至 2015 年底,全国正常运营的众筹平台达 303 家,分布在 21 个省份。北京有 63 家平台,其中 38 家为股权类众筹平台。

根据融 360 统计的数据,从 2011 年第一家众筹平台"点名时间"诞生,2012 年新增 6 家。到 2014 年,新增运营平台 142 家,2015 年新增 125 家。但在新平台不断上线的同时,一些老平台因运营不善而停止运营,截至 2015 年停止运营的众筹平台达 32 家,其中 2014 年上线的平台倒闭最多,达 17 家,而 2013 年成立的平台停止运营的概率最高,高达 34.48%。而正常运营的众筹平台中,股权类众筹平台数量最多,达 121 家,占全国总运营平台数量的 39.93%,其次为产品众筹平台为 104 家,纯公益众筹平台最少,仅有 5 家。

产品众筹累计筹款额超过 30 亿元,京东和淘宝双寡头合计占到 70%—80% 的市场份额,二八格局初露端倪。一些优秀的平台积极探索新模式,或努力打造新生活方式入口,重参与、重品味、重乐趣、重场景,而非单纯的重回报(开始众筹、DRE-AMORE);或向纵深方向发展,积极整合上下游产业链资源,提供除资金之外的人才、渠道、传播等多元化服务,创造和分享附加价值。

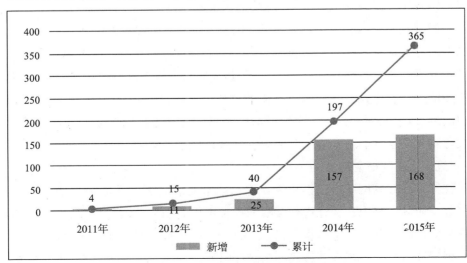

图 10-3　2011—2015 年我国互联网众筹平台数量走势
资料来源:零壹财经《中国互联网众筹年度报告(2015)》。

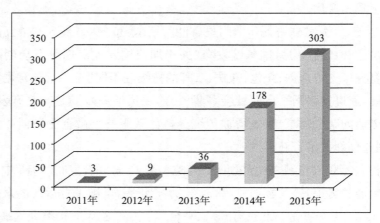

图 10‑4　截至 2015 年末正常运营的众筹平台

数据来源:融 360 金融搜索平台。

股权众筹年度规模在 50—55 亿元,约为去年的 4—5 倍,京东、36 氪等新锐平台后来居上,各类机构加紧布局,行业仍处于跑马圈地阶段。股权众筹平台致力于培育、积累新型融资者和投资者,为项目方提供孵化资源、成长支持等,为投资者提供项目筛选、投后管理等一站式服务。拥有优质资源的电商巨头优势明显:京东金融打造众创生态圈,已覆盖京东各类资源、投资、全产业链服务、培训等体系;阿里系的蚂蚁达客及其战略投资的 36 氪,也围绕自身生态圈大范围布局。其他平台在充分利用自身资源的基础上通过对外合作建立优势,与大量的创投机构对接项目,和同行建立战略合作关系,共享项目和投资人资源。

房产众筹异军突起,累计规模估计在 20 亿元左右,势头强劲。混营型平台整体表现惨淡,且数量有所减少;还有一些新型业态引起行业关注,最为典型的当属阿里的"娱乐宝"以及 DREOMRE 等社交化众筹平台。

互联网众筹平台已分布到 21 个省市,其中,北京正常运营的平台有 75 家,广东和上海分别达到 69 家和 49 家,三者合计 193 家,占到 68.7%的比重。浙江和江苏三省的平台数量分别为 18 家和 13 家,其余均为个位数。值得注意的是,平台数量最多的五个省份,其停运、倒闭或转型者所占比重高达 20%—36%。此外,从统计情况来看,还有部分省份尚未建设众筹平台。这与各地的互联网金融环境及创业文化不无关系;同时,众筹平台的盈利模式也处于探索中。

(五)互联网基金销售

江苏省的互联网基金销售一直在遵从国家的法律法规下健康平稳地发展着,大多数企业都在努力积极地进行互联网基金销售的创新,以客户为服务核心,提供具有针对性的互联网基金销售方案,更加公开透明地进行互联网基金的销售工作。

根据证监会公募基金销售机构名录(2015 年 10 月),该牌照 2001 年开始发放,目前公募基金销售机构共有 248 家,其中,商业银行 117 家、证券公司 98 家、期货公司 13 家、保险公司 4 家、保险代理公司和保险经纪公司 3 家、证券投资咨询机构 6 家、独立基金销售机构 73 家;目前,江苏获得基金销售机构牌照的有 17 家(不含全国性商业银行或证券机构),其中,独立基金销售机构 2 家。2015 年 9 月 18 日,途牛旅游网正式宣布已获得基金销售牌照,由此,途牛旅游网成为首家拥有基金销售业务资格的在线旅游企业。

根据公开募集基金销售支付结算机构名录(2015 年 10 月),该牌照 2010 年开始发放,目前可为公开募集基金销售机构提供支付结算服务的第三方支付机构共有 39 家;目前,江苏获得基金销售机构牌照的有 1 家,2013 年 10 月 9 日,苏宁获得基金销售支付结算牌照。

相较于遥遥领先的北上广浙等地,江苏在该领域还需要加强努力,获得更大发展。

(六)互联网保险

互联网保险是指保险公司利用互联网开展保险业务。

互联网保险具体是指实现保险信息咨询、保险计划书设计、投保、交费、核保、承保、保单信息查询、保全变更、续期交费、理赔和给付等保险全过程的网络化。消费者可以通过互联网选择保险产品,由于互联网强大的信息处理与分享功能,消费者会有更多的选择空间,同时在沟通服务上会更加方便,可以通过网络进行一对一、面对面的交流,在理赔问题上,互联网保险也可以使得消费者拥有更快捷方便的通道处理业务。同样的,对于保险公司,互联网的简便性带来更快的工作效率,节省了更多的资源。

江苏省的互联网保险业务已经发展得较为成熟,各大保险公司都先后开始使用这一模式处理日常的保险业务。江苏作为泰康养老首批发展网销业务的 6 个分公司之一(深圳,北京,上海,江苏,广东,浙江),有着相当好的发展前景,泰康保险已经在江苏把互联网保险市场作为实体渠道的补充,二者形成全面化、多角度、立体化的营销体系,大力提升电子渠道的核心竞争力,争取做到将互联网保险覆盖到江苏的每一个角落。利安人寿在目前的互联网保险模式上结合移动端的开发进行了创新,投保人通过销售支持系统,完成在线投保、核保、支付并获得电子保单(或纸质保单),实现电子化快捷承保。这一创新模式很大程度地降低了投保过程中的风险,简便高效的投保过程保证在三十分钟内即可完成所有投保工作,同时,便捷的电子化处理流程大大节约了高达 20% 以上的成本。

(七)互联网信托

互联网信托是指信托公司利用互联网开展业务。互联网金融脱战了信托范围,使得信托活动中的三方有更大的灵活性,信托委托人通过互联网平台实现了"小资金、高收益",受托人从中收益,而得到流转资金的受益人也可以而通过这个渠道得到更为安全可靠的资金,对于中小型集资难的企业来说是个莫大的帮助。

2015 年 6 月,中融信托旗下的互联网金融平台"中融金服"上线,成为信托系首家互联网金融平台,其独具信托特色的金融生态系统旨在为高净值客户及优质人群提供全方位的专业化金融服务。平安信托依托旗下的互联网金融平台——"平安财富宝"推出了类似的信托存量客户融资业务,截至 2015 年 8 月 24 日,财富宝平台注册用户累计超过 80 万户,线上业务管理资产规模达 101.34 亿元,交易量累计达到 548 亿元。中信信托与百度合作推出的互联网消费众筹平台 2015 年 9 月正式上线。

在这方面,江苏省紫金信托有着前瞻性,早早就开始发展互联网信托,并在此模式上进行了创新。紫金信托将"信托＋互联网"作为重要的发展战略,先进行结合较为简单的现金管理类信托、公益信托、消费信托等系列产品,将此作为试探性道路的第一步,由此为出发点,推及到信托金融产品这一大面上去,探索发展的基点。同时,紫金信托为了推行政策的顺利实施,打造了一个完善的企业内网作为基础软硬件支撑,促进"互联网信托"模式的发展。计划完善之后,在具体实施方面,资金信托将"互联网＋"的概念贯彻到了业务、营销、创新、风控四大体系当中,构架了一个全新涵盖了金融各个方面的互联网式格式,建立了"互联网信托"新模式。

(八) 互联网消费金融

互联网消费金融是指消费金融公司利用互联网开展业务。消费金融市场将进入高速发展期,它的出现提供了一种新的跨期消费的模式,覆盖了传统商业银行无法触及的客户群体,可以帮助消费者以更快的速度得到更好的消费产品和服务。

2015 年消费金融异军突起,成为众多资本竞相追逐的对象,而随着互联网与金融的日益融合,这一行业更是迎来巨大发展机遇。针对大众消费人群的互联网金融节庆营销也应运而生,其中,2015 年 8 月平安集团携旗下多家子公司及合作机构打造的 818 财神节历时 14 天总成交额达到 1805.74 亿元,平均单日销售128.98 亿元,同比 2014 年财神节劲增 17.1％。而在 2015 年的"双 11"当天,P2P 借贷行业的成交额超过 85 亿元,参与人数超过 40 万,对于这些参与者来说,11 月 11日不仅仅是网购的"剁手节",更是互联网金融消费的"嘉年华"。

截至 2015 年底,即使以最为严格的口径(余额理财)统计,曾参与过互联网金融消费的人群也已经达到 2—3 亿,市场规模接近 2 万亿元,用户基础基本确立。但值得注意的是,互联网金融消费并非传统金融消费的简单线上化,更不只是销售渠道的变迁,它包含着更加丰富的内涵,需要全新的消费体验、产品特质、营销方式和服务内容,这一切源于——它面对的是截然不同的互联网用户属性。

消费金融公司专注于提供无抵押、无担保的小额消费贷款,具有小、快、灵的业务特点。所谓小就是针对 20 万元以下的单笔,快就是一个小时内办结,灵就是服务方式非常灵活,是普惠金融的重要组成部分。

消费金融公司业务定位为普通大众提供无抵押、无担保的小额消费贷款,目标客户相对银行而言,属于较低端的客户,因此平均信用风险略高于银行客户,对它的信用风险的容忍度也略高于银行,定价比银行贷款利率略高,这是经营模式的不同。消费金融"小额、分散"的特征就与互联网金融十分吻合。互联网金融下的消费借贷更纯粹,资金的应用也更开放和自由。

第十一章 江苏省互联网金融创新动态及面临的挑战

一、互联网金融模式创新

互联网金融模式创新是指在传统金融模式基础上加入了互联网元素,其借助于互联网平台便利了交易方式,提高了交易效率。在互联网金融模式下的交易有着独有的特色,解决了传统金融在处理小微企业贷款高门槛、支付不便利、信息不对称、基金渠道销售过窄等问题。

目前,江苏省提供了政策跟资金方面的大力支持,各市都在鼓励企业进行互联网金融模式上的创新,掌握大数据处理与云计算的核心技术,适应并迎合市场发展,江苏省的互联网模式创新正在发展的大潮流之中,几家公司都乘风而上。

(一)互联网支付模式

互联网支付是指通过计算机、手机等设备,依托互联网发起支付指令、转移货币资金的服务。已经成为目前十分流行的交易方式,渗透进了消费者的日常生活当中,尤其是随着移动端的发展,互联网支付成为人们越来越倚重的支付方式。江苏省的互联网支付在目前的形式之下,主要有银行业金融机构与第三方支付两种主要的业务模式。前者由银行作为担保,安全性与稳定性较高,是目前大多数消费者都会接受的互联网支付模式;而后者,形如诸子百家,各类都有,百花齐放,但没有一个安全可靠的背景与证明,只有少部分已经得到实践认证,如支付宝等的企业跟产品才能被大众所接受。

整体来说,江苏省的互联网支付业务模式还在发展趋于成熟的阶段,整体发展趋势一片大好,互联网支付直接涉及金钱的转移,需要国家的高度监控,提供互联网支付业务的公司与企业部门一定要明确地区,分好支付各个流程的责任承担者,做好风险监控机制。

成立于 2010 年的双乾网络服务(苏州)有限公司也是一家典型的互联网支付企业,充分响应政府的要求,积极在支付手段方面上进行改革创新,目前成绩斐然,绩效显著。双乾网络服务(苏州)有限公司在全国范围内提供互联网支付活动,支持人民币、外币、信用卡支付,双乾支付利用跟银行的高度沟通,能在短时间内提供给消费者多个银行的付款渠道,页面服务有多国语言可以选择,交易页面友好可靠,利用当前位于前沿的大数据及云计算手段保证每一笔交易的安全性与稳定性,风控手段先进。

(二) 个体网络借贷(P2P 网络借贷)

个体网络借贷是指个体和个体之间通过互联网平台实现的直接借贷。P2P 网络借贷是目前应用范围较广的一种互联网金融模式,针对个体与个体之间,大大降低了旧有借贷模式的门槛,提供给消费者更为宽广的借贷途径,解决了小微企业融资难的问题。

江苏省的大部分个体网络借贷都在坚持其平台功能,在遵守法律法规的前提下,为投资方和融资方提供信息交互、撮合、资信评估等中介服务,保证既不非法集资也不提供非法违规的增值行为。

"紫金财富"是一个 P2P 网贷平台,依靠云计算和大数据技术,为参与建材行业的两游消费者提供了信息交互、撮合、资信评估等一整套服务,充分发挥了 P2P 网贷优势,利用网络的广阔市场平台,积极创新,不断拓展 P2P 网贷的新模式,让每一个潜在消费者都成了投资者,为省内乃至全国范围内的小微企业拓宽了集资渠道、降低了集资成本、大大提高了集资效率,充分响应了国家扶植小微企业的要求,帮助他们在市场竞争的激流之下更好地存活并发展。

2015 年 7 月,江苏省互联网金融协会与江苏交易场所登记结算有限公司签署协议,根据协议内容,江苏省 P2P 网贷平台资金将统一进行托管。作为江苏省最大的第三方支付结算企业,江苏交易场所登记结算中心年交易额逾 200 亿元,具备相应的实力和技术,P2P 网贷平台资金托管后,能保证专款专用,确保资金的运营安全。

江苏率先在全国建立 P2P 网贷平台巡查制度。2015 年 11 月,江苏省互联网金融协会出台《网络借贷平台巡查制度(征求意见稿)》,巡查制度将采用培训、监督、走访等多种形式,对江苏省互联网金融协会会员单位和准会员单位网贷平台进行抽查,有助于建立全方位、多层次的巡查体系。

365 易贷是国内老牌的 P2P 平台,也是江苏省的招牌 P2P 平台,在进行风控的时候,严格规范自身作为 P2P 第三方平台的地位,不设资金池,365 易贷经常会邀请平台投资人及股东到各地实地查标。风险保证金是指平台公司从每一笔借款中都提取借款额的一部分,通常是 2%(与 2% 坏账率对应,P2P 公司通常的提取比例)作为风险保证金、独立账户存放,用于弥补借款人不正常还款时对投资者的垫付还款。为了响应行业监管要求,365 易贷目前正在和徽商银行进行资金存管技术对接,从根本上减轻投资人的安全心理负担。

（三）股权众筹融资

股权众筹融资是指通过互联网形式进行公开小额股权融资的活动。股权众筹融资可以通过互联网面向大众消费者进行融资，拓宽了融资渠道，保证了资金来源，能在较短时间内帮助小微企业完成融资。在《关于促进互联网金融健康发展的指导意见》之中，国家对股权众筹融资的创新性行为提出了期待，希望企业能够对此业务模式进行创新。

江苏省目前的股权众筹融资发展得较为成熟，很多企业都开始利用这一互联网金融模式融资并进行创新业务的探索，大大推动了普惠金融的发展。

2014年，为解决南京地区中小微企业在融资方面的难题，网信金融集团原始会与江苏长三角技术产权交易中心签订了战略合作协议，合作协议里两方共同合作，达成了一个低成本、高效的股权众筹投融资平台。该平台帮助初始创业的微小平台解决了筹资路径单一的问题，同时也完全简化了传统证券融资的体系和流程，打破了旧有的投资壁垒，降低了门槛，使得普通民众也可以利用较小的金额通过众筹平台直接参与初创企业的股权投资，便捷了初创企业，提高了其融资效率，大大提高了创业成功的概率，刺激了江苏省内部企业的活力与竞争态度。

（四）互联网保险

2015年，互联网保险整体保费规模达到了2234亿元，开通互联网业务的保险公司数量已超过100家。2015年全年互联网保费增长率为160.1%，渗透率也从2014年的4.2%增长到9.2%。保险的实际保费规模仍难以和传统保险渠道相比较，没有哪家公司能做到放弃传统的线下服务支持，仅依靠单纯的互联网渠道。此外，由于互联网保险产品本身周期短、碎片化，目前也仅有退费险实现了规模化销售。2015年11月，保监会发布了《保险小额理赔服务指引（试行）》，推行单证电子化，减少纸质单证，要求保险公司建立健全营业网点、电话、互联网等多化服务渠道。

江苏省的互联网保险业务已经发展得较为成熟，各大保险公司都先后开始使用这一模式处理日常的保险业务。

江苏作为泰康养老首批发展网销业务的6个分公司之一（深圳，北京，上海，江苏，广东，浙江），有着相当好的发展前景，泰康保险已经在江苏把互联网保险市场作为实体渠道的补充，二者形成全面化、多角度、立体化的营销体系，大力提升电子渠道的核心竞争力，争取做到将互联网保险覆盖到江苏的每一个角落。

江苏省的互联网保险业务已经发展得较为成熟，有一套可以遵循的发展模式，有几家先进的保险公司已经开始着手开展互联网保险模式，走在该模式的最前端，带动江苏省内的互联网保险模式的创新发展，如焦点科技旗下的新一站互联网保险业务。

> 新一站根据客户需求搜集各类保险产品,将其进行汇总,后将保险产品投放到网上,精准把握每一个产品的细节,通过细致易懂的文字将每一条晦涩难懂的专业性保险条文传递给消费者,便于他们进行产品的选择,。同时还建立了各种维度和场景来帮助消费者在最短的时间内选择合适自己的保险产品,准确的定位节省了消费者购买产品的时间。这整个全过程消费者都可以在网上独立完成,节省了双方的交易成本,大大减少了保险业务中的"圈套"环节,实现了保险业务上真正的共赢。

(五)互联网信托

互联网信托的平台化、服务型的创新发展符合信托公司战略转型要求。目前,已有一些信托公司涉足"互联网＋信托",自建互联网金融平台或与互联网公司联手共建平台。

> 在 2015 年的 68 家互联网＋信托公司排行榜中,江苏国际信托和苏州信托分别名列第 42 位和 45 位,从资本、业务、盈利、理财和抗风险几个方面来看显得不尽如人意。

二、互联网金融产品创新

中国的互联网金融市场精彩纷呈,传统的金融企业、互联网企业、新锐创业者、第三方支付公司、国有资本都相继进场,这些各方的资本力量在中国的互联网金融领域掀起了创新的浪潮,在 P2P、消费金融、股权众筹、第三方支付等领域展开了激烈竞争。企业需要致力于丰富产品结构,满足不断涌现的市场需求,提升产品的创新力和生产力,增强自身的核心竞争力。

目前江苏省各大互联网金融企业顺应市场潮流,在产品上不断创新,适应消费者的需求,为客户提供更高效、高质量的产品,并且在互联网金融产品的各个领域中都不断探索研究,推出了符合各个业态发展、具有特色创新的产品。

江苏省安家贷金融信息服务有限公司和江苏银行都推出了基于全信用的借贷产品,借款人不需要再用资产进行抵押,利用企业的信用评价机制即可进行贷款,在借贷效率、质量、门槛等方面都有了突破性的进展。其中,江苏省安家贷的产品"新居贷"考虑了房地产市场行情、用户需求,同时结合平台自身资源,对市场上原有的首付贷产品进行了创新。在交易过程中,开发商为促成交易会向购房者提供部分或全部贴息。基于安家贷自身的房地产金融征信体系,通过对历史互联网行为规律、个人资产状况、家庭背景等因素综合分析,依托与开发商签订的战略合作协议约定对房源的把控,"新居贷"产品采取纯信用的方式,无须借款人提供任何抵押物、质押物,期限灵活,用户资金都在第三方托管平台,并且投资人可随时通过债权转让退出。

江苏银行开发了首款实现了全线上操作的税银产品—"税 e 融"业务,以小微企业的纳税信用和数据信息为依据,为企业提供信用贷款支持。全自动、全信用、全天候、全覆盖、全线上为用户提供服务。充分融入"互联网+"理念,将纳税大数据引入融资领域,不再需要企业提供担保抵押,可以 24 小时在线申办贷款,系统 24 小时网上实时审批,实现足不出户、在线获贷。小微企业只要符合正常缴税两年以上、纳税信用等级 B 级以上、无不良征信记录,均可享受"税 e 融"产品服务,同时江苏银行将"税 e 融"业务申请渠道拓宽到江苏银行直销银行中,实现了江苏银行两款网络金融明星产品的结合。

为了解决供应链中上游企业资金周转困难、受资金限制而发展受阻的问题,江苏易君财富管理有限公司的"订单贷"产品能在中小企业有资金需求时给予资金支持,企业只需提供付款可靠的订单,凭借未来可靠的现金流入,就可获得易君财富授信。该项目贷出资金流向明确,回报稳定,能较好地控制风险。一方面,订单贷不针对特定行业,客户群体广泛,市场潜力巨大,同时是准信用贷款,仅对企业订单双方做分析,解决了中小微企业抵押或担保不足的融资痛点,而且授信期内可循环使用,随借随还,使用方便,成本节约。另一方面,平台的融资成本约为 8%—12%,另外只收取 1%—5% 的服务费,坚持项目透明、收益透明的原则,发挥信息中介作用。在基于担保的借贷领域中,江苏股权交易中心有限责任公司的"小微企业私募债"是小微企业在江苏小贷行业帮助下直接融资的颠覆性创新产品,目前在国内没有其他同类产品。小贷公司帮助小微企业发行私募债,小额、分散,单户不超过小贷公司净资产的 3%,传统担保行业的流动性压力大和客户集中度高等经营风险大大降低。小微企业私募债每笔业务均实时录入业务系统,风险预警系统实时进行数据分析,不仅可以风险预防,系统还能自动发送预警信息。同时公司先后开发了小微企业私募债业务 IT 系统、风险预警 IT 系统和小微中心互联网金融综合服务平台 IT 系统,从各个方面保障用户安全、降低风险、提高运作效率。小贷公司推荐小微企业,小微企业发行私募债券,直接对接社会资金,私募债券到期还本付息。为增强信用支持,小贷公司为小微企业发行的私募债券提供担保,金创再担保公司提供再担保,小微中心为私募债券备案登记并提供线上代理销售及二级市场转让服务。还有苏州金融资产交易中心有限公司的工程付款保函债权转让产品,首单工程付款保函类债权转让项目在苏州金交中心交易网站已顺利上线并快速完成资金募集,此单产品是全国首单在交易所平台发行的以应收工程款为基础,以担保公司出具的工程付款保函为基础的担保的债权转让类产品,也是金交中心紧跟市场需求,把握市场脉搏,切实了解各方诉求,在加强风险控制的基础上满足企业补充流动资金的需求。

南京万金所金融信息服务有限公司的类 REITs 产品也在担保方面进行了具有特色的创新,九金所指定相关公司(普通合伙人身份)与物业持有人(有限合伙人身份)共同成立有限合伙企业形式的 SPV(Special Purpose Vehicle:特殊目的公司),经营性物业以资产入股的形式进入 SPV,实现所有权的转移,进行了破产或有担保、负债等风险的隔离。同时,物业的经营性现金流也归集到 SPV 名下,还款来源有了充分保障。类 REITs 的融资方式与传统抵押的融资方式相比,实现了破产风险隔离,避免抵押物因融资方其他的担保负债或经济纠纷造成抵押物被查封,抵押物处置时间和金额的不确定性,还实现了物业产权的资产出表,降低了企业负债率,同时可以实现企业的轻资产运营,便于企业的快速扩张。除此之外还实现了大型物业的小额投资,让更多的小额投资人分享物业的租金收益,甚至是物业增值收益。随着中国公募 REITs 的开放步伐加快,九金所的类 REITs 产品在一定条件下,可以实现与公募 REITs 市场的对接,扩大市场规模。

互联网掀起的浪潮使得人们的理财意识越来越强,市面上的理财产品早已层出不穷,要想在理财产品的竞争中占据主动,就必须不断加强产品的创新型,增强自身竞争力。江苏省广电网络科技发展有限公司与中金支付合作,共同开发了全国第一个依托电视平台的理财产品——电视宝,电视作为一个家庭的生活必需品,目标受众多以有一定能力和一定积蓄的中老年人,他们对于投资理财等非常感兴趣,用户可以在广电平台进行注册成为广电电视端用户,同时完成中金支付"第三方托管账户"的创建。中金支付依托江苏有线云媒体在电视端的渠道尤势,建设电视端的互联网金融平台,平台将集理财、贷款、信息宣传、展示以及信息资讯于一体,向电视端顾客有效的宣传,满足顾客的投融资需求,全面对接中金支付的账户资金托管产品,客厅经济成为新的消费领地,延展了整个消费价值链。

同时理财产品涉及的领域也逐渐丰富,好享投除了提供传统的金融信息服务,更是首次加入了文化收藏品抵质押,使原本高大上的文化投资变得触手可及,为中国文化产业注入了鲜活血液并提供一种全新的机制支撑,同时也让普通老百姓都能参与到文化产业中。"文惠宝"是好享投基于中国文化产业发展的机遇与挑战而推出的一款文化普惠权益性产品,"掌薪宝"是基于中国互联网金融的市场背景与机遇,好享投作为互联网金融企业具有市场灵活性、平台账户系统的开发能力,推出的一款理财产品。"文惠宝"、"掌薪宝"由好享投首创,中国第一款创新全民理财产品,与余额宝等"宝宝"相比,其更具有活期存款的灵活性、定期存款的利息高(短期理财收益 8%—15%),支持 T+1 随时提现,并且其投资门槛低,适合全民投资,为了让客户资金得到充分的安全保障,提供第三方资金托管,设立风险保证金账户。

随着互联网＋时代的到来,我国正在掀起以互联网为核心的产业重构,金融业、互联网企业都处于这一轮产业重构的核心,互联网金融正在极大地改变传统金融业的边界和竞争格局,为更好地适应市场发展形势和行业发展趋势,各大企业要不断加强自己的产品创新,为客户提供更加高效、便捷、高质量的资本市场服务,能够顺应市场潮流,极大地适应市场变革和投资者行为习惯的改变,能够应对互联网金融的颠覆性冲击。

在我国经济发展速度放缓和结构转型的双重压力下,国内经济形势日渐严峻,市场低迷,外需不振,小微企业生存环境逐步恶化。在宏观经济形势下行压力加大以及小微企业融资供求矛盾突出的背景下,企业老板通过私人关系互相拆借资金或向银行贷款已变得越来越难,社会上的闲散资金利用率也维持在较低的水平,更好地服务实体经济不仅仅是政府的责任,同时也应该是行业的责任,企业对于小微企业融资的各类产品创新会帮助解决小微企业的难题,促进江苏省小微企业健康发展,推动整个行业积极向上,促进江苏省经济繁荣。

三、互联网金融服务创新

为促进互联网金融的发展,光在模式上跟业务上的创新是不够的,还需要在服务方面进行进一步的创新。

到目前为止,江苏省为配合国家政策,鼓励省内各单位进行服务方面的创新。所谓的服务创新,不能仅仅局限在产品所能提供的服务上进行创新,在安全科技、电子签章以及法律服务等方面能够为互联网金融提供帮助的上下游方向上也要进行最大程度上的创新。

(一)支撑服务层次上的创新

所谓支撑服务是指政府、协会等相关部门、社会群众集体、法律政策法规等方面所能够提供的帮助互联网金融发展的服务层次。

作为我国的经济大省,无论从金融产品设计及定价创新,还是从金融服务的下沉、渗透率及覆盖面等领域,都取得了显著的成果,但在发展过程中也暴露出了一些问题和风险隐患,在行业发展"缺门槛、缺规则、缺监管"的情况下,各种恶性事件时有发生,个别机构业务开展游离在法律边缘。此前,江苏省的互联网金融处于"野蛮发展"阶段,行业发展缺乏有效的监管和规则,在很多方面暴露出了安全隐患,问题平台数量逐渐增多,导致行业的声誉受损,在一定程度上限制了行业的良性竞争和发展。

基于面临的这些问题,江苏省也同时采取多种措施,出台了多项政策,并通过行业协会,规范对互联网金融行业的监管,督促行业往健康、积极的方向发展。目前,江苏省互联网金融相关的行业协会包括:江苏省互联网金融协会、江苏省互联网协会互联网金融工作委员会和江苏互联网金融联盟等,另外,一些电子商务协会还下设互联网金融分会或互联网金融工作委员,如:南京电子商务协会下设互联网金融工作委员会。

2014 年 12 月 16 日,江苏省互联网金融协会在南京正式成立,将全省的互联网企业纳入规范当中,带头促进江苏省互联网金融的发展。当国家提出要促进互联网经济发展的新常态的要求时,协会积极引导并鼓励全省互联网金融企业开展创新活动,适应并促进社会的发展,以此为出发点,协会决定依据《江苏省关于加快发展互联网经济的意见》,开展面向全省各金融机构及互联网金融企业的"2015 年江苏省互联网金融十大创新评比活动"。这一决定,督促了各个互联网金融企业及机构开拓创新,大大调动了各单位的创新积极性。江苏省互联网协会还与广东省进行苏粤两地共同进步的结盟仪式,两省互联网金融协会签订了战略联盟合作协议,以两省互联网金融行业协会平台为基础,在互联网金融的案例研究、政策法规制订、行业教育培训、专业人才交流、投融资服务等方面深入开展跨省合作,积极探讨能够共同发展两省互联网金融创新的方法。

除此之外,江苏省还在法律法规政策上积极鼓励创新。2014 年 7 月,南京市制定了《关于加快互联网金融产业发展的实施办法》督促互联网金融企业进行适应时代潮流的改革创新。另外,南京市出台的《关于促进互联网金融集聚发展的扶持政策》大力鼓励进行互联网集聚区的创新发展。互联网金融协会内的工信部信息化和软件服务业司正在积极制定《大数据产业"十三五"发展规划》,在省内政策跟机构的扶持下,越来越多的互联网金融论坛在省内召开,江苏省互联网大会、新常态下互联网金融企业创新发展高峰论坛等都吸引了业内各位人士的关注,互联网金融的概念将会逐渐普及到每一个消费群体当中,成为大家选择投资引资的新趋势。

江苏省互联网金融行业在发展的过程中,随着监管的完善,行业中各个领域逐渐向正规化和精细化的方向发展,并且在政策的影响下,未来互联网金融行业的门槛将会逐渐提高,意味着行业整体水平提高,行业会在更好的环境中发展。传统的金融机构在互联网的浪潮中也掀起了新一轮的革新,传统的金融机构由于体制机制以及监管方面的原因,在互联网金融领域难以开辟自己的发展道路,江苏省的各大金融机构积极加速互联网化的转型,传统金融机构依托互联网技术开发新产品与新服务,有助于提升金融机构在互联网金融领域的地位,加强其竞争优势。江苏省互联网金融行业紧抓行业发展趋势,致力于行业的创新,有效利用资源,在政府、协会、以及行业的帮助和引导下,依托互联网技术,在产品、服务、模式等方面的创新也取得了显著的成果。

在 2015 年 6 月 11 日由南京电子商务协会和江苏互联网金融联盟主办的"第二届江苏互联网金融年会"上,江苏苏宁易购电子商务有限公司、焦点科技股份有限公司、江苏钱串串商务顾问有限公司、江苏银承网络科技股份有限公司和江苏智恒信息科技服务有限公司等 5 家企业成为"2015 江苏互联网金融创新企业"。在互联网金融的主要业态中,网络借贷行业的整体情况显得最为复杂,同时也是各个业态中发展的最为迅速和繁荣的领域。

(二)互联网金融企业自身的创新

服务几乎覆盖了互联网金融的全部过程,从开始的浏览选择金融商品到最后完成交易后的追踪及售后服务每一个过程都包含着服务。江苏省在互联网金融服务方面的创新涵盖范围也很广泛,从征信问题到安全技术再到用户体验,每一步都经过千锤百炼。

南京市文化投资控股集团有限责任公司于 2014 年 12 月推出了区别于传统的征信方式的新的征信服务创新——文化企业大数据信用融资服务项目。该项目由南京市文化投资控股集团有限责任公司和国内在大数据领域行业领先地位的金电联行(北京)信息技术有限公司通力合作完成,改进了大数据挖掘与云计算技术水平,通过对大数据的全面统计跟深入挖掘,将市面上所能获得的数据充分剖析,化无形为有形,给企业信用一个合理科学的评价体系,旨在消费者们、银行、政府等参与人员可以清楚地了解到企业的盈亏状况,甚至以小见大,推及整个行业市场,解决"轻资产、少信用、信息不对称、无抵押品"状况下所造成的信用问题,降低了交易风险,提高了交易效率。

苏宁云商集团为了提高用户体验,形成线上线下一体化的互联网金融模式,于 2015 年 3 月成立了苏宁金融苏宁家庭财富中心项目,该项目主要服务于线下客户,利用苏宁开发的互联网金融平台,向积累的庞大的消费群体推及互联网金融项目,提供理财方向上的服务。苏宁金融苏宁家庭财富中心项目突破了传统互联网金融的纯线上体验,利用线下可以触及的实体提供给投资人更直观、全面、优质的服务体验,大大提高了服务质量,易于让投资人接受,帮助促成交易。在消费者权益保障方面,苏宁利用原本庞大的根基,在全国各地设有网点,客户群关系紧密,另外还向消费者们提供诸如生日礼物、礼券及打折等附加服务项目。

随着移动端的普及,越来越多的交易趋向于在移动端完成,东吴证券股份有限公司在这一方面进行了服务上的创新。在网上(手机)开户双向实时视频的基础上,增加了单向视频、手机网页开户等移动开户服务的新形式,满足了消费者随时想要开户的需求,且大大降低了双向视频时所需要的流量要求。东吴证券股份有限公司还利用人脸识别技术,依靠科技收集用户的个人信息,减少了出错率,提高了工作效率。另外,在安全性方面,该公司在服务器端设置了"数字证书保管箱系统",系统规定由客户先设置证书密码,并由独立"加密硬件"对密码进行加密后,产生带有密码认证的个人数字证书,并把证书文件加密后保存到证书数据库中。这样一来,风险大大减少,消费者可以更加放心地进行投资活动。

除此之外,江苏省在三农领域的互联网金融也有服务方面的创新 帮助国家解决三农问题。宝保贷金融信息平台是由"宝保贷经济信息服务(江苏)有限公司"投资并运营的民间借贷准公益性居间服务机构,主要针对宿迁市的三农问题,为小微农户提供资金,解决三农融资难、基础设施落后、网络化程度低、信息不对称、资源不共享等问题,让三农发展得更快更好。该产品结合线上线下模式,线下调查、统计、售后追踪,线上完善投资集资融资问题,服务于三农及中小微企业.且该机构不涉及资金池,与银行等第三方合作完成资金的转移,保障财产安全。

(三) 大数据与云计算产业的大力推进

互联网金融并不是金融的简单互联网化,而是一种采用云计算和大数据技术的创新发展来提供低成本、高效率的服务模式。金融业的参与者众多,面对着海量的数据,对计算能力的需求极大。而在互联网金融模式下,数据种类更加复杂,数据量大大增加,加上传统的 IT 部署面临极限,以云计算保障金融行业海量信息的处理已经是大势所趋。大数据是金融业的核心资产,可以通过云计算从海量的数据中快速获取有价值的信息以支持商业决策同时推动金融业的发展。

以大数据为核心的互联网金融在用户体验、业务处理、经营管理模式上彻底改变了传统的金融服务和金融产品。大数据和云计算在客户需求、市场透明度和风险控制等方面为互联网金融产品与服务提供了新的渠道。例如,互联网金融企业借助互联网平台所产生海量数据,通过云计算进行数据挖掘和关联性分析,预测投资者与消费者对产品和服务的反应,从而提升客户转化率,实现互联网金融业务的精准营销;互联网金融企业通过云计算对大数据进行处理和分析,建立信用评估系统,其数据可以来自企业平台系统内大量的电商交易及支付信息,也可以来自征信机构所收集到的动态数据。

从以上的分析可以得出,互联网金融是以云计算和大数据技术为基础的一种创新金融模式。我们可以继续依靠云计算和大数据的技术创新带动互联网金融的创新发展。未来,云计算与大数据中心向成千上万个金融机构,提供计算分析服务,为企业提供智力支持,整个金融行业产品和服务因为云计算和大数据技术而产生极大变革。

江苏省发展云计算和大数据时间较早,已经取得了一定的成果。2010年4月3日,"戴尔—海安"云计算服务中心正式签约,落户江苏海安软件科技园,是长三角地区第一家云计算服务中心;2010年7月,江苏仪征经济开发区签约移动云计算项目;2010年9月,镇江经济开发区诞生国内物联网领域最大的云计算平台,致力于为用户提供全面高效的物联网和云计算解决方案;2010年12月,无锡新区与曙光信息共建的"中国物联网云计算中心"正式启用;2011年7月,苏州工业园区建成云计算创新平台,该平台面向苏州市乃至江苏省产业转型升级的发展需要,以创新成果和创新服务助力苏州市乃至江苏省云计算产业发展;2011年8月,曙光云计算产业基地签约落户南京江宁经济技术开发区,项目总投资约4亿元,将在江宁建设千万亿次规模的南京云计算中心,为广大云计算用户提供服务;2012年4月,江阴首个云计算服务中心正式启动建设,搭建的云平台有中小企业云、港口物流云、教育云、电子政务云等,将为广大中小企业、港口、教育及政府有关部门提供基于云计算的各类平台和软件服务;2012年12月10日,东南大学—IBM云计算联合研究中心正式签约落户江宁开发区无线谷,是IBM在中国设立的唯一云计算研究中心,该研究中心将在云计算核心技术研究、科技成果转化和产业化、云计算领域人才培养、国际交流合作等多个方面开展工作,打造无线谷与国际一流企业合作典范,将加快确立无线谷作为世界通信网络核心技术输出高地的国际地位;2013年6月,总投资超过20亿元的中国电信南京云计算中心正式签约落户江苏软件园,建成后将为企业提供超高速互联网接入,以较低成本优势为企业提供高效、优质的云计算和云存储能力;2013年9月,如皋云计算中心正式揭牌,中国第一朵"建筑行业云"也在如皋云计算中心平台上绚烂绽放;2015年5月,南京雨花经济开发区内的计划总投资7.6个亿的南京宝德云计算产业园举办开工仪式;2015年8月,总投资约46亿元的斐讯靖江大数据产业园项目正式落户靖江经济技术开发区,将建设应用研发中心、大数据中心、结算中心、仓储物流中心及其他配套设施;2015年9月,中国·扬州云计算中心正式启用,项目总投资14亿元,完全建成后中心将成为长江经济带重要的大数据中心。这些事件无不表明江苏的云计算产业正处于蓬勃发展中。

江苏省大力推动大数据和云计算产业发展。以苏州为例,2013年,苏州工业园区提出"云彩计划",将云计算产业列入园区三大战略新兴产业之一,重点打造智慧基础云、健康及医疗云、文化教育云、企业云、交通云、旅游云、电子商务云和电子政务云等八朵服务和应用云彩。园区制定发布了《推动园区云计算产业发展的若干意见》,加快推进云计算产业集聚和发展,取得了初步成效。在2014年11月份,园区就集聚了云计算相关企业近 400 家,其中年销售收入超过 3000 万元的云计算企业 31 家,过亿元企业 18 家,过 10 亿元企业 2 家,涌现了如同程网、八爪鱼旅游等一批发展亮点企业。在 2014 年 1—10 月份,园区实现云计算产业相关产值 159.6 亿元,同比增长 40%。园区按照国家最高 Tier IV 标准建成了国科数据中心,成为华东地区规模最大的第三方数据中心,已有 36 氪、创业家、联想之星等 10 家云彩创新孵化器授牌入驻园区。园区已集聚了国内外高等院校 25 所,其中东南大学软件学院、苏州大学、中科大软件学院等高等院校每年可以培养近 2000 名云计算方面人才。

江苏省开展大数据和云计算行业较早,拥有大量的全国领先的大数据和云计算产业,是江苏省互联网金融发展的一大优势。互联网金融本质就是以云计算和大数据技术为基础的一种全新金融模式。而云计算和大数据技术的持续进步将带动互联网金融的创新发展,江苏省在大数据和云计算产业方面的优势和创新将助力江苏省互联网金融的创新发展。

四、江苏省互联网金融发展的挑战

江苏省互联网金融的创新发展虽然已经取得了一定进步,然而参与互联网金融发展的企业或个人主要集中在一线城市中的少数企业。目前,互联网金融虽然具备广泛的社会存在感,但认知度不高,积极参与的族群中很大一部分比例是盲目跟风。作为互联网与金融相结合的新兴行业,互联网金融存在很大风险。这些都阻碍了互联网金融的创新发展。

(一)互联网金融创新认知缺乏深度与广度

互联网金融企业发展得如火如荼。然而由于互联网金融概念出现的时间太短,目前行业发展尚不成熟,所以"互联网金融"这一名词虽然传播较广,但是社会各层面对其具体内容的明确程度并不统一,互联网金融目前具体发展的业态形式更是少有系统性地科普推广。这不利于互联网金融的创新健康发展。

众多投资方看好并有意向进入互联网金融领域,希望成为"风口上的猪",但对互联网金融的一知半解往往造成最后只是"瞎子摸象"。目前江苏省 P2P 网贷平台已有一百多家。虽然很多企业纷纷加入互联网金融行业,但现阶段熟稔互联网金融相关的知识很少,更不知道如何借助互联网金融,促进企业自身的发展。很多企业目前处于被动接受互联网金融阶段,而不是利用现有环境,根据自身企业特点,进行互联网金融创新发展。

(二)互联网金融市场地位需要巩固并提高

自互联网金融行业兴起以来,各省纷纷积极促进互联网金融的创新发展,目前已有一些较为有名的互联网金融品牌,如支付宝、余额宝等。一个知名的品牌可以促进该地区的经济发展,一个有影响力的龙头企业可以引领该行业的发展。江苏省作为经济和金融大省,虽然已经率先发展互联网金融行业,然而拥有的国内知名互联网金融品牌却不多,而且缺少有影响力的互联网金融龙头企业。

品牌建设是互联网金融的核心,互联网金融平台企业的未来关键取决于品牌建设情况,互联网金融平台企业之间的竞争一定程度上是品牌之间的竞争。打造具有竞争力、消费者信得过的品牌,是提升互联网金融品牌影响力的根本。与其他行业相比,金融行业的品牌树立更为艰难。以支付宝为例,伴随着淘宝的诞生,酝酿了将近十年才迎来行业的爆发。这首先和行业的特性有一定的关系,因为互联网金融是一门围绕"钱"的生意。因此只有让人产生足够的信任,才有可能把这个围绕"钱"的生意做起来。

品牌是互联网金融品牌的通行证。目前国内已经有很多知名的互联网金融品牌,如陆金所、百付宝、支付宝、京东金融、宜人贷、泰然金融、积木盒子、汇付天下等。在江苏,目前还没有国内知名的且具有江苏特色的互联网金融品牌,品牌企业发展速度暂时仍明显落后于北上广,如阿里、腾讯等,江苏还未有能与之在同一水平线上竞争的领军企业。国内知名互联网金融品牌的缺乏,使得江苏省在互联网金融市场的地位较落后于其他发达地区,这与江苏省经济大省的地位不相符,也不利于江苏互联网金融的创新发展。

(三)互联网金融龙头企业少,影响力较低

江苏作为经济大省,地处长三角区域金融创新试验区,拥有得天独厚的互联网金融资源,虽然已经发展了一些互联网金融企业,如江苏强业金融信息服务有限公司、南京特易有信金融信息咨询有限公司、江苏宝贝金融信息服务有限公司、南京亚菲帝诺投资管理有限公司、南京融证通网络科技有限公司等,但目前却缺乏具有一定影响力的互联网金融龙头企业。江苏省互联网金融行业的创新发展目前仍处于起步阶段,很多企业都在政府的总方针下,结合自身企业的特点,探索一条合适健康的创新发展道路。然而由于缺乏明确的发展方向和规范的操作流程,很多企业只是探索式地发展创新。这样的发展现状不利于促进江苏互联网金融的创新推进。

(四)互联网金融发展不平衡

1. 业态不平衡

互联网金融业态在江苏的发展并不平衡,网络借贷平台相对较多,占全国的比重较大,然而其他几种互联网金融模式在江苏并未得到广泛的发展,这与江苏较高的经济发展水平是不相符的。

江苏省目前虽有 16 家企业获得中国人民银行发放的第三方支付牌照(14 家是预付卡发行与受理牌照,仅 3 家是互联网支付牌照),但只有部分企业涉足互联网金融,包括:苏宁旗下"易付宝"、大贺集团旗下的"会支付"、江宁科创投集团的"天元财富网"、焦点科技的"新一站保险"等。其中"易付宝"是一个独立的第三方支付平台,但是易付宝第三方支付平台在全国范围内的影响力较小。

第三方支付平台是互联网金融机构运作的基础平台,控制第三方支付端,就控制了资金流动渠道,控制了信息流动方向。然而江苏第三方支付平台较少,目前还没有全国知名的第三方支付平台,这不利于江苏互联网金融机构未来的发展。打造全国有名的第三方支付平台虽然任务艰巨,但意义重大。

目前众筹行业在江苏的发展还处于起步阶段,数量不足十家。除了部分艺术品众筹模式,其他商品众筹、股权众筹模式的实践在江苏并未得到很好发展,究其原因,主要与监管政策、政府支持力度以及行业自身情况有关。

互联网基金销售、互联网保险、互联网信托和互联网消费金融等在江苏省也并未得到广泛的发展,他们的发展状况相对落后于网络借贷。

业态之间的发展不平衡影响了江苏省在整个互联网金融行业中的市场地位。

2. 省内各地市差距大

江苏省按照地域将各市划分为苏北、苏中、苏南三大区域:长江以南的五个城市,苏州、无锡、常州、镇江、南京组成了苏南;最北边的五个城市,徐州、淮安、宿迁、连云港、盐城属于苏北;南通、泰州、扬州被称为苏中。三大区域由于地理位置、历史条件等特殊因素,在传统的金融方面和互联网行业就存在发展不均衡的现象。

与苏中、苏北地区相比较,苏南地区交通便利,经济发达,并且在传统金融的发展上已经到达了一个相对不错的高度。江苏省互联网行业巨头也主要分布在苏南的南京市和苏州市,主要有苏宁云商、途牛、焦点科技、同程网、八爪鱼在线等。江苏省目前获得中国人民银行第三方支付牌照的 16 家企业全是苏南企业,其中,南京 7 家、镇江 1 家、苏州 2 家、常州 2 家、无锡 4 家,互联网支付牌照有 3 家,其中,南京 2 家,苏州 1 家。目前,江苏获得基金销售机构牌照的有 17 家(不含全国性商业银行或证券机构),除扬州国信嘉利投资理财公司以外,其他 16 家全是苏南企业。

互联网金融是在传统金融行业和互联网行业基础上发展的,所以它的发展离不开金融行业和互联网行业的支持。因此,在面对互联网金融的大风潮下,苏北苏中相对落后的地区暂时无法顺应潮流发展互联网金融,而基础条件较好的苏南地区不仅可以经受得住互联网金融发展的大风潮,并可以抓住此次机遇,在互联网金融行业进行创新发展。

　　由于经济条件的制约,苏南、苏中、苏北三大区域内互联网普及程度也各有不同,因此"互联网＋金融"的模式存在一定程度上的差异,苏南、苏中、苏北互联网金融发展也呈现出不平衡的格局。与苏北区域相比,由于江苏省沿江八市(即苏中、苏南)区域经济发展的梯度特征更为明显,互联网金融发展态势相对较好,而苏北互联网金融并未得到完全普及,因此江苏互联网金融创新发展仍面临着南北差异较大,区域发展不平衡的挑战。

(五)信息披露制度待完善

　　目前江苏省网贷平台信息披露水平良莠不齐,信息披露制度仍存在诸多问题。

　　首先,信息披露不真实。目前江苏省 P2P 发展还处于初级阶段,信息披露的真实性遭到质疑,是否存在虚假记载难以得到验证。平台在信息披露过程中的审查信息义务模糊,仅承诺以客观、公正的原则,最大限度地核实借款人信息的真实性,不保证审核信息 100％ 真实,其披露信息的真实性还有待考查。很多 P2P 平台网站宣传的"高收益零风险",与经济理论相悖明显属于虚假披露信息。

　　其次,信息披露不完整。网贷平台缺乏统一的信息披露标准,不同平台间的信息披露内容存在明显的差异。部分 P2P 平台对于可能影响投资人做出投资决定的信息存在故意隐瞒,对于不利的信息或潜在的风险因素有所遗漏,公开披露的有效个人信息也十分有限。网贷平台过于强调平台交易额、累计融资额、预期收益率等有利信息,而相关风险提示和警示性文字不够醒目。

　　最后,信息披露管理制度不健全。目前很多互联网金融企业内部尚未制定完善的信息披露章程,对信息披露的流程缺乏合理的管理制度。

企　业　篇

东吴人寿保险股份有限公司

一、公司简介

东吴人寿保险股份有限公司成立于 2012 年 5 月，总部位于江苏省苏州市，是经中国保险监督管理委员会批准的国内第一家在地级城市设立的全国性寿险公司。公司注册资本金 40 亿元，发起人为苏州国际发展集团有限公司、苏州高新区经济发展集团总公司、江苏沙钢集团有限公司、苏州创元投资发展（集团）有限公司、苏州工业园区经济发展有限公司、苏州城市建设投资发展有限责任公司、江苏新苏化纤有限公司、苏州正和投资有限公司等苏州主要的国有独资公司和在国内具有影响力的民营企业。

二、业务范围及经营情况

经中国保险监督管理委员会批准，国家工商行政管理总局核准，公司经营范围是：人寿保险、健康保险、意外伤害保险等各类人身保险业务；上述业务的再保险业务；国家法律、法规允许的保险资金运用业务；中国保监会批准的其他业务。

东吴人寿围绕"社会保障服务商和财富管理供应商"的战略定位，努力开辟民生保障与公司发展的新蓝海。坚持聚焦社会保障创新，围绕服务民生进行社会保障领域的纵向延伸和横向拓展，不断拓宽参与经济社会发展和民生保障体系建设范围。与苏州市人力资源和社会保障局合作开展"医保康"项目，探索政府医疗救助市场化运作的新机制。致力于以私人财富管理为中心，为广大居民提供丰富的财富管理工具，成为财富管理供应商。

公司成立以来，坚持高标准、高起点，努力打基础、拓渠道、引人才，实现了"定好位，起好步，布好局"的初步目标，为实现公司的长远战略发展奠定了坚实的根基。迅速完成了苏州分公司、江苏分公司、四川分公司、河南分公司、安徽分公司、上海分公司、山东分公司 7 个二级机构和江苏省全部 13 个地市级分公司的开设，发展速度创行业先河。

公司聚集了一支高水平的保险专业人才队伍，包括 54 名硕士、2 名博士以及北美精算师、中国精算师等高端人才，构建了较为完善的业务运作和风险控制制度体系，形成了核保核赔、财务管理、投资运用、信息技术和风险管理的集中管控平台;创新研发特色产品,初步形成了具有东吴特色的产品体系;均衡发展个人代理、银行保险、团体业务和电子商务渠道,业务发展呈现快速增长的良好势头。

未来三到五年,东吴人寿将以创新引领发展,以价值驱动业务开拓,以优质服务提升品牌,努力实现从区域性经营到全国性经营的跨越,从专业寿险公司向保险金融集团的跨越,从产品供应商到保险金融解决方案提供商的跨越。公司将完成10个省(市)的销售服务网络建设,逐步走出一条有东吴人寿特色的创新发展之路,成为江苏一流、全国有影响力有地位的优质保险公司。

三、特色产品介绍

(一)东吴年年承祥终身寿险(分红型)

被保险人于合同生效之日起180日内(含180日当日)因疾病导致身故或全残,保险人无息退还所交保险费,合同终止;被保险人于合同生效之日起180日后,因疾病导致身故或全残,保险人将按基本保险金额给付身故或全残保险金,合同终止。被保险人因意外伤害事故导致身故或全残,保险人按基本保险金额给付身故或全残保险金,保险合同终止。该产品的红利分配方式为现金红利,保单红利是不保证的,在保险合同有效期内,每一会计年度末对该会计年度的分红保险业务进行核算,根据分红保险业务的实际经营状况,按照保险监管机关的有关规定确定红利分配方案。

(二)东吴附加意外伤害医疗保险

被保险人每次因遭受意外伤害事故并在医疗机构进行治疗的,如果被保险人在申请该次意外伤害医疗保险金之前已从当地社会医疗保险、公费医疗获得补偿或给付,保险人对该次事故发生之日起180日内(含180日当日)已支出的、必须且合理的实际医疗费用扣除被保险人取得的补偿和80元免赔额后的剩余部分按100%进行给付。如果被保险人在申请该次意外伤害医疗保险金之前没有通过社会医疗保险、公费医疗取得针对该次治疗的补偿,保险人对该次事故发生之日起180日内(含180日当日)已支出的、必须且合理的实际医疗费用扣除80元免赔额后的剩余部分按80%进行给付。

(三)东吴学生平安定期寿险

在保险合同有效期内,投保人首次投保或非连续投保该保险的,从合同生效之日起90日内(含90日当日),被保险人因意外伤害事故以外的原因导致身故,保险人无息退还本合同所交保险费,保险合同终止,90日的时间称之为等待期。投保人首次投保该保险时被保险人因意外伤害事故导致身故的或连续投保该保险的,无等待期。如被保险人在等待期后发生保险合同约定的保险事故,被保险人身故,保险人按基本保险金额给付身故保险金,保险合同终止。

乐爱金财产保险股份有限公司

一、公司简介

乐爱金财产保险(中国)有限公司是韩国 KB 保险有限公司在中国投资成立的独资财产保险公司,也是首家和唯一一家总部位于江苏省南京市的全国性外资财产保险公司。2009 年 10 月,经中国保险监督管理委员会批准正式开业。公司股东韩国 KB 保险有限公司,成立于 1959 年,在韩国市场久负盛名,是韩国四大保险公司之一。

二、业务范围及经营情况

经中国保险监督管理委员会批准,主营企业财产保险财产损失保险、责任保险、信用保险等财产保险业务。

乐爱金财险积极继续践行保险行业核心价值观念,并结合公司经营目标,借鉴保险行业文化建设成果加强公司自身企业文化的继承、创新和发展。

乐爱金财险秉承"客户至上,用心服务"的服务理念,努力使客户满意;"严格管理、严控风险"的管理理念,使股东利益得以实现,以"守护现在,肩负未来"为经营理念,基于"以正直、诚实为准则,源源不断为顾客、股东、员工创造价值"为经营原则,确立了经营价值标准来经营。自 1995 年在中国设立代表处以来,公司已经与中国和广大中韩企业客户建立了深厚广泛的友谊,也将致力于为中匡企业的飞速发展贡献自己的力量。2014 年 6 月,乐爱金财产保险(中国)有限公司首家分公司广东分公司开业,目前经营服务范围已扩展到江苏、广东两省,2015 年共有分支机构 2 家,即苏州营销服务部和广东分公司。在最初经营的三年,公司将重点经营企业财产保险、货物运输保险、意外伤害保险业务,在设立南京总部的基础上,公司将陆续在北京,上海,天津,广东,浙江,山东,辽宁等经济发达地区设立分公司,经营范围也将逐渐扩大至个人保险业务。公司现有员工 50 名,注册资本 22000 万元,总资产 59492 万元,2009—2015 年累计实现保费收入 6.3 亿元。

三、产品介绍

(一)财产一切险

该产品以为制造企业、酒店、商场、医院、学校、办公楼及其他企事业单位提供财产保险保障,并承保建筑物(包括装修)、机器设备、办公用品、仓储物品等有形资产。保障范围是承保除责任免除以外的任何自然灾害和意外事故造成的财产损失,包括但不限于:火灾、爆炸以及不可预料及突发的意外事故;雷击、暴雨、洪水、暴风、台风、暴雪、突发性滑坡、崩塌、泥石流等自然灾害。该产品特色在于保障范围大,只要是除外责任以外的由于自然灾害或意外事故造成保险标的直接物质损坏或灭失,保险公司均予负责。

（二）利润损失险/机损利损险

该产品以间接经济损失,如毛利润损失、工资损失、审计师费用等为承保对象,保障企业因财产保险或机器损坏险所承保风险导致营业中断或受干扰而产生的间接经济损失,包括营业额减少或营业费用增加所致的毛利润损失、工资损失。该产品的特色在于承保传统的财产保险或机器损坏险不保的间接经济损失,作为财产保险或机器损坏险的一种补充保障,适用于已投保财产保险和机器损坏险的各类企、事业单位或经济组织。

（三）现金保险

该产品的投保对象包括:钞票、支票、邮政汇票、旅行支票等;包括营业处所中的现金、放在保险柜中的现金、运送途中的现金。对因自然灾害或意外事故造成的物质损失,具体包括:（一）火灾、雷电、爆炸;（二）风暴、飓风、台风、旋风、洪水、海啸、雹暴、滑坡、地震、火山爆发、地陷、地火;（三）飞机坠毁和飞机部件坠落;（四）抢劫或入宅抢劫进行保障。另外,该产品存在三个特别条款,即（一）金库条款:存放保险柜的金库必须具备适当的防盗保卫制度;（二）保险柜上锁条款:保险柜必须符合特殊设计的技术标准。在非营业期间,保险柜必须上锁;（三）保险柜钥匙条款:保险柜的所有钥匙和备用钥匙必须由两人保管。除非常必要外,在晚上或其他非营业期间均应取走。在营业期间,所使用的钥匙应放在隐蔽处。

东海证券有限责任公司

一、公司简介

东海证券的前身是 1993 年成立的常州证券。2003 年 5 月,常州证券改名为"东海证券有限责任公司",2005 年成为全国首批十家创新试点券商。2013 年 7 月公司改制为"东海证券股份有限公司",目前公司注册资本为 16.7 亿元。10 多年来,东海证券一路稳健发展,营业网点从 9 个发展到 64 家营业部和 8 个分公司,客户数量从 12 万户发展到 100 余万户,经纪业务客户资产从 30 亿发展到逾 2000亿,受托客户资产管理规模逾 1000 亿,集团员工人数从 170 人发展到 3000 余人。

公司坚持规范诚信经营,业务均衡稳定发展,在获得经纪业务、网上交易、投资咨询、证券自营、客户资产管理、上市承销及保荐业务、短期融资券承销等综合业务牌照的基础上,又在行业创新的大潮流中,积极开展融资融券、新三板、互联网金融、利率互换等创新业务,获得了互联网、同业拆借、股票质押贷款、银行间市场交易、权证创设、权证一级交易商、资产证券化、代办转让市场、甲类结算人、私募基金综合托管、股票期权交易(经纪及自营)等创新业务资格,成为国内业务牌照最齐全的大型综合业务券商之一,并拥有较强的持续盈利能力。

2015 年 7 月 27 日,公司登陆新三板市场,并以当年净利润排名第一的成绩成为新三板领跑者。在中国证券业协会公布的 2015 年度证券公司经营业绩排名中,东海证券净资本收益率 40.12%列第 6 位,投资银行业务净收入列第 17 位,承销与保荐业务净收入列第 16 位,债券承销净收入列第 12 位,证券投资收入列第 23 位。

二、东海证券 2015 年运营情况

截至 2015 年 12 月 31 日,按合并口径,公司总资产 394.86 亿元,同比增加42.41%;归属于母公司股东的所有者权益 82.75 亿元,同比增加 34.23%;营业收入 48.41 亿元,同比增加 70.15%;归属于母公司股东的净利润 18.27 亿元,同比增加 98.58%。

(一)经纪及财富管理业务

经纪及财富管理业务主要是代理客户(包括通过互联网)买卖股票、基金、债券、期货等,通过提供专业化研究服务,协助投资者作出投资决策。2015 年度,随

着自然人投资者 A 股等证券账户一人一户限制取消及网上开户的放开,大大削弱了传统网点、渠道对客户的影响力,经纪业务佣金率继续下滑。经纪业务总部通过"业务产品化,产品标准化"的业务模式,建立完善的产品线链条和产品系列品牌,充分利用流程化、标准化推广方式,并辅之以考核机制的引导,逐步形成完整化、可量化、标准化、长效的经纪业务运营模式。

2015 年全年公司代理买卖 A 股、基金及债券交易金额合计 339359953.25 万元,行业排名第 52 位,较上年合计数 159945166.13 万元上升 112.17%,市场份额分别为 0.534%、0.260%和 0.234%,实现证券经纪业务营业收入 177212.86 万元,同比上升 123.06%。

表 1　2014—2015 年东海证券代理买卖业务情况

2015 年			2014 年		
证券品种	代理交易金额 (万元)	市场份额 (%)	证券品种	代理交易金额 (亿元)	市场份额 (%)
股票	271928147.65	0.534	A 股	91443371.20	0.618
基金	7907983.49	0.260	基金	3607028.68	0.386
其他	59523822.11	0.234	其他	64894766.25	0.375
合计	339359953.25		合计	159945166.13	

数据来源:东海证券 2015 年报。

(二)投资银行业务

2015 年,A 股市场募集资金总额为 191700.89 亿元,沪深两市共发行 224 支新股,新股募集资金 1578.29 亿元。债券市场发展迅猛,债券市场增量和存量规模快速扩大,地方政府债务置换有序开展,信用类债券融资规模大幅增加。新三板市场蕴藏巨大潜力,随着新三板各项基础制度的不断完善、市场分层制度的推出,挂牌企业数量、融资金额和交易活跃程度大幅提升。

2015 年,东海证券投资银行业务类型多元化,IPO、定向增发、并购重组、新三板、公司债、债券承销等各类业务全面开展。公司紧紧抓住市场机遇,加大对 IPO 项目的储备力度。公司在客户维护方面,努力开拓与维护上市公司资源,建立与各类市场机构的长效沟通机制。同时,严把项目质量控制,强化激励机制和问责机制。

股票承销业务方面,2015 年,股票主承销 15 次,股票主承销金 1516261.32 万元,行业排名第 18 位,实现股票主承销净收入 25958.80 万元。债券承销业务迅猛发展,承销规模和收入均大幅增长,债券主承销 18 次,债券主承销金额 1304400.00 万元,行业排名第 43 位,实现债券承销业务净收入 52425.36 万元。在并购重组业务方面,2015 年公司主导完成 7 个上市公司并购重组项目,交易金额为 127.38 亿元,位居行业第 27 位,市场份额为 0.5842%,确认并购重组财务顾问业务净收入 381.57 万元。新三板推荐挂牌业务方面,公司抓住市场机遇,积极推动项目承揽工作,大力拓展储备项目,各项业务全面推进。截至 2015 年末,共完成推荐挂牌项目 49 家。2015 年,公司投资银行业务实现营业收入 88442.35 万元,同比增长 30.11%。

表 2　2014—2015 年东海证券主承销业务情况

发行类型	承销次数(次)		承销金额(万元)	
	2015 年度	2014 年度	2015 年度	2014 年度
新股发行	2	2	34496.40	149851.00
增发新股	13	3	1481764.92	49648.68
债券发行	18	9	1304400.00	375333.33
合计	33	14	2820661.32	574833.01

数据来源:东海证券 2015 年报。

(三) 证券自营业务

国内资本市场 2015 年出现较大幅度波动,A 股在上半年走出了一波快速上涨行情后,6 月中旬走势急速下挫,股指在下半年逐渐盘整、企稳。东海证券权益投资业务始终把合规经营和风险防范放在首位,围绕公司业务发展重点,以上市公司定向增发为重要投资方向,运用对冲工具控制组合回撤策略,并大力开展股票收益互换业务。同时,建立起股票期权制度,并成功获得上海股票期权自营业务试点资格,在全年进行方向性交易、套保交易、波动率交易等投资工作。

2015 年,央行连续进行降准降息等措施以降低社会融资成本,债券收益率走低,债券市场延续 2014 年的上升行情。公司固定收益投资业务始终紧跟市场动向,结合货币政策变化和市场情绪波动,增加投资规模,做好方向投资。

近年来,国家逐步强化多层次资本市场体系建设,随着监管政策红利加快释放,场外市场业务迎来了业务创新、产品创新和规模快速扩张的重大机遇。东海证券做市业务规模不断扩大,盈利能力逐步增强。截至 2015 年末,做市家数 25 家,排名第 55 位。

2015 年,公司证券自营业务实现营业收入 160062.83 万元,较上年增长 80.68%,实现证券投资收益(含公允价值变动收益)160062.83 万元,占行业总额的 1.13%。

(四) 资管及基金管理业务

中国的资产管理业务进入"竞争、创新、混业经营"的大资管时代后,证券公司、期货公司、公募基金管理公司、私募基金、银行、保险公司和信托公司等金融机构间合作更加紧密。2015 年,监管机构放松管制,创新型业务和产品不断推出,证券公司资产管理业务规模继续迅速扩张。

2015 年,东海证券积极应对剧烈波动的市场行情,加强权益投资管理,取得了较高收益并控制了投资风险;强化固定收益产品的升级改造以及内部管理,固定收益产品规模和收入均取得稳步增长;加强和完善制度建设,梳理部门岗位职责,为资管分公司的规范运营打下坚实的基础;响应"互联网+理财"的公司战略,丰富产品线,回归资管业务主线。

截至 2015 年末,公司受托客户资金规模达 979.27 亿元,占行业受托管理资金本金总额的 0.82%;存续运行产品 144 只,其中,集合资产管理计划 34 只,定向资产管理计划 110 只,形成了权益类、固定收益类等系列产品,建立了比较完善的产品线。2015 年公司资产管理业务实现营业收入 13059.08 万元,同比增长 10.46%。

表3　2014—2015 年东海证券资产管理业务情况

(单位:万元)

业务类别	2015 年度		承销金额(万元)	
	年末受托管理资金规模	业务净收入	年末受托管理资金规模	业务净收入
新股发行	340232.15	7887.52	402680.03	6874.33
增发新股	9452453.44	4344.48	8343536.50	4247.55

数据来源:东海证券 2015 年报。

(五)信用交易业务

2015 年全市场融资融券业务持续快速增长,截至 2015 年末,全市场融资融券余额为 11742.67 亿元,同比增长 14.49%。2015 年,东海证券逐步建立融资融券和股票质押业务逆周期调节机制,加强业务主动性风险管理,适度和有序开展融资融券及股票质押两项业务。截至 2015 年末,公司融出资金规模为 382156.89 万元,融出证券公允价值为 22997.20 万元,应收客户利息及费用 3421.50 万元。2015 年度融资融券业务及股权质押回购分别实现利息收入 33103.93 万元和 1081.01 万元。2015 年公司融资融券余额行业排名第 58 位,股权质押回购总质押股数排名第 96 位。2015 年,公司信用交易业务实现营业收入 31235.95 万元,同比增长 26.09%。

锦泰期货有限公司

一、公司简介

锦泰期货有限公司成立于 1995 年 9 月,原名为江苏苏物期货经纪有限公司,2011 年 4 月更名为锦泰期货有限公司。公司注册资本为 50715 万元,是江苏省最大的省属企业江苏省国信资产管理集团有限公司旗下的专业期货平台。总部位于江苏省南京市,同时在江苏省内的常熟、常州、无锡、连云港、南京及北京、郑州、石家庄、深圳、武汉等大中城市开业的营业部有 10 家,基本覆盖国内主要经济发达地区和省内其他地区,从业人员 172 人。

公司主营商品期货经纪、金融期货经纪、期货投资咨询以及资产管理,其期货经纪业务涵盖中国所有四间期货交易所(即上海期货交易所、大连商品交易所、郑州商品交易所及中国金融期货交易所)。

锦泰期货有限公司立足江苏,辐射长三角,布局环渤海、珠三角等经济发达区域,专注于产业客户和专业投资者财富的保值增值,为客户提供综合金融服务。近年来,公司成为江苏省唯一被授予"平安金融示范单位"的公司。

二、运营情况

(一)财务情况

锦泰期货有限公司虽然主营商品期货经纪、金融期货经纪、期货投资咨询以及资产管理,但主要收入来源于手续费。截止到 2015 年底,锦泰期货有限公司净资产 40571.15 万元,较同期增长 2.1%;实现手续费收入 4954.93 万元,较同期下降 11.1%;实现利润总额 3444.31 万元,较同期增长 49.14%;股权总额 2015 年为 82600.34 万元,同比增长 1.6%。

表 4　2010—2015 年锦泰期货有限公司基本财务信息表(单位:万元)

年份	净资本	净资产	权益总额	手续费收入	净利润
2015	40571.15	66582.25	82600.34	4954.93	3444.31
2014	39735.85	64292.47	81328.63	5573.65	2309.41
2013	52816.27	63451.2	64670.3	7184.68	1573.12

续　表

年份	净资本	净资产	权益总额	手续费收入	净利润
2012	29678.11	41856.08	64156.87	6966.53	1131.28
2011	21813.7	41105.8	48791.56	5280.59	765.02
2010	6890.3	7176.79	62227.13	6404.47	872.11

资料来源:期货业协会。

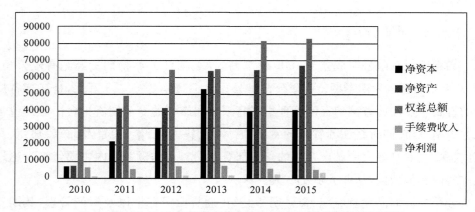

图1　2010—2015年锦泰期货有限公司各年基本财务情况对照

从图1可以看出自2012年以来,收益状况呈逐年递增的趋势,特别是2015年增长的幅度最大。

（二）投资亮点

锦泰期货有限公司把握中国期货行业改革机遇,创造改革,2013年4月25日正式获得风险管理子公司开展仓单服务、合作套保、定价服务、基差交易四项业务。2015年锦泰期货风险管理子公司—江苏锦盈资本管理有限公司获得郑州商品交易所动力煤"点基地"资格。公司拟进一步发展期货相关资产管理业务,着重运用期货及金融衍生品工具服务实体企业和产业,充分发挥风险管理、资产管理的积极作用。

（三）风险因素

公司经营收入45.0%以上依赖于期货经纪佣金及手续费收入,因此该领域收入出现任何下降或下滑都会对公司业务带来影响。另外,公司约60%的期货客户均在江苏市场,而集团预期业务将继续集中于江苏省,倘若江苏省市场出现经济衰退或监管出现问题,集团业务亦即会受到影响。

无锡农村商业银行

一、简介

无锡农村商业银行成立于 2005 年 6 月,是无锡市区唯一的地方性法人银行。现下辖 1 家营业部、55 家支行、57 家分理处。其中,无锡市(不含江阴、宜兴)103 家,异地支行机构 10 家。异地机构中,在无锡江阴市、无锡宜兴市、南通如皋市、淮安楚州区(现淮安区)、扬州仪征市、徐州丰县和泰州靖江市设立 8 家异地支行,在徐州铜山区、泰州姜堰市发起设立 2 家村镇银行,还参股了江苏省信用合作社联合社、淮安农村商业银行股份有限公司、江苏东海农村商业银行股份有限公司。2016 年 9 月 23 日,无锡农村商业银行首次公开发行 A 股成功上市,股票简称:无锡银行,股票代码:600908。

成立以来,无锡农村商业银行坚持市场定位,紧抓战略机遇,深化转型创新,以振兴地方经济为己任,以服务"三农"、服务市民、服务小微企业"为宗旨,不断做大做强做优。截至 2016 年 9 月 30 日,该行(合并报表)资产总额 1193.11 亿元,存款余额 946.28 亿元,贷款余额 603.69 亿元。先后获得过"江苏省银行业文明规范服务示范单位"、"江苏省和谐劳动关系先进单位"、"全国金融机构服务'三农'最佳诚信企业奖"、"银企合作'十佳银行'最佳爱心公益奖"、"中国最具成长性银行"、"2014 年度最佳金融服务机构"、"2015 年度十佳成长性银行"、"中国服务业企业500 强"、"全球千强银行"等荣誉称号。

二、特色定位

在新的经济环境下,无锡农村商业与时俱进,不断开拓创新,银行深深植根于当地,坚持"诚信、务实、稳健、高效"的核心价值观,以振兴地方经济为己任,以服务三农、服务中小企业、服务社区居民为市场定位。无锡农村商业银行为本市居民提供一系列便民服务,"市民卡"、"银医一卡通"、水电费代扣代缴,提高生活品质;有针对性地支持个体工商户经营,提供各类贷款:个体工商户贷款、生意保证贷等,重点解决个体工商户资金周转困难;大力支持中小企业,不断创新支持中小企业发展的信贷方式;主动参与农业产业结构的调整,加大信贷投入力度,注重支农的实效性,积极打造新农村建设。

三、特色产品

作为地方性银行无锡农村商业银行始终以服务地方居民,便利居民当地居民生活为己任,并且主动挑起支持地方经济发展,农村发展的重任。

具体而言,无锡农村商业银行综合自身在无锡的地缘优势,针对无锡城乡居民,先后推出了金阿福借记卡,金阿福农保卡,金阿福青年卡,金阿福信用卡。此外该行是无锡市唯一一家参与了"市民卡"工程的银行。建立了"银医平台",以市民卡为载体将医管中心、卫生局、信电局、各家医院、银行等部门的各个系统整合起来,提供一个信息交互、综合分析的平台,以实现统一就诊卡、统一就诊模式以及医院信息共享。拥有市民卡、衍生卡或银医一卡通联名卡的患者在各家医院及相关机构的就诊信息都通过各信息系统与"银医平台"对接,受益群体,覆盖无锡市区及外地人群等未参保人员。

此外在支持地方经济发展方面无锡农村商业银行有针对性地提供了四个系列的金融产品:针对小微企业融资难的富企贷,专注于个体工商户的盈商贷,鼓励个人创业的创富贷,扶持农业生产的惠农贷。

(一)富企贷

1. 小易贷

小易贷是无锡农商行专门为各类所有制和组织形式的小微型企业经营管理者解决生产经营过程中出现的短期资金困难而推出的贷款品种。贷款额度高,最高可达500万元。担保方式多样化,门槛更低,手续简便,审批流程扁平化,最快2天内完成审批。针对小微企业资金需求"短"、"频"、"快"的特点,授信期限内,随借随还,可循环使用。与此相似的"成长易贷"则是满足小微企业中长期资金需求,一次抵押合同可订3年。

2. 再就业贴息贷

再就业贴息贷是指在无锡农商行取得贷款的劳动密集型小企业,在银行贷款到期归还之前,新增岗位吸纳符合就业扶持政策的人员满足规定的,可向人社部门提出认定申请,经人社部门审核、财政部门复核,确认享受财政贴息的贷款优惠。

贴息额度及比例双高,根据实际吸纳人数,可按每人不超过10万元贷款额度给予贴息,贴息贷款额度最高可达200万,给予贷款基准利率50%的贴息。

3. 仓储快贷

仓储快贷是指无锡农商行为支持库存占用大量资金的小微企业发展,解决其生产经营中资金短缺问题而推出的,以自有货物动产作为质押物而发放的贷款品种。有利于盘活资产,减少因库存造成的资金占用,提高资金使用效率。质押率高,根据质物品种,质押率最高可达70%。可接受的质押动产品种多样,包括黑色金属、有色金属、不锈钢等价格稳定、易于长期储存保管的动产。用款灵活,一次授信,可在授信额度内根据质押物价值灵活使用借款。

(二) 盈商贷

1. 个体工商户贷款

个体工商户贷款是无锡农商行针对拥有个体工商户营业执照或营运证、商户经营证、摊位证等经营证照的生意经营者发放的用于生产经营需要的贷款,最高贷款额度可达 300 万元。用款方便,抵押担保一次授信最长可达三年,授信期间可循环使用,随借随还。担保多样,除了抵押、质押担保,更新增自然人担保、企业法人担保等担保方式。审批迅速,无须提供财务报表,灵活选择担保方式,快捷审批。除了传统的柜台申请,客户还可通过拨打 96058 申请贷款,专属客户经理将在 2 个工作日内主动与客户联系,为客户提供贷款咨询、业务办理等全程服务。

2. 生意保证贷

生意保证贷用于商户类创业、流动资金周转、购置或更新经营设备、支付租赁经营场所租金、商用房装修等。用途广泛,用于商户类创业、流动资金周转、购置或更新经营设备、支付租赁经营场所租金、商用房装修等。担保多样,有自然人担保、企业法人担保和担保公司担保等担保方式可供选择。贷款额度高,审批快,无须提供财务报表,灵活选择担保方式,资料齐全,最快 2 个工作日内可完成放款。

(三) 创富贷

1. 就业小额贷

就业小额贷是无锡农商行为解决符合一定条件的待就业人员从事个体经营或创办企业的流动资金不足的一种财政贴息型贷款品种。

该产品规定服务对象应诚实守信,并具有一定的劳动能力和创业意识,具体包括:

(1) 在本市创业的高校毕业生(2 年内)、在本市高校毕业学年的在校生。

(2) 本市户籍的登记失业人员。

(3) 本市户籍制度改革前具有原农村户籍及土地承包经营权的农村劳动力。

(4) 本市户籍的城乡其他规定的创业者。

利率优惠,贷款人可享受同档次基准利率,并且最高可享受财政部门全额贴息。额度高,单户贷款额度一般在 10 万元以内,经营规模较大的可增加到 30 万元。期限长,首次用款期限最长可达二年,之后还可申请享受一年贴息用款。担保方便,由政府指定贷款担保机构提供担保,更省时省力也可提供无锡农商行认可的抵押、质押及第三方保证等担保方式。放款更快,流程简便,资料齐全,2 个工作日内可用款。

2. 村干部创业贷款

村干部创业贷款是无锡农商行向经地方政府聘用的,目前在岗大学生村干部发放的用于支持其创业而发放的特色信贷产品。担保方式多样,可接自然人保证、法人保证、担保机构担保、抵押、质押等多种方式。授信额度最高可达100万。利率最低可享受我行基准利率。一次抵押最长可达三年,随借随贷,可循环使用。

3. 青年创业贷

青年创业贷是无锡农商行为大力支持无锡市的青年自主创业而推出的特色个人贷款品种。服务对象为经无锡市共青团推荐的本市青年人。该产品担保方式多样,审批快速,利率低 ,授信额度内,可随时办理借款、还款。

(四)惠农贷

1. 惠农快捷贷

惠农快捷贷是从事农业相关农户、个体经营户等以其本人或第三人合法享有所有权的本行或他行定期储蓄存款存单、存折、凭证式国债及具有现金价值的保险单据作质押物的快捷放款型贷款。质押率高,定期储蓄存款存单(折)或保单作质押的,额度最高可达其现金价值的90%。成本更低,质押有价单证依然可以实现其收益,冲抵使贷款成本极低。

2. 惠农信用贷

惠农信用贷是无锡农村商业银行为从事种植业、养殖业、农副产品加工、运销业等农业相关行业的生产经营活动的农户、个体经营户等设计的基于借款人的信誉发放的不需要抵押、担保的贷款。

3. 惠农联保贷

惠农联保贷是为没有直接亲属关系的从事种植业、养殖业、农副产品加工、运销业等农业相关行业的生产经营管理者在自愿基础上,组成的联保小组提供的贷款。责任共担,多户联保,责任共担,按期还款。服务对象为3—5户没有直接亲属关系的涉农自然人或个体工商户或私营企业和民营企业自愿组成的联保小组成员。

苏州银行

一、简介

苏州银行,全称"苏州银行股份有限公司",其前身是江苏东吴农村商业银行股份有限公司。2010年9月28日,经中国银行业监督管理委员会批准,江苏东吴农村商业银行正式更名为苏州银行股份有限公司。2011年3月17日,经中国银监会银监复〔2011〕82号文件批准,苏州银行股份有限公司监管隶属关系由农村中小金融机构监管序列调整为中小商业银行监管序列,标志着苏州银行的行业性质正式由农村商业银行转变为城市商业银行,是苏州地区唯一一家总部设在苏州的城市商业银行。

苏州银行坚持拓展市场、创新经营的原则,秉承"一经承诺、百年相随"的诚信理念,紧紧围绕"立足苏州,面向全国,融通四海,共赢未来"的发展战略,坚持主要为中小企业服务的市场定位,优化资本、营销、质量、风险、创新、服务的经营格局。成立之时,注册资本30亿元,资本净额130.96亿元,截至2016年末,苏州银行总资产达2519亿元,年均复合增长率超35%。本外币存款余额达1542亿元,本外币贷款余额达1006亿元,实现利润总额23.4亿元。2016年在英国《银行家》杂志全球1000强银行排名中位居第319位,被中银协商业银行稳健发展能力"陀螺"体系评为全国城商行综合排名第8位。在《2017全球银行品牌500强》榜单,苏州银行凭借稳健的品牌价值增长率,位居第366位,国内上榜城商行中位居第15位。

二、经营理念

全行确立"以小为美、以民唯美"和"立足苏州、面向江苏、辐射长三角"的战略理念,专注于"服务中小、服务市民、服务区域经济社会发展"的市场定位,将全行经营目标定为"持续实现客户、股东、员工的价值增长,做有社会责任的企业,做苏州地方金融发展的排头兵"。

战略选择上,立足苏州,在苏州打出品牌,做到最好,然后面向江苏,形成在江苏省内的比较优势;在近几年中,在宏观政策没有大变化的情况下,努力实现业务辐射长三角。市场定位上,专注服务中小企业,专注服务市民,专注服务区域经济发展。无论公司业务还是零售业务,都将选择在特定行业、特定区域中的中小客户。实施战略的思路上,用 2 年左右的时间,通过内部资源的优化整合,全面构建全新的内控体系和发展格局,夯实发展基础。用 3 年左右的时间,提升公司治理能力,提升内控管理能力,提升业务发展能力,提升创新能力,提升科技支撑能力,提升网点优化与建设能力,提升整体服务客户能力,在选定的领域形成特色和品牌影响力,提升市场竞争能力。

三、特色产品

苏州银行始终坚持"以小为美,以民唯美"的发展理念和战略定力,敢为人先,勇于创新,探索出一条全力服务小微金融、全面开拓零售金融、全心发力科技金融的特色发展之路。

(一)落实小微金融战略　推进事业部变革

为了有效落实小微金融战略,通过对未来行业发展趋势、自身发展目标及资源禀赋的充分研判,苏州银行于 2015 年 7 月在全国率先启动全面的"事业部"组织架构变革:以国际先进银行主流管理模式为导向,组建了以公司银行、零售银行、金融市场三大专业化经营的事业总部。

"立足中小,专注中小",在苏州银行并不是一句简单的口号。苏州银行在三大事业部下,分别设立了针对小微客户的小微事业部、小企业事业部和企业自主创新金融支持中心。通过精简流程环节、精细分工管理、精确职责授权,使得小微贷款审批更快、融资需求对接更准、服务手段和方式更全面,从而在对接小微企业方面,实现了高效的客户分层管理,真正做到了为中小企业客户提供差异化、特色化的金融服务。

近年来,苏州银行围绕小微金融相继创立了"卓越企业伴飞计划"、"锦绣融"、"苏式微贷"等系列品牌。早在 2012 年,苏州银行就率先引入德国 IPC 公司微小企业贷款的理念与技术,创造性地推出"苏式微贷"无抵押信贷系列产品。无论金额大小、资产多少,银行都通过实地贷款调查并综合分析客户还款能力和客户融资需求后确定贷款额度。截至 2016 年末,"苏式微贷"累计受理贷款申请 46526 笔,金额超 189 亿元,累计发放贷款 69.7 亿元,微贷余额达 16.3 亿元;通过苏州银行首次获得贷款的客户 5332 户,最小单笔贷款金额仅有 2 万元,通过支持小微企业解决雇员数 36.47 万人,并成功植入本行辖属 4 家村镇银行,将金融服务延伸到"最后一公里"。

苏州银行还创新推出"锦绣融"产品,建设女性金融品牌,为女企业家企业提供从开户结算到贷款、投资理财规划及专属金融顾问的全方位金融服务,旨在搭建帮助女性创业、成长、成功、反哺社会的金融服务平台;创新推出"品牌银"产品,服务和支持本土品牌企业发展,以地方品牌企业依法可转让的注册商标专用权中的财产权质押作为融资担保,充分盘活企业小微企业无形资产,解决企业有形抵质押品难以满足其融资需求困难;创新推出"诚信银"产品,对于"重合同、守信用"企业,在原有抵押融资基础上,可获得该行一定信用融资额度,旨在服务和支持本地重守企业发展,鼓励和支持诚信文化建设。该产品基于对企业实际经营情况和信用情况的认可,给予增信,提高了企业房地产抵押可获得的额度;创新推出"农发通"产品,由苏州市农业担保有限公司提供担保,通过批量授信,向符合条件的专业合作社和农业龙头企业发放的专项小额贷款,主要用于农业基础设施项目建设、设备购置以及日常流动资金周转所需,支持"三农"发展,利率按同期同档次贷款基准利率执行,不能上浮。

(二)深挖零售金融 打造百姓银行

近年来,苏州银行在服务民生上下了大气力,始终致力于做老百姓身边最贴心的银行,相继开发出了互联网投融资平台"小苏帮客",以及"淘宝贷"、"税银时贷"、"米粒贷"等众多金融创新产品。

作为"苏州市社会保障·市民卡"的唯一发卡行,苏州银行借力市民卡数据资源,倾力打造社区金融"便利店"。数据显示,截至2016年末,苏州银行累计发放市民卡558.07万张,这一动态数据仍在逐月攀升。依托市民卡大数据资源,苏州银行零售业务紧紧围绕老百姓的衣食住行、游教娱乐、社区发展等,"苏式金融,舒适生活"的品牌概念深入民心,成为普惠民生的地方金融生力军。譬如苏州银行依托市民卡创新推出"银医一卡通"便民服务项目,覆盖了当地19家主要医院,截至目前累计受理自助挂号651.7万余笔、自助缴费237.69万余笔,结算金额2.62亿元;借力市民卡在手机银行APP上开辟"苏工惠"版块,为苏州工会会员提供专享保障、帮扶服务、教育培训和消费优惠等六大类16项服务,创新思路满足了广大职工、特别是新生代职工日益多元化的信息需求。

(三)创新金融服务模式 精准发力科技金融

"苏科贷"是由江苏省及各地科技部门联合商业银行以低息贷款的方式支持科技型中小微企业发展的一种政策性贷款,重点解决科技型小微企业首贷难题。苏州银行自2016年9月开办"苏科贷"以来,3个月内规模位列全省合作银行前列。这种由苏州银行与江苏省生产力促进中心共同推出的名为"科技成果贷"的创新产品,享有信用贷款支持、利率优惠、贷款审批时效承诺等优势,在促进科技成果转化为现实生产力方面提供了更精准的金融支持。

事实上,"科技成果贷"只是苏州银行精准发力科技金融领域、支持区域经济转型发展的一个缩影。在"大众创业,万众创新"的创业环境下,苏州银行近年来坚持以客户需求为导向,持续在科技金融领域深耕细作,创新科技金融合作模式,陆续推出"科技贷"、"科贷通"、"三板通"等众多科技金融系列产品,为不同发展阶段、不同规模的科技型企业提供全流程、全方位的金融服务支持,成为全省科技金融发展的重要力量。

　　如苏州银行与江苏省内多家地区科技主管部门合作展开"科技贷"业务,从注重强担保、强抵押的传统授信理念,转向以价值发现、市场前景作为信贷决策重点,为中小科创企业融资开辟了新的"绿色通道"。具体操作中,即以各地科技风险补偿资金为基础,通过与保险公司、政策性担保公司合作,苏州银行承担一定比例的信用敞口,为经科技主管部门认定的科技企业提供精准的信用支持。

　　与此同时,苏州银行积极探索金融创新,密切关注跨境电商业务发展动态,整合平台的资金流、信息流和货物流,运用大数据处理能力,形成跨境金融服务方案,为促进"一带一路"建设和支持中小企业"走出去"提供更多支持。